Overschmidt
Bark

Sportbootführerschein
See

Overschmidt
Bark

Sport boot führer schein See

Mit
amtlichem
Fragen-
katalog

Delius Klasing

**Von Axel Bark erschienen
im Delius Klasing Verlag folgende Titel:**

Segelführerschein BR + Sportbootführerschein See
Segelführerschein BK
Terrestrische Navigation — Übungen und Aufgaben
Kollisionsverhütungsregeln — Für den Sportschiffer
Seeschiffahrtsstraßen-Ordnung — Für den Sportschiffer
Sportbootführerschein See (Overschmidt/Bark)

Die Deutsche Bibliothek — CIP-Einheitsaufnahme

Overschmidt, Heinz:
Sportbootführerschein See: mit amtlichem Fragenkatalog/
Overschmidt; Bark. — 18. Aufl. — Bielefeld: Delius Klasing,
1993
ISBN 3-7688-0736-3
NE: Bark, Axel:

18. Auflage
ISBN 3-7688-0736-3

© Delius, Klasing & Co, Bielefeld
Printed in Germany 1993
Graphische Gestaltung und Zeichnungen: Françoise Pierzou
Einband: Siegfried Berning
Druck: Kunst- und Werbedruck, Bad Oeynhausen

Bildnachweis:
Peter Bark, S. 52, 57
Bertram, S. 9
Larry Dunmire, S. 123
H. G. Kiesel, S. 39, 113 (oben), 116
Harald Mertes, S. 98/99
C. Plath, S. 43
Kurt Schubert, S. 84, 113
Yacht-Photo-Service (YPS), S. 86, 88

Vorwort

Auf den deutschen Seeschiffahrtsstraßen benötigt jeder Führer eines Sportbootes, dessen (Hilfs-)Motor eine Leistung von 3,68 kW (5 PS) an der Propellerwelle übersteigt, den *Sportbootführerschein See.* Soweit im Ausland bereits eine Führerscheinpflicht besteht, wird der Sportbootführerschein See meist voll anerkannt.

Was wird in der Prüfung verlangt? Der Schwerpunkt liegt zweifellos auf den theoretischen Kenntnissen und hier wiederum auf der Gesetzeskunde und der Betonnung und Befeuerung von Küstengewässern. In einem offiziellen Katalog von 362 Fragen, der mit den entsprechenden Antworten das letzte Kapitel dieses Buches bildet, sind alle möglichen Prüfungsfragen zusammengefaßt. Die praktische Prüfung erstreckt sich auf verschiedene Manöver, Fahren nach Kompaß, Peilungen, Knoten und das Anlegen von Rettungsweste und Sicherheitsgurt (vgl. Seite 176).

Die Prüfung ist also leicht, wenn man sich richtig vorbereitet. Hierbei wollen Ihnen die Autoren mit ihrer langjährigen Kurserfahrung helfen. Die ersten drei Kapitel stellen den notwendigen Stoff im Zusammenhang dar; denn der behördliche Fragenkatalog ist zumindest für den Anfänger recht verwirrend und unsystematisch aufgebaut. Das Kapitel *„Frage + Antwort"* dient der gezielten Vorbereitung auf die Prüfung. Zur Wiederholung und für den Kandidaten in Zeitnot wird jeweils der wesentliche Inhalt einer Doppelseite in einem grau getönten Abschnitt *„kurzgefaßt".*

Noch etwas: Die Navigation (abgesehen von Betonnung und Befeuerung), die Wetterkunde und das seemannschaftliche Wissen haben in der Prüfung leider recht geringe Bedeutung — allzu geringe Bedeutung, um allein mit diesen Kenntnissen ein Sportboot im Küstenbereich sicher führen zu können. Nach der bestandenen Prüfung beherrschen Sie vor allem die „Verkehrsregeln", doch noch längst nicht die weitaus wichtigeren Grundlagen sicherer Schiffsführung. Dieser Stoff wird vom Deutschen Segler-Verband (DSV) in seinem *Führerschein BR für Küstenfahrt* verlangt. Deshalb unsere Bitte: Eignen Sie sich diesen Stoff im Laufe der Zeit an, und lassen Sie sich nicht durch die amtliche Bestätigung des Sportbootführerscheins See verleiten, mehr zu wagen, als Ihre Kenntnisse tatsächlich erlauben! Eine geeignete Hilfe hierfür bietet das in der gleichen Reihe erschienene Lehrbuch von *Axel Bark, Segelführerschein BR + Sportbootführerschein See.*

Und nun: Viel Erfolg!

Inhaltsverzeichnis

BEILAGEN

20 Seekartenausschnitte zu den Kartenaufgaben

Ein 14 m langer Motorkreuzer in einer schweren Grundsee

1
Navigation

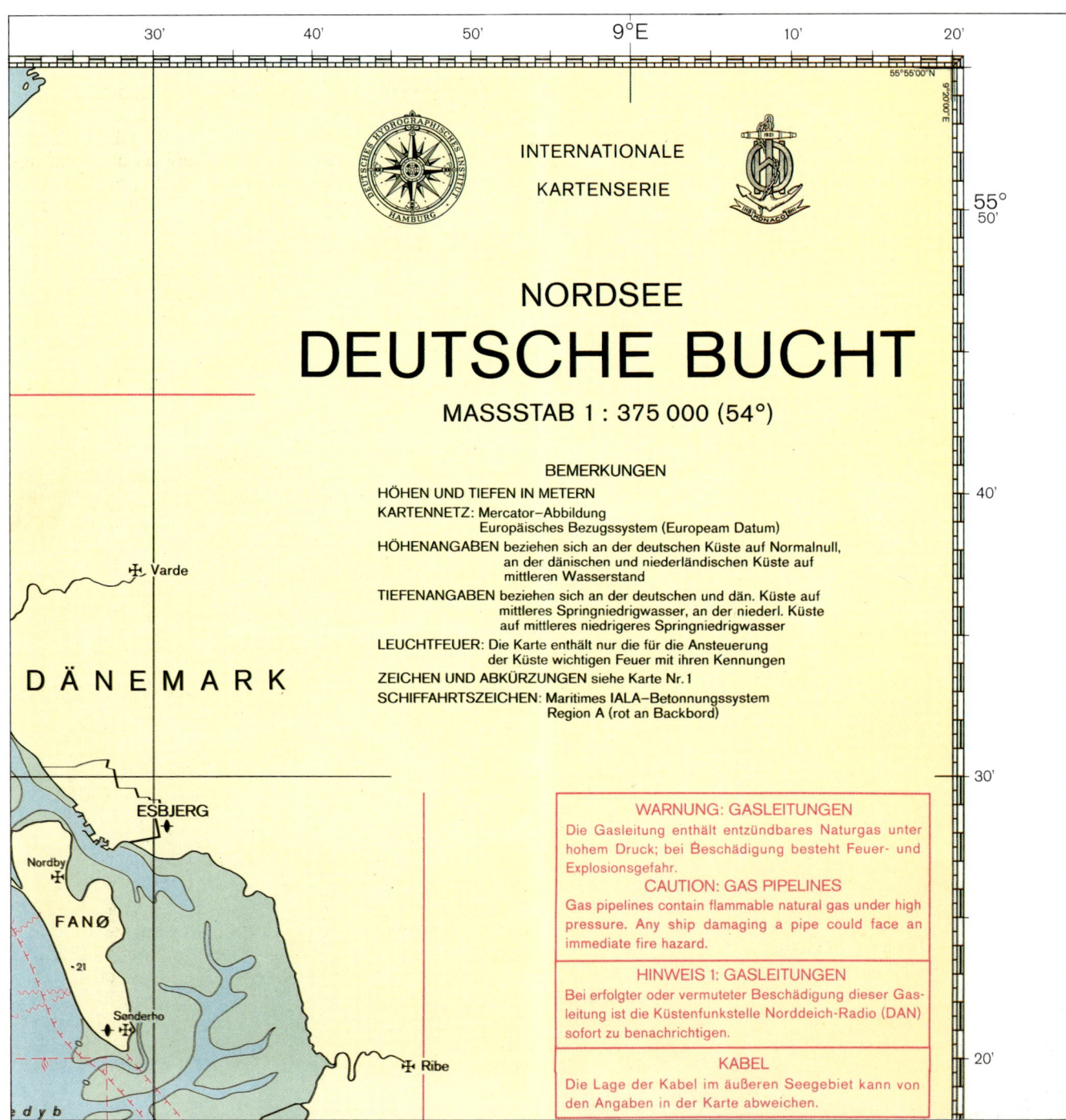

NORDSEE

DEUTSCHE BUCHT

MASSSTAB 1 : 375 000 (54°)

BEMERKUNGEN

HÖHEN UND TIEFEN IN METERN

KARTENNETZ: Mercator–Abbildung
Europäisches Bezugssystem (Europeam Datum)

HÖHENANGABEN beziehen sich an der deutschen Küste auf Normalnull,
an der dänischen und niederländischen Küste auf
mittleren Wasserstand

TIEFENANGABEN beziehen sich an der deutschen und dän. Küste auf
mittleres Springniedrigwasser, an der niederl. Küste
auf mittleres niedrigeres Springniedrigwasser

LEUCHTFEUER: Die Karte enthält nur die für die Ansteuerung
der Küste wichtigen Feuer mit ihren Kennungen

ZEICHEN UND ABKÜRZUNGEN siehe Karte Nr. 1

SCHIFFAHRTSZEICHEN: Maritimes IALA–Betonnungssystem
Region A (rot an Backbord)

WARNUNG: GASLEITUNGEN

Die Gasleitung enthält entzündbares Naturgas unter
hohem Druck; bei Beschädigung besteht Feuer- und
Explosionsgefahr.

CAUTION: GAS PIPELINES

Gas pipelines contain flammable natural gas under high
pressure. Any ship damaging a pipe could face an
immediate fire hazard.

HINWEIS 1: GASLEITUNGEN

Bei erfolgter oder vermuteter Beschädigung dieser Gasleitung ist die Küstenfunkstelle Norddeich-Radio (DAN)
sofort zu benachrichtigen.

KABEL

Die Lage der Kabel im äußeren Seegebiet kann von
den Angaben in der Karte abweichen.

INTERNATIONALE KARTENSERIE

DÄNEMARK

Varde

ESBJERG

Nordby

FANØ

·21

Sønderho

Ribe

Die Seekarte

Was heißt navigieren?

Als Führer eines Sportbootes sind wir für die Sicherheit der Besatzung und des Schiffes verantwortlich. Neben seemannschaftlichem Können, guter Wetterkenntnis und dem Beherrschen der auf dem Wasser geltenden „Verkehrsregeln" müssen wir vor allem mit einigen Grundzügen der Navigation vertraut sein. Sicheres Navigieren im Küstenbereich heißt:
● möglichst genaue Bestimmung des Schiffsortes sowie
● des abgesetzten oder gelaufenen Kurses.
Gerade in Küstennähe sollten wir keinesfalls glauben, wir könnten unseren Standort oder Kurs mehr als nur annähernd schätzen!
Zwei Dinge, die Seekarte und der Kompaß, bilden die wichtigsten Hilfsmittel der Navigation auf unserem Sportboot. Wenden wir uns zunächst der Seekarte zu und all dem, was wir ihr an wichtigen Informationen entnehmen können!
Auf den folgenden Seiten 12/13 finden wir einen Ausschnitt aus einer deutschen Seekarte der internationalen Kartenserie (INT).

Das Kartenwerk

Die Seekarte bildet die Grundlage unserer Navigation. Kein anderes Kartenmaterial, weder eine Straßenkarte noch eine sonstige Landkarte, enthält alle für den Sportbootfahrer erforderlichen Informationen: die genaue Wassertiefe, die Lage von Untiefen oder Wracks, die Betonnung von Fahrwassern oder Schifffahrtshindernissen, den Standort der Leuchtfeuer und ihre Kennung usw. Ein Titel bezeichnet die Karte. In seiner Nähe findet man meist einige kleingedruckte Anmerkungen über den verwendeten Maßstab, die Projektionsart oder die Einheit der angegebenen Höhen und Tiefen und ihr Bezugsniveau (vgl. Titelwiedergabe nebenan). Achte beim Gebrauch der Karte immer auf diese Angaben!
Welche Karten wählen wir für unsere Zwecke aus? Man unterscheidet den verschiedenen Maßstäben entsprechend folgende Arten von Seekarten:

Ozeankarten: 1:5 000 000 und kleiner
Übersichtsk.: 1:1 600 000 und kleiner
Segelkarten: 1: 300 000 und kleiner
Küstenkarten:1: 30 000 und kleiner
Pläne: 1: 30 000 und größer

Soweit möglich sollten wir die größte Karte, also die mit dem größten Maßstab, aussuchen. Eine Karte, die kleiner als 1:100 000 ist, ist für die Küstennavigation kaum noch brauchbar. Äußerst hilfreich sind oft die auf den Detailkarten zusammengestellten Pläne von Häfen oder Ankerbuchten. Sie vermitteln uns schon vor dem Einlaufen ein genaues Bild eines unbekannten Hafens.
Darüber hinaus gibt es noch Funkortungskarten (Decca, Loran, Omega) sowie Karten für Sonderzwecke (Karten für die Sportschiffahrt, Leerkarten, Übungskarten).

Das BSH

Das gesamte deutsche Seekartenwerk wird vom *Bundesamt für Seeschiffahrt und Hydrographie (BSH)* in Hamburg herausgegeben. Neben den Seekarten gibt es auch die übrige nautische Literatur heraus, insbesondere die Seehandbücher, Leuchtfeuerverzeichnisse, Gezeitentafeln und den Nautischen Funkdienst (vgl. S. 35). Außerdem nimmt das BSH die Baumusterprüfungen und Zulassungen der gesetzlich vorgeschriebenen Positionslaternen und anderer Navigationsinstrumente vor.

Kurzgefaßt

1. Verwende für navigatorische Zwecke immer Seekarten, niemals Straßenkarten!

2. Man unterscheidet dem Maßstab nach folgende Arten von Seekarten:
● *Ozeankarten*
● *Übersichtskarten*
● *Segelkarten*
● *Küstenkarten*
● *Pläne*
Weiterhin gibt es spezielle Karten, vor allem für die Funknavigation.

3. Wähle möglichst eine Karte mit dem größten Maßstab aus!

4. Sämtliche deutschen Seekarten und die übrige nautische Literatur, wie Seehandbücher, Leuchtfeuerverzeichnisse, Gezeiten- und Funknavigationsunterlagen, werden vom *Bundesamt für Seeschiffahrt und Hydrographie (BSH)* in Hamburg herausgegeben.

Die Seekarte

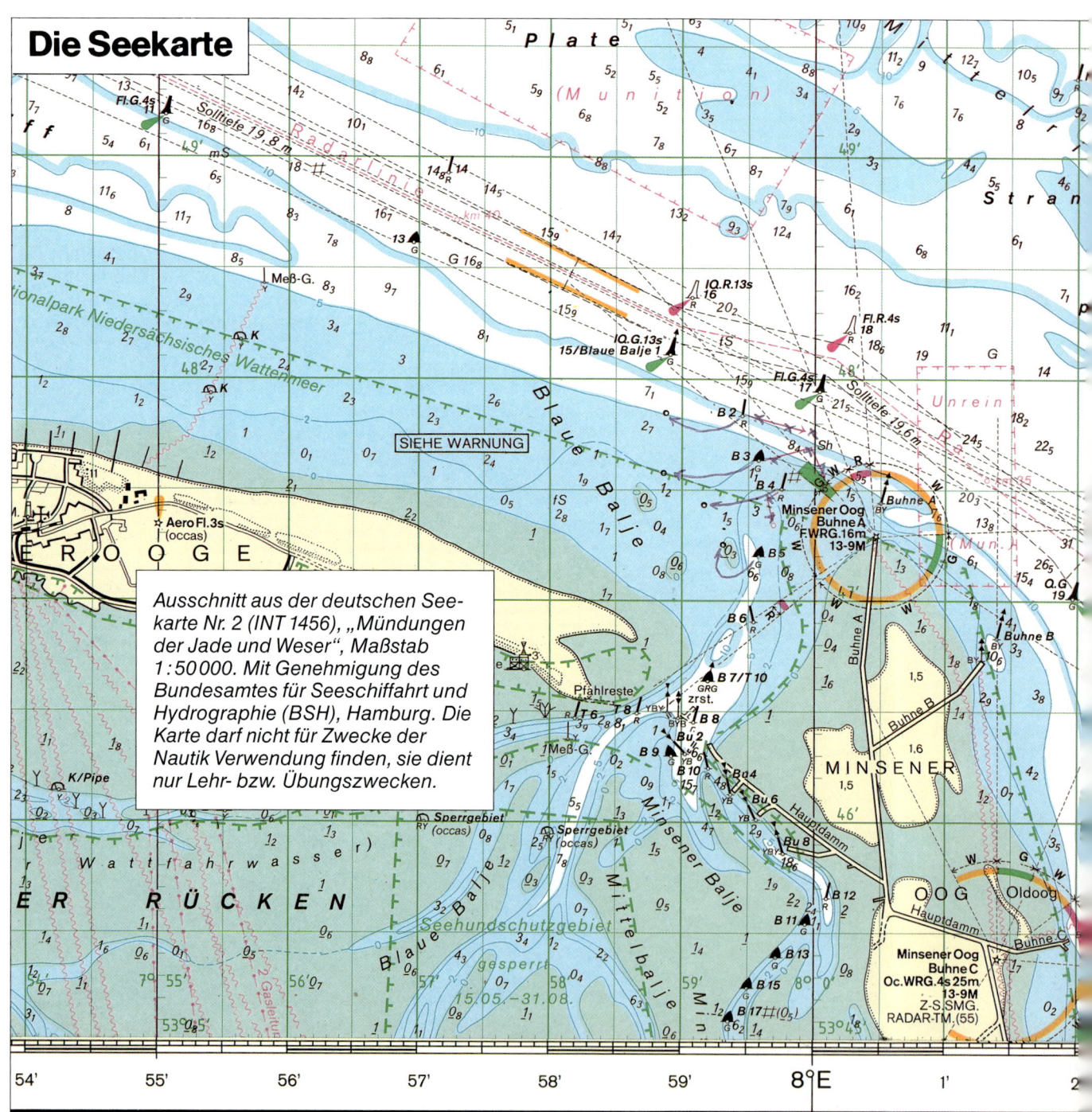

Ausschnitt aus der deutschen Seekarte Nr. 2 (INT 1456), „Mündungen
der Jade und Weser", Maßstab
1:50000. Mit Genehmigung des
Bundesamtes für Seeschiffahrt und
Hydrographie (BSH), Hamburg. Die
Karte darf nicht für Zwecke der
Nautik Verwendung finden, sie dient
nur Lehr- bzw. Übungszwecken.

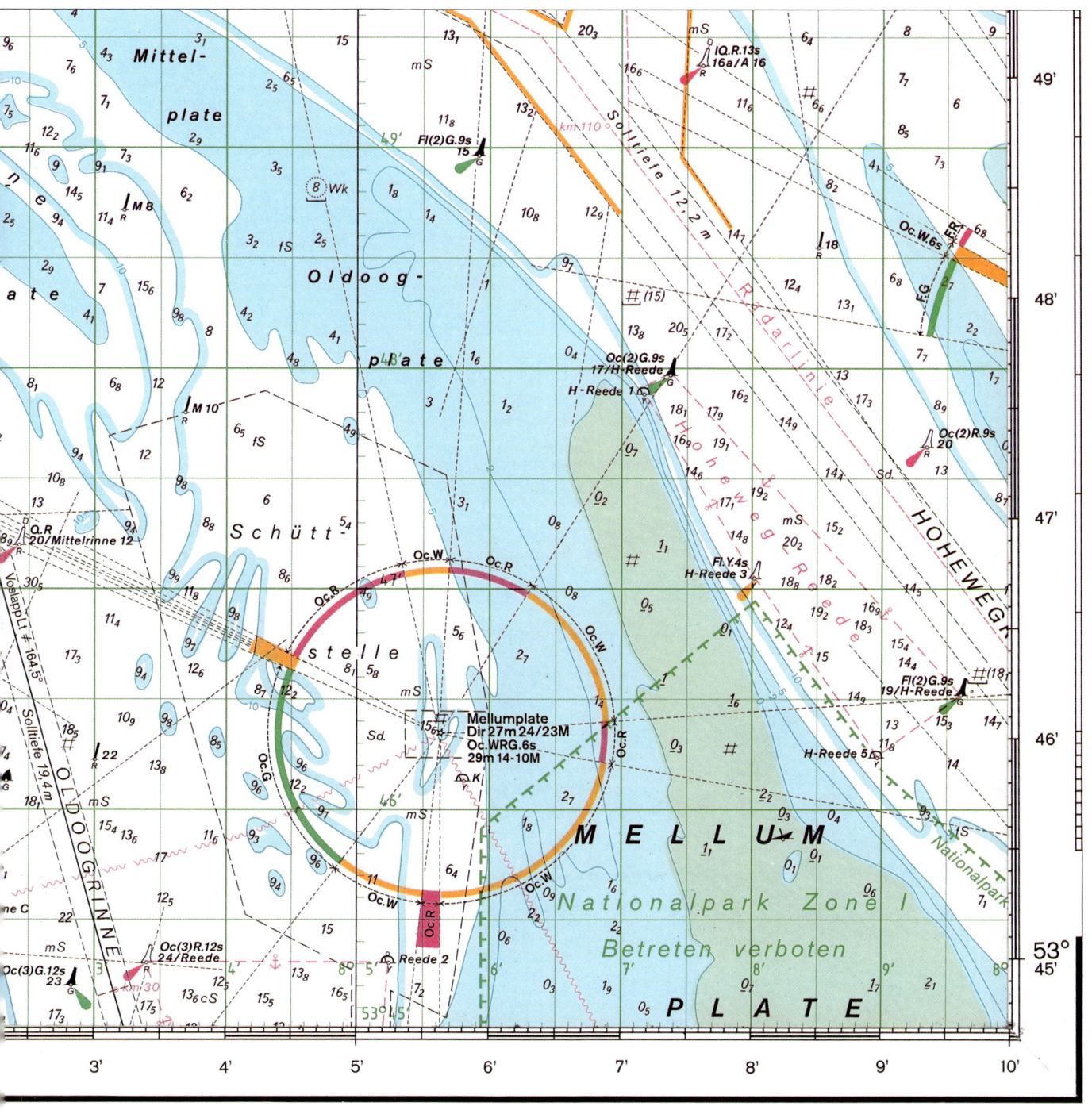

Berichtigung der Seekarte

Fragen 225, 229, 230

Wie wird berichtigt?

Beim Kauf unserer Karten müssen wir darauf achten, daß sie dem neuesten Berichtigungsstand entsprechen. Denn nach dem Druck treten oft noch Veränderungen und Ergänzungen auf, die für die sichere Navigation von Bedeutung sein können. Alle Änderungen werden in den wöchentlich erscheinenden *Nachrichten für Seefahrer (NfS)* zusammengefaßt und veröffentlicht. Kaufen wir eine Karte, so sollten alle zwischen Druck und Verkauf eingetretenen Veränderungen eingetragen sein. Einem Stempelaufdruck am linken unteren Kartenrand kann man die letzte für die Berichtigung berücksichtigte Ausgabe der NfS entnehmen. In der **Abbildung A** ist dies die Nummer 32 des Jahres 1991; diese Karte wurde also bis zur 32. Woche, das ist Anfang August 1991, berichtigt. Dieses Datum der letzten Berichtigung ist für uns natürlich von größerer Bedeutung als der (auch auf der Karte angegebene) Zeitpunkt der *Kleinen Berichtigungen* oder das oft schon weit zurückliegende Datum der *Erstausgabe.*
Verwende nie veraltete Karten!

Wer berichtigt?

Damit wir die Gewähr haben, daß die Karte tatsächlich bis zum Verkauf korrigiert wurde, sollten wir unsere Seekarten ausschließlich bei den vom BSH beauftragten Vertriebsstellen für Seekarten und nautische Veröffentlichungen (berechtigt zur Seekartenberichtigung) oder deren Auslieferungsstellen kaufen (Vertriebsstellen s. S. 183). Bei den Vertriebsstellen können wir auch unsere veralteten Karten auf den neuesten Stand bringen lassen. Sportbootkarten werden allerdings nicht berichtigt, können aber durch Berichtigungspausen auf den aktuellen Stand gebracht werden – ebenso wie die amtlichen Seekarten. Das ist ungleich preiswerter, als neue Karten zu kaufen.

Das Kartenverzeichnis

In einem besonderen *Verzeichnis der nautischen Karten und Bücher* hat das BSH sämtliche deutschen Seekarten und die übrige von ihm herausgegebene Literatur zusammengestellt. Die einzelnen Karten und Publikationen sind fortlaufend numeriert. Seekarten mit internationalen Feuerkennungen sind mit *INT* gekennzeichnet.
Das von den einzelnen Seekarten überdeckte Gebiet können wir verschiedenen, in diesem Verzeichnis zusammengestellten Kartenschnitten entnehmen **(Ausschnitt B).** Ergänzend finden wir nach den Seegebieten geordnet genauere Angaben zu jeder einzelnen Karte: ihre Nummer, den Titel und Maßstab und das Datum der letzten Ausgabe **(Ausschnitt C).**
Auch für englische, französische oder andere ausländische Karten gibt es derartige Kartenverzeichnisse.

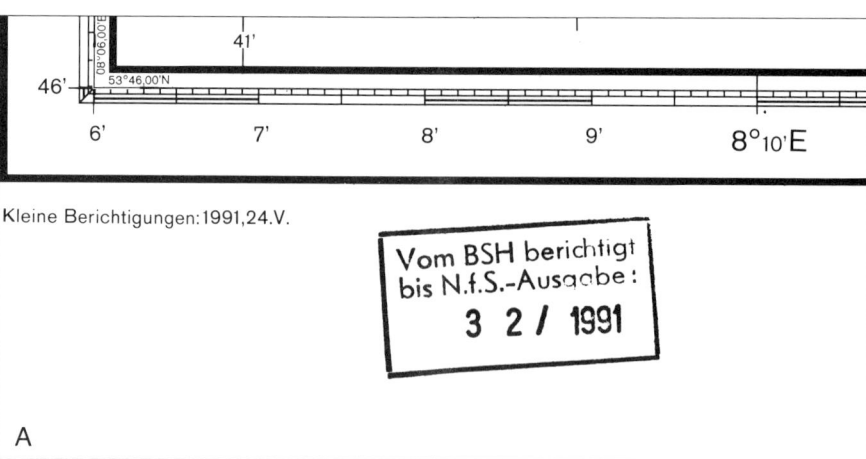

Kleine Berichtigungen: 1991, 24. V.

Vom BSH berichtigt bis N.f.S.-Ausgabe: 3 2 / 1991

A

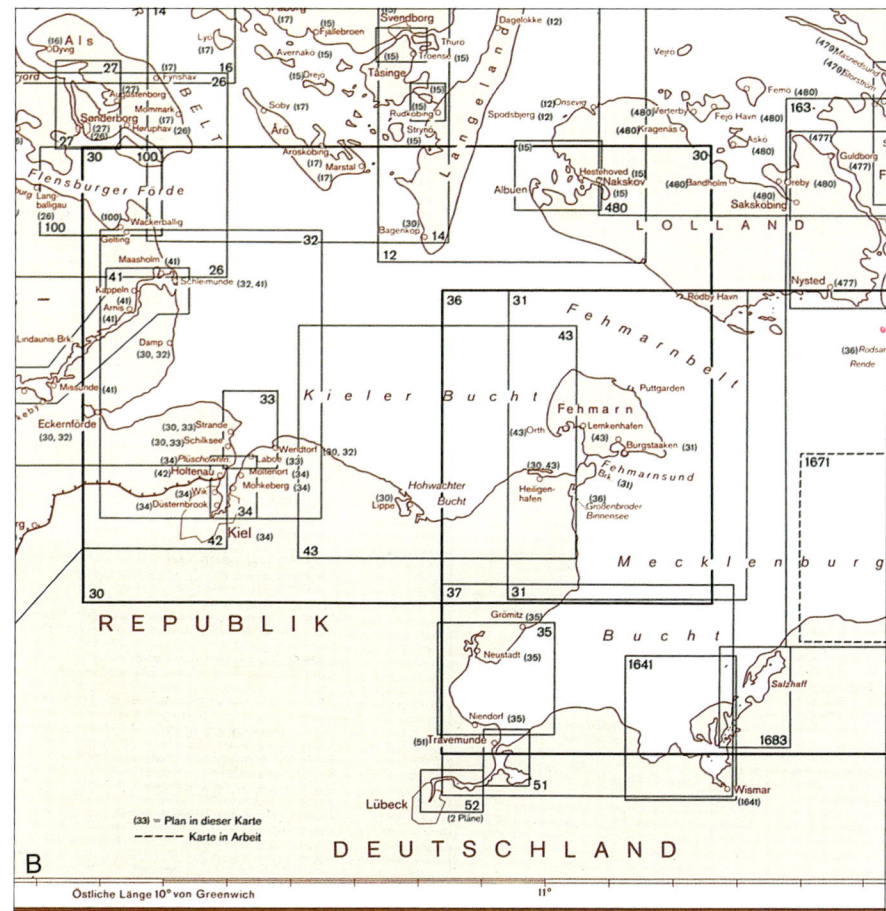

B

Östliche Länge 10° von Greenwich   11°

(33) = Plan in dieser Karte
– – – – Karte in Arbeit

33	**Ansteuerung der Kieler Förde**		12 500	1987, XII.
	Plan: A Olympiahafen Schilksee und			
		Hafen von Strande	6 000	
		B Hafen von Laboe	6 000	
34	**Häfen von Kiel**		12 500	1987, I.
	Plan: A Plüschowhafen	6 000	
		B Sporthafen Wik	3 000	
		C Sporthafen Düsternbrook	3 000	
		D Hafen von Möltenort	3 000	
		E Sporthafen Mönkeberg	3 000	
		F Oslokai bis Bahnhofskai	6 000	
35	**Neustädter Bucht**		25 000	1989, VIII.
	Plan: A Hafen von Neustadt	10 000	
		B Hafen von Niendorf	4 000	
		C Jachthafen von Grömitz	4 000	
36 D*	**Travemünde bis Gedser Odde**			
	mit Decca-Kette 7 B		100 000	1980, V.
	Plan: A Rödsand Rende	25 000	
		B Großenbroder Binnensee	12 500	
		C Sporthafen Großenbroder		
		Binnensee	5 000	
37 D*	**Dahmeshöved bis Wismar**			
	mit Decca-Kette 7 B		50 000	1980, V.

C

Kurzgefaßt

1. Alle Veränderungen, die für die Schiffsführung von Bedeutung sind (Änderung der Befeuerung und Betonnung, eingetretene Schiffahrtshindernisse, Hinweise auf Gefahren u. ä.), werden in den wöchentlich erscheinenden *Nachrichten für Seefahrer (NfS)* veröffentlicht.

2. Vor Gebrauch einer Seekarte sollten wir uns immer davon überzeugen, daß sie auf dem neuesten Korrekturstand ist.

3. Das Datum der letzten Korrektur können wir einem Stempelaufdruck am linken unteren Kartenrand entnehmen.

Topographie / *Topography*

Sandküste
Sandy shore

Sandhügel, Dünen
Sandhills, Dunes

Steilküste, Felsen
Steep coast, Cliffs

Sumpf, Marsch, Vorland
Marsh

Häfen / *Ports*

Deviationsdalben
Deviation dolphin

Beleuchtetes Objekt
Floodlighted object

Sportbootliegeplatz, -hafen
Yacht berths, Boat harbour

Gastliegeplatz
Visitors' berth

Hydrographie / *Hydrography*

Priel
Tideway

Watt mit Niedrigwasserlinie
Intertidal area with low water line

Flachwassergebiet
Shallow water area

Fels, Klippe
Rock

Wrack; Sichtbares Wrack
Wreck; Wreck always visible

Gefährliches Wrack; Ungefährliches Wrack
Dangerous wreck; Non-dangerous wreck

Schiffahrtshindernis
Obstruction

Unterwasserkabel
Submarine cable

Gefahr
Danger

Navigation / *Navigation*

2 Bk ⚓ 270,5°
Deckpeilung; Richtlinie
Clearing line; Leading line

Verkehrstrennungsgebiet
Traffic separation scheme

Leuchttonne
Light buoy

Feuerschiff
Light-vessel

Leuchtfloß
Light-float

Großtonne
Super-buoy

Lotsenversetzstelle
Pilot boarding place

Rettungsstelle
Rescue station

Pegel
Tide gauge

Tafel
Notice board

Pfahl, Stange
Stake, Pole

Bake
Beacon

Spierentonne, Treibbake
Spar buoy, Floating beacon

Spitztonne
Conical buoy

Stumpftonne
Can buoy

Kugeltonne
Spherical buoy

Bakentonne
Pillar buoy

Faßtonne
Barrel buoy

Festmachetonne
Mooring buoy

BRB
s.r.s.
Einzelgefahr-Zeichen
Isolated danger marks

RW
r.w.
Mitte-Fahrwasser-Zeichen
Safe water marks

Betonnungsrichtung
Direction of buoyage

Nebelschallsignal
Fog signal

Leuchtfeuer, Leuchtturm
Light, Lighthouse

Racon
Radarantwortbake
Radar transponder beacon

Radarreflektor
Radar reflector

RC
RC
Kreisfunkfeuer
Circular radiobeacon

Empfohlener Ankerplatz
Recommended anchorage

Ankerplatz für Sportboote
Yacht anchorage

Ankergebiet
Anchorage area

Ankern und Fischen verboten
Anchoring and fishing prohibited

Militärisches Übungsgebiet
Military exercise area

VHF 21 · 21
Meldestelle mit UKW-Kanal
Radio reporting point with VHF-channel

Leuchtfeuerbeschriftung
Light description

G · W · R
gn. · w. · r.

Fl(3)	WRG.	15s	21m	15-11M
Blz.(3)	w/r/gn.	15s	21m	15-11sm

Farbe / *Colour*
Kennung / *Character*
Tragweite / *Range*
Höhe / *Elevation*
Wiederkehr / *Period*

Die Karte 1: Zeichen, Abkürzungen und Begriffe

Fragen 192, 231, 232, 233

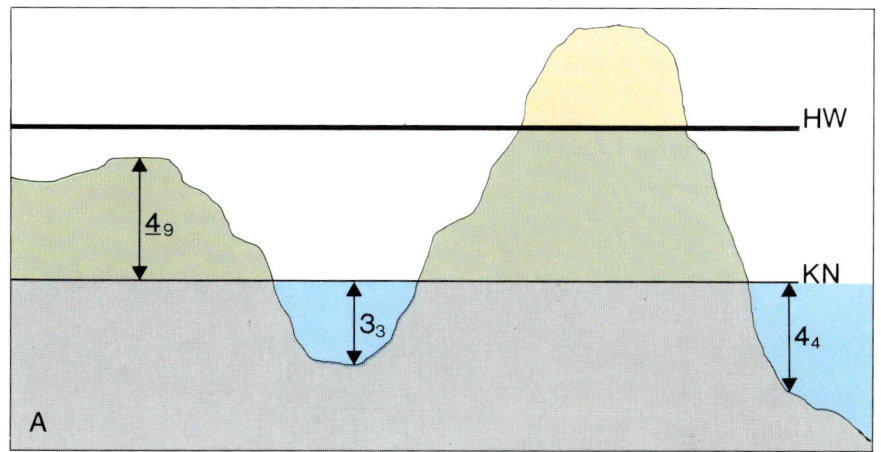

A

Die Legende

Um beim Lesen der Seekarte auf den ersten Blick Wichtiges von Unwichtigem zu unterscheiden, müssen wir mit den Zeichen, Abkürzungen und Begriffen vertraut sein. Alle in deutschen Seekarten verwendeten Symbole und Buchstabenkombinationen sind in **Karte 1 (INT 1),** die in Heftform herausgegeben wird, zusammengefaßt. Einen übersichtlichen Ausschnitt mit den wichtigsten Symbolen und Abkürzungen finden wir in der D 3000.

Auf den Seiten 16 und 24 sind die wichtigsten Symbole und Abkürzungen wiedergegeben, die wir uns merken sollten, damit wir in kritischen Situationen nicht erst in Karte 1 blättern und suchen müssen:

● Auffällige Landmarken: Kirchtürme, Leuchttürme oder Schornsteine und Baken etc.

● Leuchttürme oder befeuerte Tonnen fallen durch ihre farbige Kennzeichnung auf.

● Tiefen- und Höhenangaben werden in Metern angegeben.

● Buchstabenkombinationen geben Auskunft über die Grundbeschaffenheit. Dies kann uns die Wahl des richtigen Ankers erleichtern.

● Besonders gefährlich sind Untiefen oder Wracks, die geringfügig über, auf der Höhe oder unter der Wasserlinie liegen können.

Das Kartennull

Unter *Kartennull (KN)* versteht man die Ebene, auf die sich die angegebenen Wassertiefen beziehen. In Revieren mit nur geringfügigen gezeitenbedingten Wasserstandsschwankungen (Ostsee und Mittelmeer) geht man von einem Mittelwert, dem *mittleren Wasserstand,* aus. In Gezeitenrevieren dagegen (Nordsee und Atlantik) wählt man für Tiefenangaben eine sehr niedrige Bezugshöhe aus, das sogenannte *mittlere Springniedrigwasser.* In der **Abb. A** ist zusätzlich die Hochwasserlinie (HW) eingetragen.

Da der Wasserstand nur selten auf die Höhe des mittleren Springniedrigwassers absinkt, können wir davon ausgehen, daß meist eine größere Wassertiefe vorhanden ist, als in der Seekarte angegeben wird. Hat allerdings das BSH seiner Arbeit eine ausländische Karte zugrunde gelegt, so kommt es vor, daß auch andere Bezugshöhen das Kartennull bilden. So ist auf dem auf S. 10 wiedergegebenen Kartentitel die Bezugshöhe für Tiefenangaben an der niederländischen Küste das mittlere niedrigere Springniedrigwasser.

Kurzgefaßt

1. Alle in deutschen Seekarten verwendeten Zeichen und Abkürzungen sind in der *Karte 1 (INT 1)* zusammengestellt.

2. Tiefen und Höhen werden in deutschen Seekarten in Metern gemessen.

3. Das *Kartennull (KN)* in deutschen Gewässern, also die Bezugshöhe für die angegebenen Tiefen, liegt

● in gezeitenfreien Revieren: auf Höhe des Mittelwassers,

● in Gezeitenrevieren: auf Höhe des mittleren Springniedrigwassers.

Das Leuchtfeuer-verzeichnis

Frage 233

Für die nächtliche Navigation ist das ebenfalls vom BSH herausgegebene *Leuchtfeuerverzeichnis (Lfv)* hilfreich und notwendig. Es ergänzt die Angaben über befeuerte Tonnen, Leuchtfeuer und Feuerschiffe, die wir in der Seekarte finden: Der Name oder die Bezeichnung, der genaue Standort, die Kennung und die Wiederkehr, die Nenntragweite und gegebenenfalls in Klammern die geringere Sichtweite in Seemeilen sowie die Sektoren aller Feuerträger sind angegeben. Hierbei sind die Richtungen der Sektoren immer von See aus gesehen. Außerdem findet sich eine genaue Beschreibung der Leuchttürme, so daß sie auch tagsüber leicht identifiziert werden können. In einem Anhang sind genaue Angaben über Signalstellen und spezielle Hafensignale zusammengestellt.

Das Lfv erscheint in 14 Bänden für die gesamte Welt, doch genügt für unsere Zwecke meist ein Band, da wir nur ein begrenztes Gebiet befahren. Ähnlich wie bei den Seekarten wird auch das Lfv laufend in den Nachrichten für Seefahrer (NfS) berichtigt (vgl. S. 35). Etwa alle zwei Jahre erscheint es neu. Vergleiche den hier wiedergegebenen Ausschnitt aus dem Lfv III A *(Nordsee, südl. Teil)* mit dem Kartenausschnitt auf S. 12/13.

Bundesrepublik Deutschland — Jademündung bis Wilhelmshaven   199

Nummer Int. Nr.	Name Feuerträger (Höhe über Erdboden) Breite / Länge	Kennung/Wiederk. Zeitmaße / Sektoren	Nenn-Tw. / Bemerkungen	Höhe
15600 B 1122	**Mellumplate** r., viereckiger Turm mit w. Band (32 m über HW), auf rundem Sockel, Galerie und Hubschrauberplattform 53° 46′ N 8° 06′ E	**F.** 115,7°–116° (Leitsektor) **Blz. 4 s** 1+(3) s 113,7°–114,9° **Blz. (4) 15 s** 1+(2)+1+(2)+1+(2)+1+(5) s 116,9°–118,1° **Mo. (A) 7,5 s** 4,5+(3) s 114,9°–115,7° **Mo. (N) 7,5 s** 4,5+(3) s 116°–116,9°	24–23 (15) sm Die Sektoren 114,9°–116,9° bezeichnen das Fahrwasser, der Sektor 115,7°–116° die Mitte der 300 m breiten Baggerrinne im äußeren Bereich des Wangerooger Fahrwassers	27 m
15601	– Quermarkenfeuer im Feuerträger Nr. 15600	**Ubr. w/r/gn. 6 s** (1,5)+4,5 s r. 0°–6, w. –37,6, gn. –113,7° r. 118,1°–168, w. –183,5, r. –212, w. –266, r. –280, w. –360°	14/11/10 sm	29 m
15670	Leuchttonne 1 gn., bakenförmig 53° 53′ N 7° 44′ E	**Ubr. (3) gn. 12 s**		
15675	Leuchttonne 2 r., bakenförmig 53° 54′ N 7° 46′ E	**Ubr. (3) r. 12 s**		
15680	Leuchttonne 1 a gn., bakenförmig 53° 52′ N 7° 46′ E	**Fkl. gn.**		

Leuchtfeuer: Tragweite und Sichtweite

A

Eine wichtige Information, die wir dem Leuchtfeuerverzeichnis entnehmen können, ist die jeweilige Trag- und Sichtweite eines Feuers. Hieraus können wir die Entfernung entnehmen, in der wir den Schein des Leuchtfeuers erstmals ausmachen können. Wir müssen unterscheiden:

● Die **Tragweite** ist der Abstand, in dem ein Leuchtfeuer bei guter Sichtigkeit gerade noch wahrnehmbar ist. Sie hängt also von der Lichtstärke des Leuchtfeuers ab und wird für einen bestimmten Sichtigkeitsgrad der Luft in Seemeilen angegeben.

In der Seekarte und im Leuchtfeuerverzeichnis wird die „Nenntragweite" angegeben, die sich auf einen genau bestimmten Sichtwert bezieht.

● Die **Sichtweite** ist der Abstand, in dem ein Leuchtfeuer aus einer bestimmten Augenhöhe eben noch

„in der Kimm" sichtbar ist, d. h. sobald es bei Annäherung erstmals über dem Horizont erscheint. Sie hängt also von der Höhe der Laterne und des Beobachterauges über dem Meeresspiegel ab und ist durch die Erdkrümmung bedingt.

Denn niedrige Feuer werden wir erst vergleichsweise spät wahrnehmen – auch wenn sie eine große Tragweite haben sollten –, da sie wegen der Erdkrümmung noch hinter der Kimm liegen **(Abb. A).** Die Kimm ist diejenige Linie, an der sich für den Beobachter Wasser und Himmel berühren, also der Horizont.

Sobald wir den Lichtschein eines Feuers über die Kimm hinweg sehen, sagt man, daß das *Feuer in der Kimm* liegt. In diesem Augenblick sind wir genau die Sichtweite (in Seemeilen gemessen) vom Leuchtturm entfernt. Da in der nautischen Literatur die Sichtweite jedoch auf eine Augenhöhe des Beobachters von 5 m bezogen ist, wir uns aber auf einem Sportboot meist tiefer befinden, müssen wir davon ausgehen, daß wir ein Feuer erst später in der Kimm ausmachen, als die Sichtweite angibt.

Kurzgefaßt

1. Das *Leuchtfeuerverzeichnis* enthält die für die Navigation wichtigen Beschreibungen der Seezeichen und Angaben über deren Befeuerung. Außerdem enthält es Angaben über Signalstellen.

2. Die *Tragweite* eines Leuchtfeuers ist der Abstand, in dem es bei guter Sichtigkeit gerade noch wahrnehmbar ist.

3. Die *Sichtweite* eines Leuchtfeuers ist der Abstand, in dem es aus einer bestimmten Augenhöhe eben noch „in der Kimm" sichtbar ist.

Leuchtfeuer: Kennung und Wiederkehr

Fragen 192, 216–222

Die Kennung

Um nachts die einzelnen Leuchtfeuer und befeuerten Tonnen leichter identifizieren zu können, sind sie mit unterschiedlichen Kennungen ausgestattet. Unter der *Kennung* eines Feuers versteht man seine

Das **Festfeuer** zeigt eine Lichterscheinung von gleichbleibender Stärke ohne Unterbrechung.

Ein **unterbrochenes Feuer** zeigt einen Schein, der von Dunkelheit unterbrochen wird. Die Scheindauer ist länger als die Dauer der Dunkelheit.

Es kommt auch in Gruppen vor, z. B. mit Gruppen von 2 Unterbrechungen.

Das **Gleichtaktfeuer** ist durch eine gleich lange Abwechslung von Schein und Unterbrechung charakterisiert.

Beim **Blinkfeuer** ist die Dauer der Unterbrechung merklich länger als die Lichterscheinung. Die Blinkdauer beträgt mindestens 2 Sekunden.

Das Blinkfeuer kommt auch in Gruppen vor, z. B. mit Gruppen von 3 Blinken.

- Scheincharakteristik und
- Farbgebung.

Die Kennung der Leuchtfeuer ergibt sich also aus dem charakteristischen Verlauf der Lichterscheinungen und Verdunkelungen des weißen oder farbigen Lichtes (rot, grün oder gelb). Systematisch lassen sich die einzelnen Kennungen durch das Verhältnis von Scheindauer zu Unterbrechungsdauer ordnen und einprägen:

- Das **Festfeuer** (F/F.) scheint ununterbrochen.
- Beim **unterbrochenen Feuer** (Oc/Ubr.) dauert der Schein länger als die Unterbrechung.
- Das **Gleichtaktfeuer** (Iso/Glt.) zeigt gleich lange Scheine und Pausen.
- Ein **Blinkfeuer** (LFl./Blk.) scheint mindestens 2 Sekunden, jedoch kürzer als die Unterbrechung.
- Das **Blitzfeuer** (Fl/Blz.) scheint kürzer als die Unterbrechung und weniger als 2 s, in deutschen Gewässern sogar weniger als 1 s.
- Ein **Funkelfeuer** (Q/Fkl.) zeigt ununterbrochen schnell aufeinander folgende Blitze (60 Lichterscheinungen pro Minute).

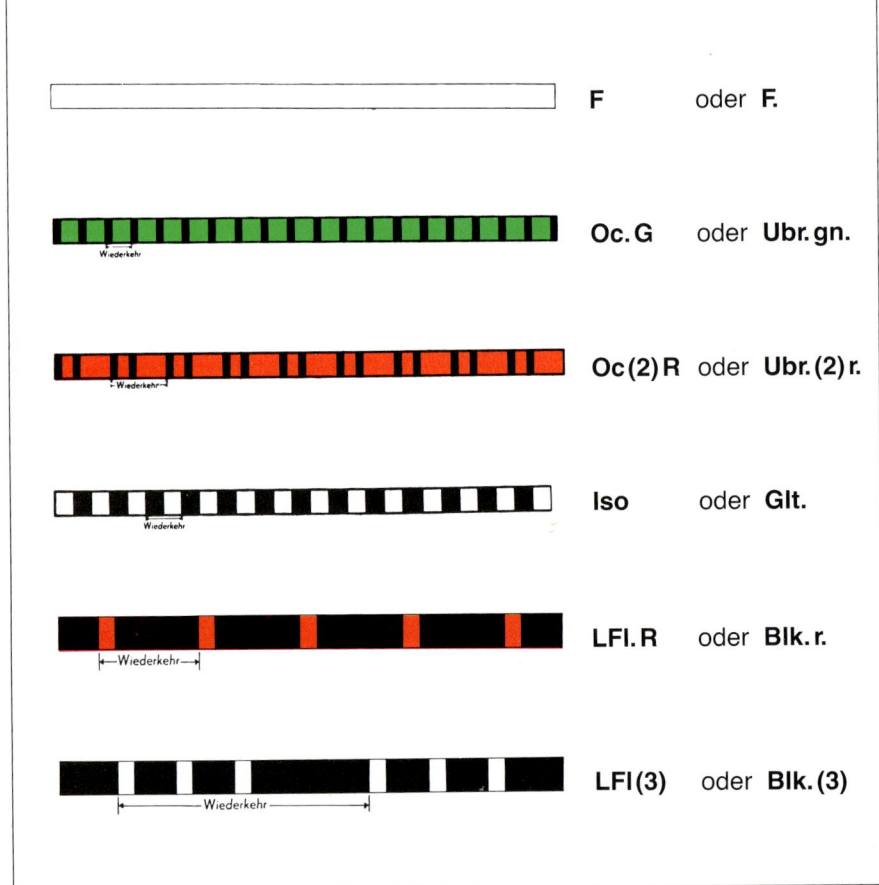

F	oder	**F.**
Oc. G	oder	**Ubr. gn.**
Oc (2) R	oder	**Ubr. (2) r.**
Iso	oder	**Glt.**
LFl. R	oder	**Blk. r.**
LFl (3)	oder	**Blk. (3)**

Eine Abwandlung ist das **unterbrochene Funkelfeuer** (IQ/Fkl. unt.).
● Ein **schnelles Funkelfeuer** (VQ/SFkl.) zeigt 100 bis 120 Blitze pro Minute.

Manche Feuer sind so angeordnet, daß die Lichterscheinung innerhalb einer Phase nicht nur einmal, sondern mehrmals in Gruppen auftritt. Man spricht dann von einem Feuer **mit Gruppen von 2, 3 und mehr Funkeln, schnellen Funkeln, Blitzen, Blinken oder Unterbrechungen.**

Die Wiederkehr

Die Dauer einer Periode einschließlich der auftretenden Verdunkelungen und Lichterscheinungen von Beginn zu neuerlichem Beginn nennt man *Wiederkehr.* Sie wird in Sekunden angegeben. So kann sich ein Blitzfeuer mit Gruppen von 2 Blitzen von einem anderen mit der gleichen Kennung ausschließlich durch seine Wiederkehr unterscheiden.
Den unten zusammengestellten Beispielen verschiedener Leuchtfeuerkennungen sind die schematischen Darstellungen gegenübergestellt.

Kurzgefaßt

1. Unter der *Kennung* eines Leuchtfeuers versteht man den charakteristischen Verlauf von Lichterscheinung und Verdunkelung des weißen oder farbigen Lichtes.
2. Die *Wiederkehr* ist die Zeitspanne vom Eintritt einer bestimmten Taktkennung bis zum Wiedereintritt der nächsten gleichen Taktkennung. Sie wird in Sekunden gemessen.

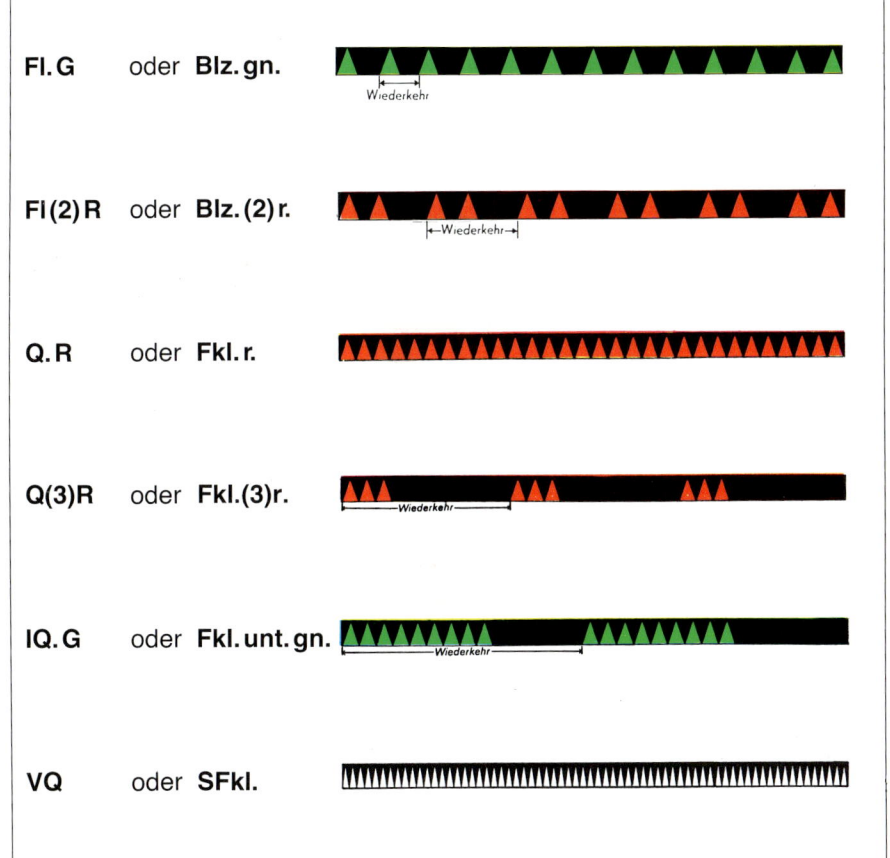

Fl. G	oder	Blz. gn.
Fl (2) R	oder	Blz. (2) r.
Q. R	oder	Fkl. r.
Q (3) R	oder	Fkl. (3) r.
IQ. G	oder	Fkl. unt. gn.
VQ	oder	SFkl.

Das **Blitzfeuer** ähnelt dem Blinkfeuer, doch beträgt die Blitzdauer in deutschen Gewässern weniger als 1 Sekunde.

Es kommt ebenfalls in Gruppen vor, z. B. mit Gruppen von 2 Blitzen.

Das **Funkelfeuer** zeigt ständig schnell aufeinanderfolgende kurze Blitze (60 Lichterscheinungen pro Minute).

Folgen die Funkel nicht ständig aufeinander, sondern werden sie von einer Periode der Dunkelheit unterbrochen, spricht man von einem unterbrochenen Funkelfeuer.

Es kommt auch in Gruppen vor, z. B. mit Gruppen von 3 Funkeln.

Das **schnelle Funkelfeuer** (SFkl.) zeigt 100 bis 120 Funkel pro Minute.

Es kommt ebenfalls in Gruppen vor.

Leitfeuer
Richtfeuer
Quermarkenfeuer

Fragen 206–215

Das Leitfeuer

In engen Fahrwassern werden häufig sogenannte *Leitfeuer* (**Dir/Lt-F.**) eingerichtet. Hierbei wird der von einem Leuchtfeuer überstrahlte Bereich in mehrere Sektoren unterteilt, die sich durch ihre Kennung voneinander unterscheiden. Je nachdem in welchem Sektor wir uns jeweils befinden, nehmen wir eine bestimmte, vom gleichen Leuchtturm ausgehende Kennung wahr.

Die Sektoren eines Leitfeuers sind so angelegt, daß einer von ihnen von Untiefen, Wracks oder sonstigen Schiffahrtshindernissen frei ist, andere Sektoren dagegen die für die Schiffahrt gefährlichen Gebiete überstrahlen. Es gibt auch völlig verdunkelte Sektoren, so daß hier das Leitfeuer überhaupt nicht wahrgenommen werden kann.

Man nennt den die Fahrrinne anzeigenden Sektor, der also den hindernisfreien Bereich überstrahlt, den *Leitsektor*. Die sich an beiden Seiten anschließenden Sektoren, die auf Gefahren hinweisen, heißen *Warn-* bzw. *Gefahrensektoren*.

- Im **Leitsektor** findet man meist ein weißes Festfeuer.

- Die **Warnsektoren** haben an der *Backbordseite* des einlaufenden Schiffes entweder ein rotes Festfeuer oder weiße Blitze oder Blinke in gerader Taktkennung (2, 4); an der *Steuerbordseite* des einlaufenden Schiffes entweder ein grünes Festfeuer oder weiße Blitze oder Blinke in ungerader Taktkennung (1 und 3).

Bemerkt also ein im Leitsektor einlaufendes Schiff, daß die Leitfeuerfarbe plötzlich rot wird, so muß es seinen Kurs nach Stb korrigieren; wird die Leitfeuerfarbe dagegen grün, so ist eine Kurskorrektur nach Bb erforderlich, will man nicht Gefahr laufen, auf irgendein Schiffahrtshindernis zu stoßen.

In engen und vielbefahrenen Fahrwassern sollten wir als Führer eines Sportbootes nicht mitten im Leitsektor laufen, sondern uns in Fahrtrichtung etwas rechts halten, damit wir die Großschiffahrt nicht behindern. Außerdem könnte unser kleines Fahrzeug leicht übersehen werden.

Das Richtfeuer

Eine noch genauere Einsteuerung durch gefährliche Hindernisse hindurch ermöglicht das *Richtfeuer* (**Ldg/Rcht-F.**). Hier werden zwei Feuer in einiger Entfernung so hintereinander aufgestellt, daß ein auf sie zuhaltendes Boot sich genau dann in der angezeigten Fahrrinne befindet, wenn die Feuer übereinander erscheinen. Wir sehen dann, wie man sagt, beide *Feuer in Linie*.

Genaugenommen handelt es sich beim Richtfeuer um eine spezielle *Deckpeilung* (vgl. S. 56).

Beim Richtfeuer findet man die Ansteuerungslinie oft schon in der Karte eingetragen, meist ist sie sogar mit dem genauen Kurs von See kommend bezeichnet, den wir laufen müssen, um beide Feuer in Linie zu sehen.

Wie müssen wir unseren Kurs ändern, um das Richtfeuer zur Deckung zu bringen?

- Sehen wir das Unterfeuer bei der Ansteuerung links vom Oberfeuer, müssen wir nach Bb halten.
- Sehen wir das Unterfeuer bei der Ansteuerung rechts vom Oberfeuer, müssen wir nach Stb halten.

Kennzeichnet ein Richtfeuer die Mitte eines Fahrwassers, so dürfen wir natürlich nicht genau beide Feuer in Linie haben, um dem Rechtsfahrgebot zu genügen. Wir halten uns dann etwas rechts von der Richtfeuerlinie, so daß das Unterfeuer etwas links vom Oberfeuer erscheint.

Das Quermarkenfeuer

In engen gekrümmten Fahrwassern ist es oft erforderlich, daß wir zunächst im Leitsektor eines Leitfeuers steuern, dann aber den Kurs ändern müssen, um auf ein neues Leitfeuer zuzuhalten. Der Bereich, in dem am günstigsten diese Kursänderung vorgenommen werden soll, wird oft zusätzlich durch einen quer zum Kurs strahlenden Sektor eines sog. *Quermarkenfeuers* verdeutlicht. Der Kursänderungssektor (rot oder grün) ist meist beidseitig durch zwei Ankündigungssektoren (weiß) begrenzt.

Hafenfeuer

Unmittelbar an Hafeneinfahrten findet man oft fest gegründete Hafenfeuer. Sie tragen an der Bb-Seite der Einfahrt – von einem einlaufenden Schiff aus gesehen – ein rotes Festfeuer und auf der Stb-Seite ein grünes Festfeuer.

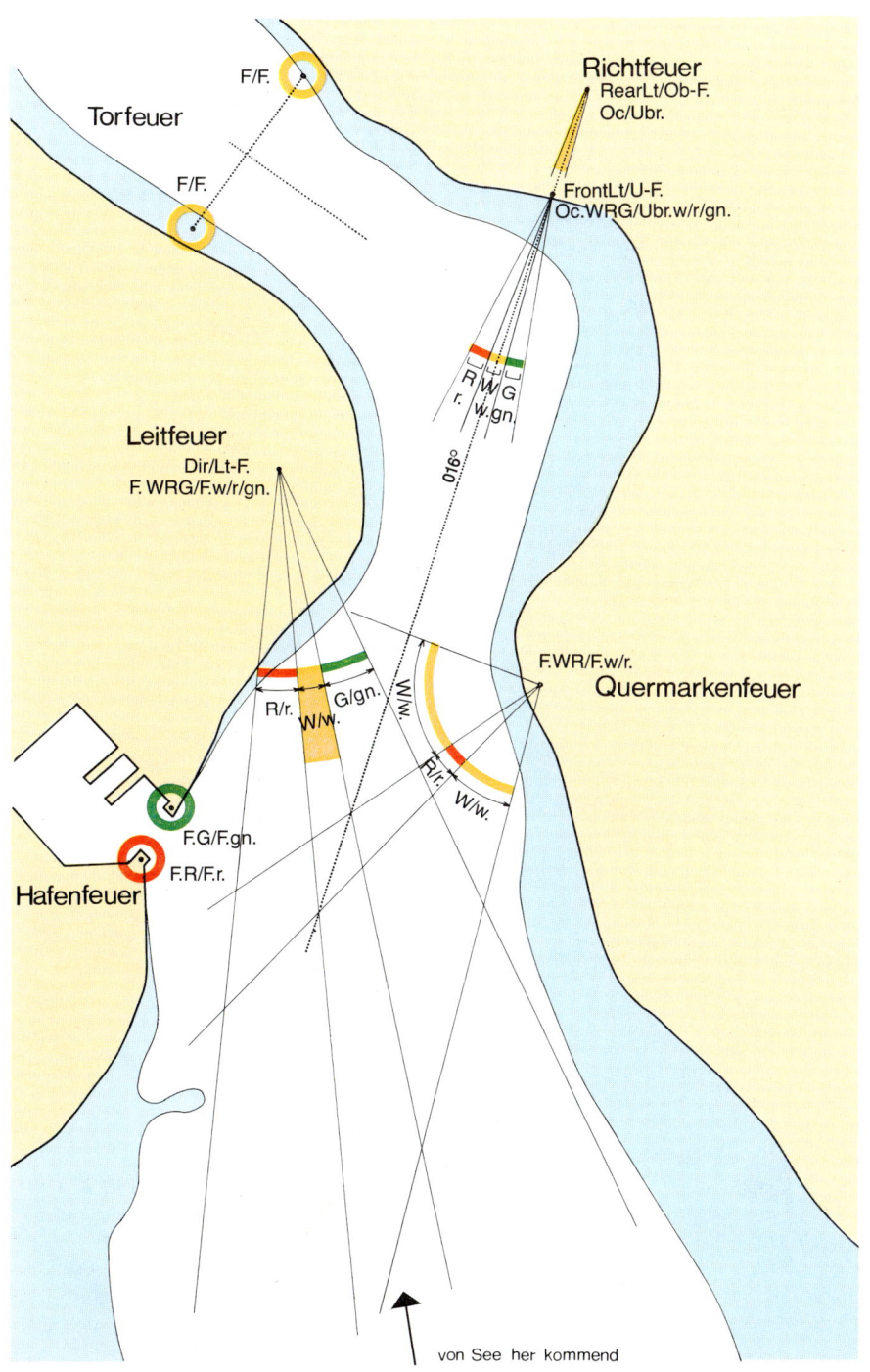

Torfeuer

F/F.

F/F.

Richtfeuer
RearLt/Ob-F.
Oc/Ubr.

FrontLt/U-F.
Oc.WRG/Ubr.w/r/gn.

Leitfeuer
Dir/Lt-F.
F. WRG/F.w/r/gn.

R | W | G
r. | w. | gn.

016°

R/r. | G/gn.
W/w.

W/w.

F.WR/F.w/r.
Quermarkenfeuer

F./r.
W/w.

F.G/F.gn.
F.R/F.r.

Hafenfeuer

von See her kommend

Kurzgefaßt

1. An *Hafeneinfahrten* findet man in der Regel einlaufend an Stb ein grünes Festfeuer und an Bb ein rotes Festfeuer.

2. Ein *Leitfeuer* ist ein Sektorenfeuer mit verschiedenen Kennungen (Leitsektor und Warnsektoren), das ein Fahrwasser, eine Hafeneinfahrt oder freien Seeraum zwischen Untiefen bezeichnet. Wir halten uns im weißen Leitsektor — in Fahrtrichtung rechts.

3. Wenn wir einlaufend auf ein Leitfeuer zufahren und in den roten Warnsektor geraten, so müssen wir den Kurs nach Stb ändern; wenn wir in den grünen Warnsektor kommen, müssen wir den Kurs nach Bb ändern.

4. Ein *Richtfeuer* besteht aus Ober- und Unterfeuer, die — in Deckung gebracht — die Mitte eines engen Fahrwassers kennzeichnen. Wir halten uns etwas rechts von der von beiden Feuern gebildeten Deckpeilungslinie.

5. Ein *Quermarkenfeuer* besteht aus einem farbigen Kursänderungssektor und zwei weißen Ankündigungssektoren. Der Kursänderungssektor macht auf eine notwendige Kursänderung aufmerksam.

Seezeichen

Abb. unten:
Ausschnitt aus INT 1 (Zeichen, Abkürzungen und Begriffe in deutschen Seekarten)

Unsere Orientierung im Küstenbereich wird tagsüber durch Seezeichen erleichtert. Sie bezeichnen Schiffahrtstraßen, erleichtern die Ansteuerung von Häfen oder warnen vor Gefahrenstellen.

Man unterscheidet zwischen *festen,* starr mit dem Grund oder Land verbundenen Seezeichen und *schwimmenden* Seezeichen, den Feuerschiffen und Tonnen. Im einzelnen kann man alle Seezeichen nach ihrer Form und Farbe unterscheiden, oft auch nach Form und Farbe ihrer Toppzeichen.

Feste Seezeichen sind:
- Leuchttürme
- Baken
- Pricken
- Stangen

Schwimmende Seezeichen sind:
- Feuerschiffe
- Bakentonnen (oft als Leucht-, Heul- oder Glockentonnen)
- Spitz- und Stumpftonnen
- Spierentonnen
- Faß- und Kugeltonnen

Leuchtfeuer / *Lights*

LtHo	Lcht-Tm.	**Leuchtturm**/*Lighthouse*
Ldg	Rcht-F.	**Richtfeuer**/*Leading lights*
Dir	Lt-F.	**Leitfeuer**/*Direction light*
Aero	Aero	**Luftfahrtfeuer**/*Aero light*
R Lts	Warn-F.	**Warnfeuer**/*Air obstruction light*
Rear Lt	Ob-F.	**Oberfeuer**/*Rear light*
Front Lt	U-F.	**Unterfeuer**/*Front light*
in fog	N-F.	**Nebelfeuer**/*Fog light*
FogDetLt	SMG N-Such-F.	**Sichtweitenmeßgerät**/*Fog detector light*
F	F.	**Festfeuer**/*Fixed*
Oc	Ubr.	**Unterbrochen**/*Occulting*
Iso	Glt.	**Gleichtakt**/*Isophase*
Fl	Blz.	**Blitz**/*Flashing*
LFl	Blk.	**Blink**/*Long-flashing*
Q	Fkl.	**Funkel**/*Quick*
IQ	Fkl. unt.	**Funkel unterbrochen**/*Interrupted quick*
VQ	SFkl.	**Schnelles Funkel**/*Very quick*
IVQ	SFkl. unt.	**Schnelles Funkel unterbrochen**/*Interrupted very quick*
Mo	Mo.	**Morse**/*Morse*
W	w.	**Weiß**/*White*
R	r.	**Rot**/*Red*
G	gn.	**Grün**/*Green*
Bu	bl.	**Blau**/*Blue*
Vi	viol.	**Violett**/*Violet*
Y	g., or.	**Gelb, Orange**/*Yellow, Orange*
Or	or.	**Orange**/*Orange*
M	sm	**Seemeile**/*Sea mile*
hor	wgr.	**Waagerecht**/*Horizontal*
vert	skr.	**Senkrecht**/*Vertical*

occas	ztws.	**Zeitweise**/*Occasional*
temp	ztwl.	**Zeitweilig**/*Temporary*
intens	vrst.	**Verstärkt**/*Intensified*
faint	schw.	**Schwach**/*Faint*
obscd	vrd.	**Verdeckt**/*Obscured*

Nebelschallsignale / *Fog Signals*

Horn	N-S.	**Membransender**/*Horn*
Bell	Gl-Tn.	**Glocke**/*Bell*
Whis	Hl-Tn.	**Heuler**/*Whistle*
Gong	Gong	**Gong**/*Gong*

Grundbezeichnungen / *Seabed Types*

S	Sd.	**Sand**/*Sand*
M	Sk.	**Schlick**/*Mud*
Cy	T.	**Ton**/*Clay*
Si	Schl.	**Schluff**/*Silt*
St	St.	**Steine**/*Stones*
G	K.	**Kies**/*Gravel*
P	kl. St.	**Kleine Steine**/*Pebbles*
Cb	gß. St.	**Große Steine**/*Cobbles*
R	Fls.	**Felsen**/*Rock*
Sh	M.	**Muscheln**/*Shells*
Wd	Grs.; Stg.	**Seegras; Seetang**/*Weed; Kelp*
f	f.	**Feinkörnig**/*Fine*
m	m.	**Mittelkörnig**/*Medium*
c	gb.	**Grobkörnig**/*Coarse*
bk	zbr.	**Zerbrochen**/*Broken*
h	ht.	**Hart**/*Hard*

Fahrwasser

Fragen 112, 113

Zur Kennzeichnung der Küstengewässer durch Tonnen und Feuer verwendet man zwei Bezeichnungssysteme:

- Das **System der Fahrwasseroder Seitenbezeichnung.** Es wird auch Lateralsystem genannt (vgl. S. 26).
- Das **System der Richtungsbezeichnung.** Es wird auch Kardinalsystem genannt (vgl. S. 30).

Ein Fahrwasser im Sinne des Lateralsystems ist ein durch Seezeichen bezeichneter Wasserweg. Hierbei unterscheidet man die *Stb-Seite* und die *Bb-Seite* des Fahrwassers. Beide Seiten sind − außer in Wattgebieten − in folgender Weise festgelegt:

- Ein von See her in das Fahrwasser einlaufendes Schiff hat an seiner Stb-Seite auch die Stb-Seite des Fahrwassers und an seiner Bb-Seite die Bb-Seite des Fahrwassers **(Abb. A).**

- Verbindet ein Fahrwasser zwei Meeresteile, so ist nicht eindeutig, welches das von See her kommende Schiff ist, das die Seiten des Fahrwassers bestimmen könnte.
  Hier gilt als Stb-Seite des Fahrwassers die Seite, die ein aus westlicher Richtung (einschl. Nord, aber ausschl. Süd) kommendes Schiff an seiner Stb-Seite hat **(Abb. B).**

- Verläuft die Verbindung zweier Meeresteile so, daß beide Ansteuerungen in das Fahrwasser aus dem gleichen Halbkreis erfolgen, so bestimmt die nördlicher liegende Ansteuerung die Seiten des Fahrwassers. Ein diese nördlichere Einfahrt benutzendes Schiff hat demnach an seiner Stb-Seite wiederum die Stb-Seite des Fahrwassers und an seiner Bb-Seite auch die Bb-Seite des Fahrwassers **(Abb. C).**

Dort, wo die Betonnungsrichtung nicht eindeutig ist, ist in die Seekarte ein konturierter Pfeil mit rotem und grünem Punkt links und rechts der Pfeilspitze eingedruckt.

Kurzgefaßt

Die Seiten eines *Fahrwassers* werden durch ein von See her einlaufendes Schiff bestimmt: Es hat an seiner Stb-Seite (Bb-Seite) die Stb-Seite (Bb-Seite) des Fahrwassers.

Verbindet ein Fahrwasser zwei Meeresteile, so bestimmt das aus dem westlichen Halbkreis (einschl. N, aber ausschl. S) kommende Schiff die Seiten des Fahrwassers.

Ist ein Fahrwasser stark gekrümmt, so bestimmt die am weitesten nördlich liegende Einfahrt die Seiten des Fahrwassers.

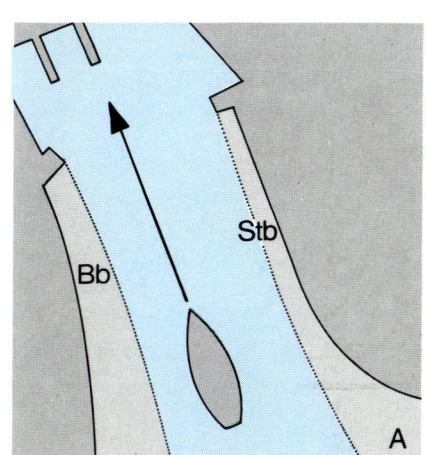

A

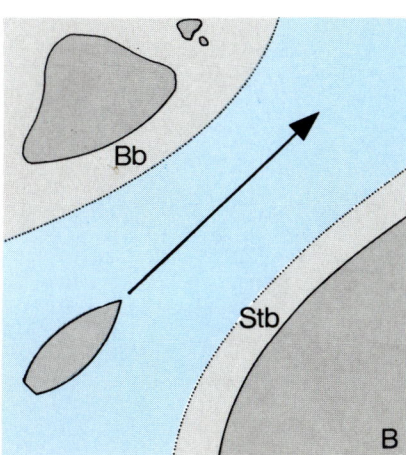

B

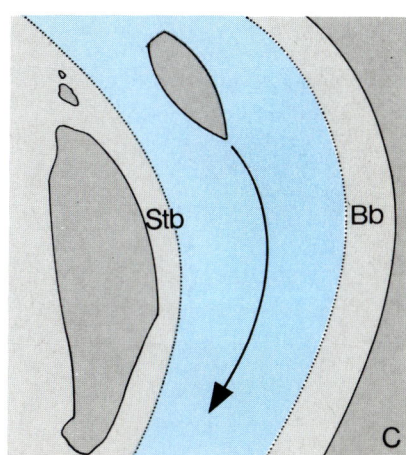

C

Lateralsystem: Fahrwasser-betonnung

Fragen 180–191

Fahrwasserseiten

Fahrwasser werden durch laterale Zeichen gekennzeichnet. Man findet **an der Bb-Seite:**

- rote Stumpf-, Leucht- oder Spierentonnen, im Watt auch Stangen mit Besen aufwärts oder Pricken,
- evtl. mit rotem Zylinder als Toppzeichen,
- von See kommend fortlaufend mit geraden Ziffern gekennzeichnet (2, 4, 4a, 6 . . .);

Toppzeichen im Fahrwasser

Seezeichen können im Fahrwasser die folgenden Toppzeichen tragen:

An der Bb-Seite:
roter Zylinder

In der Mitte:
roter Ball

An der Stb-Seite:
grüner Kegel (Spitze oben)

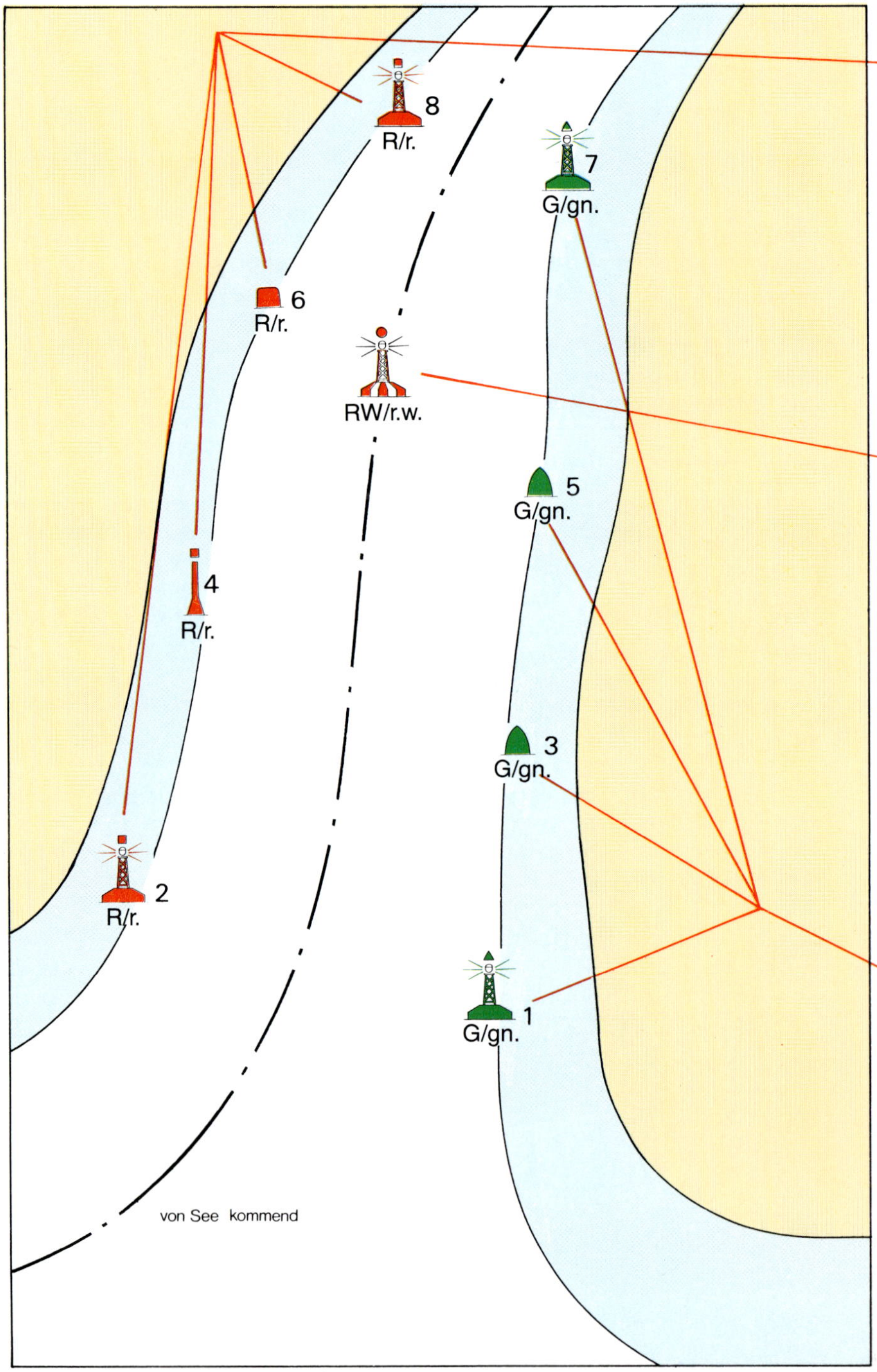

8
R/r.

7
G/gn.

6
R/r.

RW/r.w.

5
G/gn.

4
R/r.

3
G/gn.

2
R/r.

1
G/gn.

von See kommend

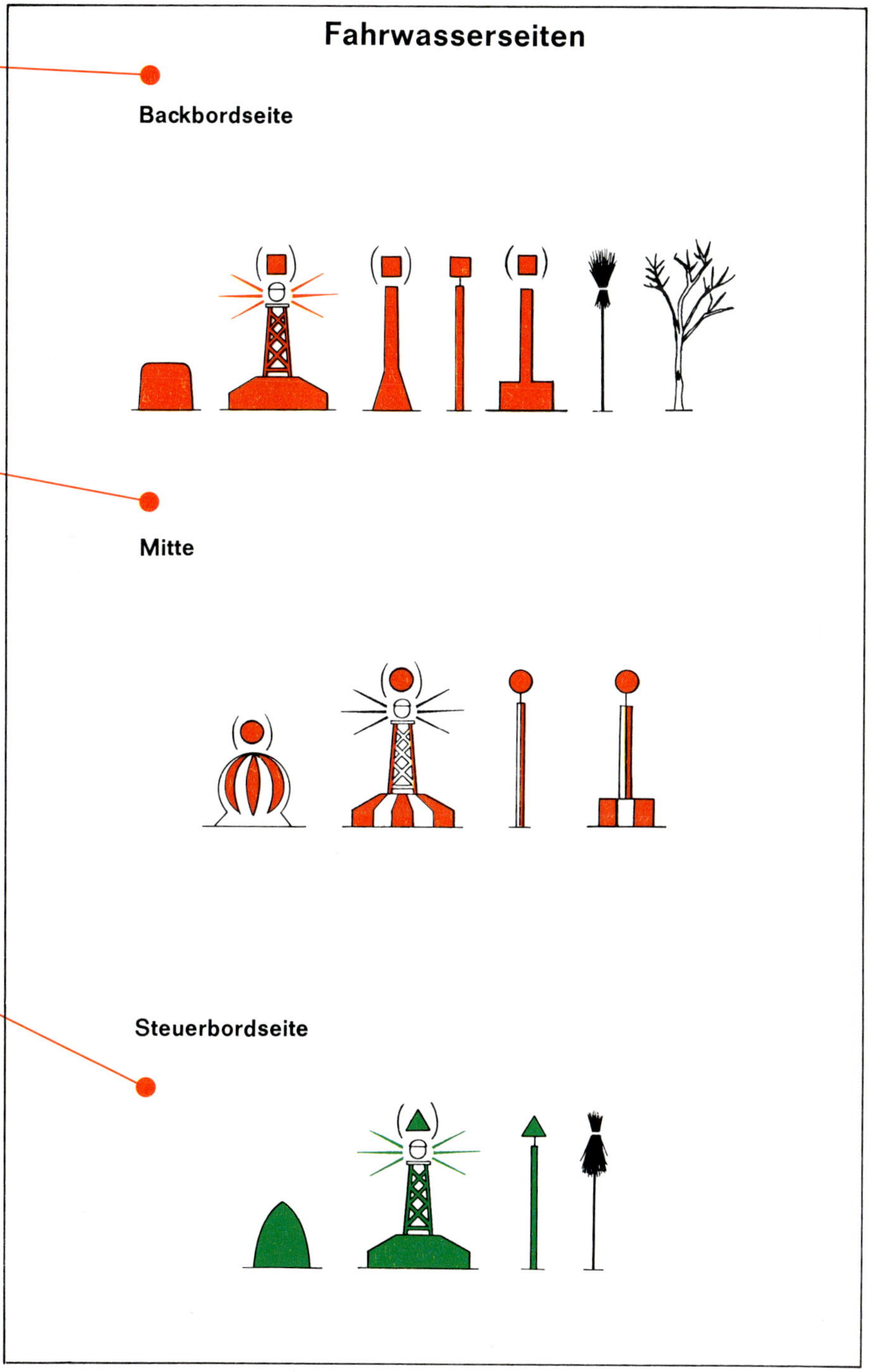

Fahrwasserseiten

Backbordseite

Mitte

Steuerbordseite

in der Mitte:
- rot-weiß senkrecht gestreifte Kugel-, Leucht- oder Spierentonnen,
- evtl. mit rotem Ball als Toppzeichen;

an der Stb-Seite:
- grüne Spitz- oder Leuchttonnen, im Watt auch Stangen mit Besen abwärts,
- evtl. mit grünem Kegel (Spitze oben) als Toppzeichen,
- von See kommend fortlaufend mit ungeraden Ziffern gekennzeichnet (1, 3, 3a, 5 . . .).

Ansteuerungstonnen

Eingänge von Fahrwassern von See aus werden, wenn sie nicht durch Feuerschiffe, Baken, Molen etc. erkennbar sind, durch laterale Zeichen gekennzeichnet.
- Sie sind immer mit dem Namen des Fahrwassers beschriftet.

Abzweigende oder einmündende Fahrwasser

Um abzweigende oder einmündende Fahrwasser zu kennzeichnen, verwendet man laterale, seltener kardinale Zeichen. Man findet
an der Bb-Seite des durchgehenden bzw. Stb-Seite des abzweigenden oder einmündenden Fahrwassers
- rote Stumpf-, Leucht- oder Spierentonnen mit waagerechtem grünem Band oder Stangen mit Besen aufwärts,
- roter Zylinder als Toppzeichen,
- evtl. gekennzeichnet mit der fortlaufenden geraden Nummer der Lateralbezeichnung des durchgehenden Fahrwassers, durch waagerechten Strich getrennt, dem Namen (ggf. abgekürzt) und der ersten Nummer des abzweigenden oder der letzten Nummer des einmündenden Fahrwassers;

**an der Stb-Seite des durchgehen-
den bzw. Bb-Seite des abzweigenden oder einmündenden Fahrwassers**

- grüne Spitz- oder Leuchttonnen mit waagerechtem rotem Band oder Stangen mit Besen abwärts,
- grüner Kegel (Spitze oben) als Toppzeichen,
- evtl. gekennzeichnet mit der fort- laufenden ungeraden Nummer der Lateralbezeichnung des durchgehenden Fahrwassers, durch waagerechten Strich ge- trennt, dem Namen (ggf. abge- kürzt) und der ersten Nummer des abzweigenden oder der letzten Nummer des einmündenden Fahr- wassers.

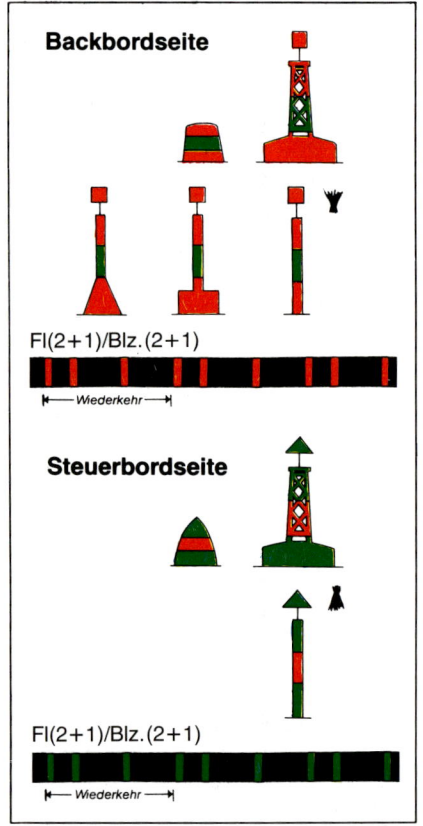

Backbordseite

Fl(2+1)/Blz.(2+1)

Wiederkehr

Steuerbordseite

Fl(2+1)/Blz.(2+1)

Wiederkehr

6 IQ.R/
R/r. Fkl.unt.r.

5 Q.G/
G/gn. Fkl.gn.

Iso.4^s/
Glt.4^s
RW/r.w.

4 Oc(3)R/
R/r. Ubr.(3)r.

3 Fl(2)G/Blz.(2)gn.
G/gn.

2 Fl.R/
R/r. Blz.r.

1 Fl.G/
G/gn. Blz.gn.

von See kommend

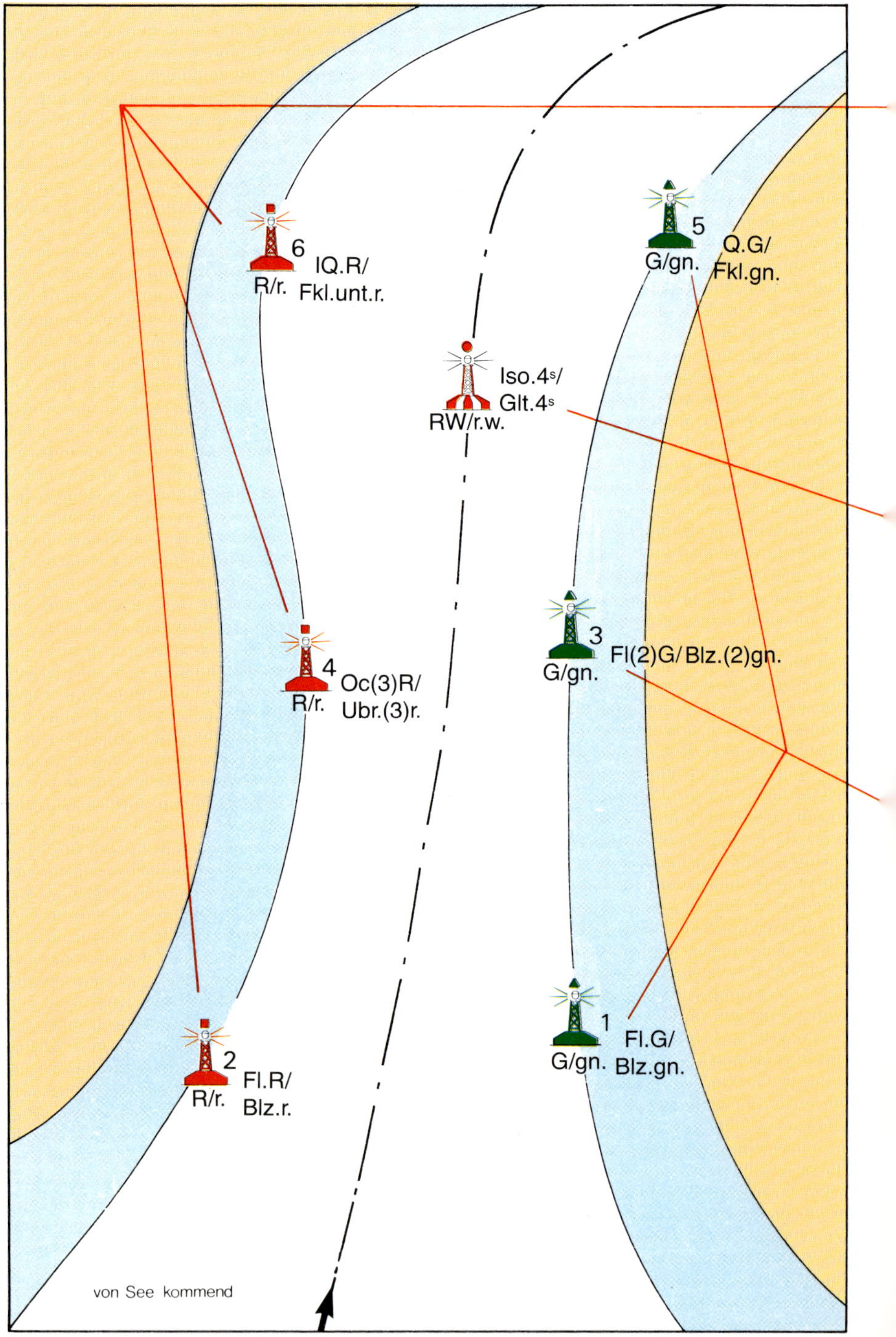

Befeuerung

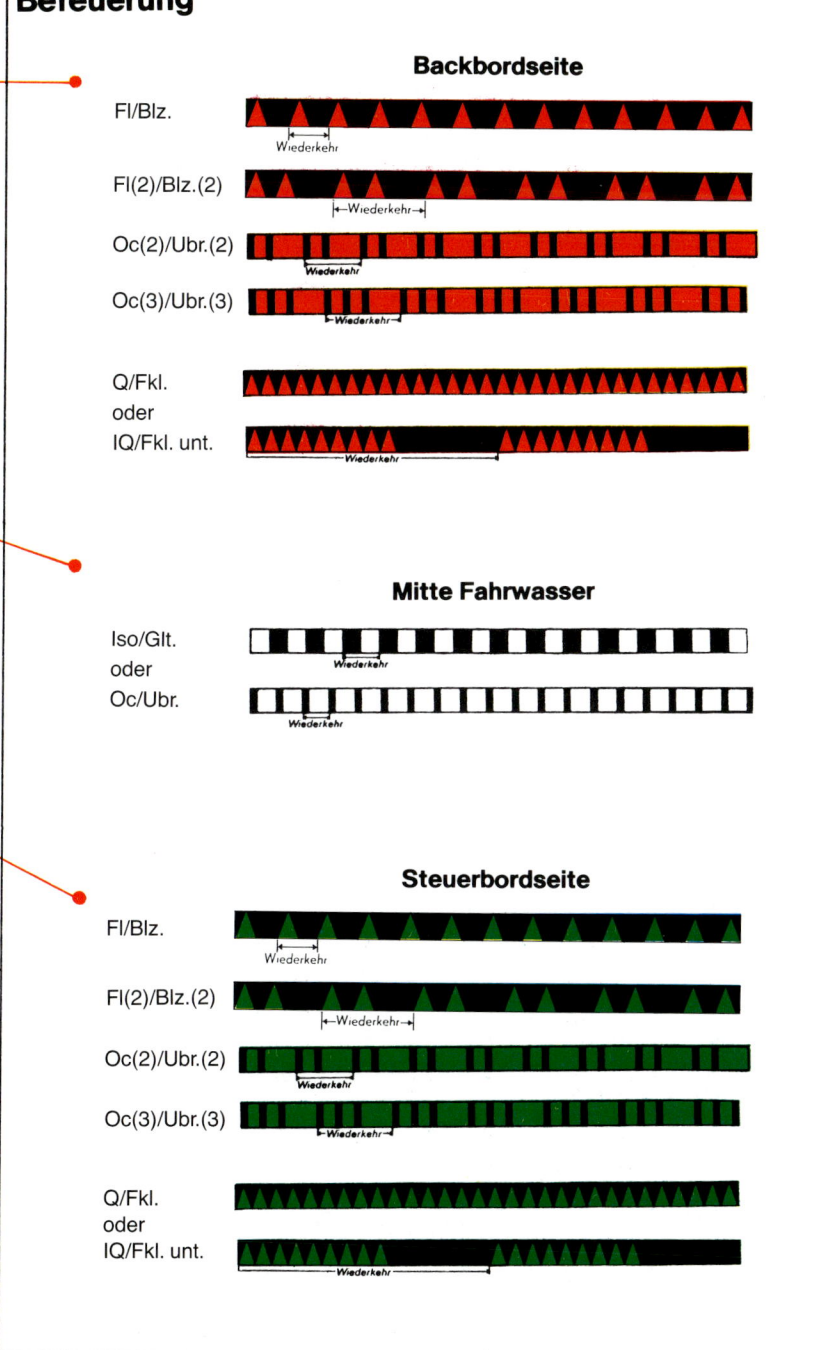

Backbordseite

Fl/Blz.

Fl(2)/Blz.(2)

Oc(2)/Ubr.(2)

Oc(3)/Ubr.(3)

Q/Fkl.
oder
IQ/Fkl. unt.

Mitte Fahrwasser

Iso/Glt.
oder
Oc/Ubr.

Steuerbordseite

Fl/Blz.

Fl(2)/Blz.(2)

Oc(2)/Ubr.(2)

Oc(3)/Ubr.(3)

Q/Fkl.
oder
IQ/Fkl. unt.

Lateralsystem: Fahrwasser-befeuerung

Fragen 193 – 195

Befeuerung
(internationale Feuerkennungen
s. Abb. S. 28/29)
Befeuerte Tonnen **an der Bb-Seite des Fahrwassers** tragen folgende Kennungen:
- Blz., Blz. (2), Ubr. (2), Ubr. (3), Fkl. oder Fkl. unt.
- rot.

Befeuerte Tonnen **in der Fahrwassermitte:**
- Glt. oder Ubr.
- weiß.

Befeuerte Tonnen **an der Stb-Seite des Fahrwassers** tragen folgende Kennungen:
- Blz., Blz. (2), Ubr. (2), Ubr. (3), Fkl. oder Fkl. unt.
- grün.

Ansteuerungstonnen sind wie entsprechende laterale Zeichen befeuert.

Tonnen, die ein **abzweigendes oder einmündendes Fahrwasser** kennzeichnen, tragen, wenn vorhanden, folgende Kennungen:

an der Bb-Seite des durchgehenden bzw. Stb-Seite des abzweigenden oder einmündenden Fahrwassers:
- Blz. (2+1)
- rot

an der Stb-Seite des durchgehenden bzw. Bb-Seite des abzweigenden oder einmündenden Fahrwassers:
- Blz. (2+1)
- grün

Kardinalsystem:

Fragen 196 – 203, 205

Allgemeine Gefahrenstelle

Riffgrund N
BY/s.g.
Riffgrund W
YBY/g.s.g.
Riffgrund O
VQ(3)5s/
SFkl.(3)5s
BYB/s.g.s.
Riffgrund S
VQ(6)+LFl.10s/
YB/g.s.SFkl.(6)+Blk.10s

A

Allgemeine Gefahrenstellen

Allgemeine Gefahrenstellen (Untiefen, Wracks, Buhnen oder sonstige Schiffahrtshindernisse) werden mit einem oder mehreren kardinalen Zeichen, seltener lateralen Zeichen gekennzeichnet. Man verwendet sie innerhalb und außerhalb von Fahrwassern.

Kardinale Zeichen geben an, an welcher Seite eine Gefahrenstelle oder ein Hindernis am günstigsten passiert werden kann. Hierzu teilt man das Gebiet um eine Gefahrenstelle in vier Quadranten auf, in den Nord-, Ost-, Süd- und Westquadranten, in denen die kardinalen Zeichen liegen. Oft sind allerdings nicht alle Quadranten, sondern nur die für die Großschiffahrt wichtigen gekennzeichnet.

Anstrich und Toppzeichen

Kardinale Zeichen sind immer schwarz-gelb waagerecht gestreift.
Merkregel: Waagerecht gestreifte Zeichen kennzeichnen immer Gefahrenstellen.
Sie tragen immer Toppzeichen, nämlich zwei schwarze Kegel **(Abb. A):**

– im N: beide Spitzen nach oben
– im E: beide Spitzen voneinander
– im S: beide Spitzen nach unten
– im W: beide Spitzen zueinander.
Merkregel: Die Spitzen der Toppzeichen geben an, wo sich der schwarze Tonnenanstrich befindet, bei der N-Tonne also oben und bei der W-Tonne in der Mitte.

Kennungen

Die Kennungen befeuerter Kardinalzeichen bestehen aus weißem Funkelfeuer (Q/Fkl.) mit 60 Lichterscheinungen pro Minute oder aus schnellem weißem Funkelfeuer (VQ/SFkl.) mit 100 bis 120 Lichterscheinungen pro Minute, und zwar:
– im N: VQ/SFkl. oder Q/Fkl.
– im E: VQ(3)/SFkl.(3) oder Q(3)/Fkl.(3)
– im S: VQ(6)+LFl/SFkl.(6)+Blk. oder Q(6)+LFl/Fkl.(6)+Blk.
– im W: VQ(9)/SFkl.(9) oder Q(9)/Fkl.(9)
Merkregel: Das Konzept der Befeuerung von 3, 6 oder 9 Funkelblitzen folgt dem Zifferblatt einer Uhr: im Ostquadranten = 3, im Südquadranten = 6 und im Westquadranten = 9 Funkelblitze.

Der zusätzliche Blink von mehr als 2 Sekunden Dauer im Südquadranten soll die Unterscheidung erleichtern und anzeigen, daß man keine Funkelgruppe von 3 oder 9 Blitzen vor sich hat.

Neue Gefahrenstellen

„Neue Gefahrenstellen" (Wracks etc.), die noch nicht in den nautischen Veröffentlichungen aufgeführt sind, werden wie Einzelgefahrstellen (vgl. S. 36) oder wie allgemeine Gefahrenstellen gekennzeichnet, jedoch wegen besonderer Umstände mindestens ein Sichtzeichen doppelt und gegebenenfalls mit einer Radarantwortbake mit der Kennung „D" versehen.

Neue Gefahren

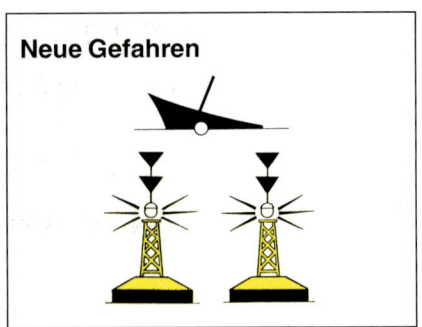

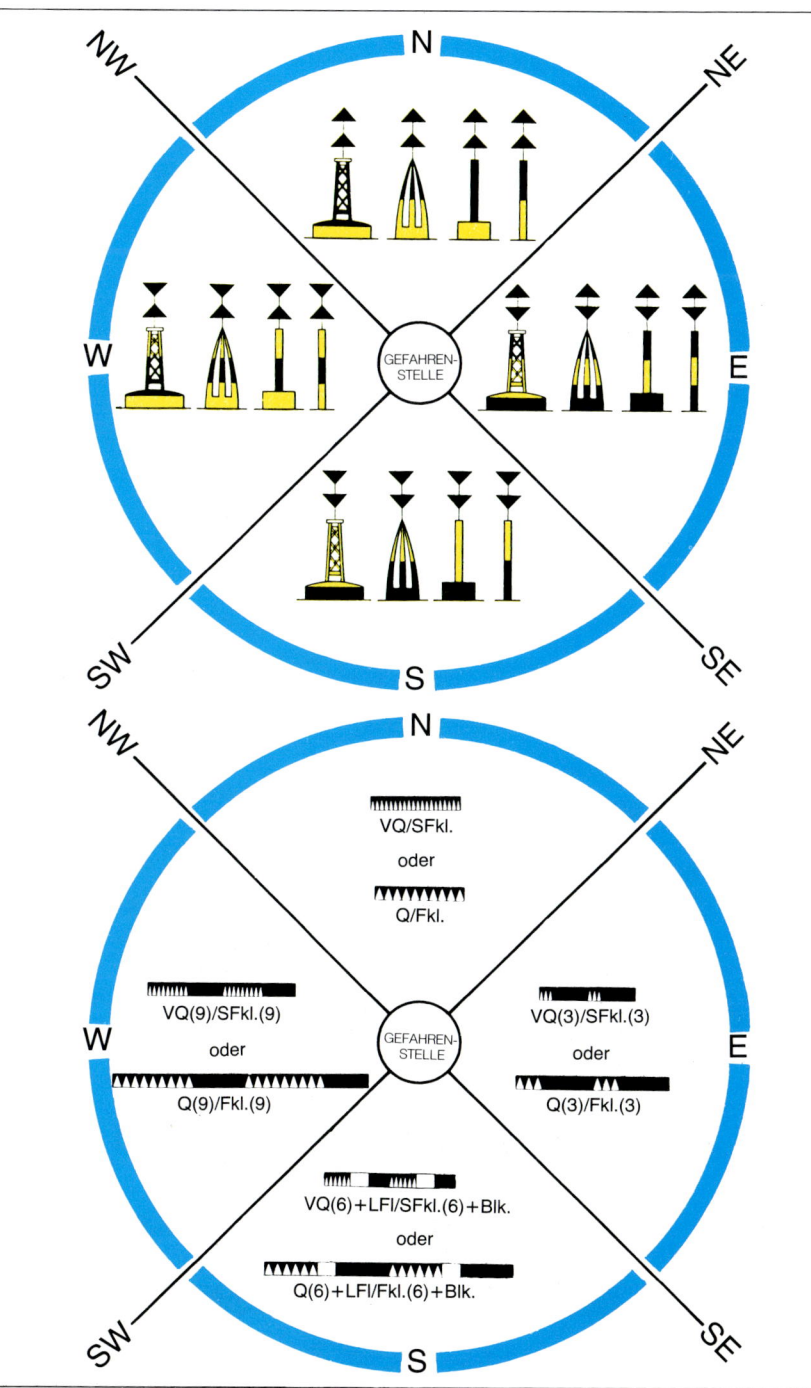

Kennzeichnung von Gefahrenstellen

(internationale Feuerkennungen s. Abb. links unten)

Nordquadrant:
- Schwarz über gelb gestreifte Leucht-, Baken- oder Spierentonnen oder Stangen
- mit zwei schwarzen Kegeln – Spitzen oben – als Toppzeichen und
- weißem SFkl. oder Fkl.

Ostquadrant:
- Schwarze Leucht-, Baken- oder Spierentonnen oder Stangen mit einem breiten waagerechten gelben Band
- mit zwei schwarzen Kegeln – Spitzen voneinander – als Toppzeichen und
- weißem SFkl. (3) oder Fkl. (3).

Südquadrant:
- Gelb über schwarz gestreifte Leucht-, Baken- oder Spierentonnen oder Stangen
- mit zwei schwarzen Kegeln – Spitzen unten – als Toppzeichen und
- weißem SFkl. (6) + Blk. oder weißem Fkl. (6) + Blk.

Westquadrant:
- Gelbe Leucht-, Baken- oder Spierentonnen oder Stangen mit einem breiten waagerechten schwarzen Band
- mit zwei schwarzen Kegeln – Spitzen zueinander – als Toppzeichen und
- weißem SFkl. (9) oder Fkl. (9).

Beschriftung
Kardinale Zeichen können beschriftet sein mit dem Namen der Gefahrenstelle und dem Quadranten, in dem sie ausliegen, z. B. *„Stollergrund-N"*.

Einzelgefahr- und Sonderzeichen

Fragen 204, 157, 162, 164, 165

Einzelgefahrstellen

Einzelgefahr-Zeichen kennzeichnen Gefahrenstellen geringer Ausdehnung, die an allen Seiten passiert werden können.

Man verwendet
● schwarze Leuchttonnen, Bakentonnen, Spierentonnen oder Stangen mit einem breiten waagerechten roten Band und
● zwei schwarzen Bällen als Toppzeichen.
● Leuchttonnen sind mit Fl(2)/Blz.(2) weiß befeuert.

Sonderzeichen

Sonderzeichen dienen nicht der Navigation, sondern kennzeichnen besondere Gebiete oder Punkte wie z. B. Baggerschüttstellen, militärische Übungsgebiete, ozeanographische Meßstationen oder Kabel- und Rohrleitungen. Man verwendet

● vorzugsweise gelbe Faßtonnen, Leuchttonnen, Spierentonnen oder Stangen,

● evtl. mit einem gelben liegenden Kreuz als Toppzeichen.

● Leuchttonnen sind mit Fl/Blz., Oc(2)/Ubr.(2) oder Oc(3)/Ubr.(3) gelb befeuert; ozeanographische Meßstationen nur mit Fl(5)/Blz.(5).

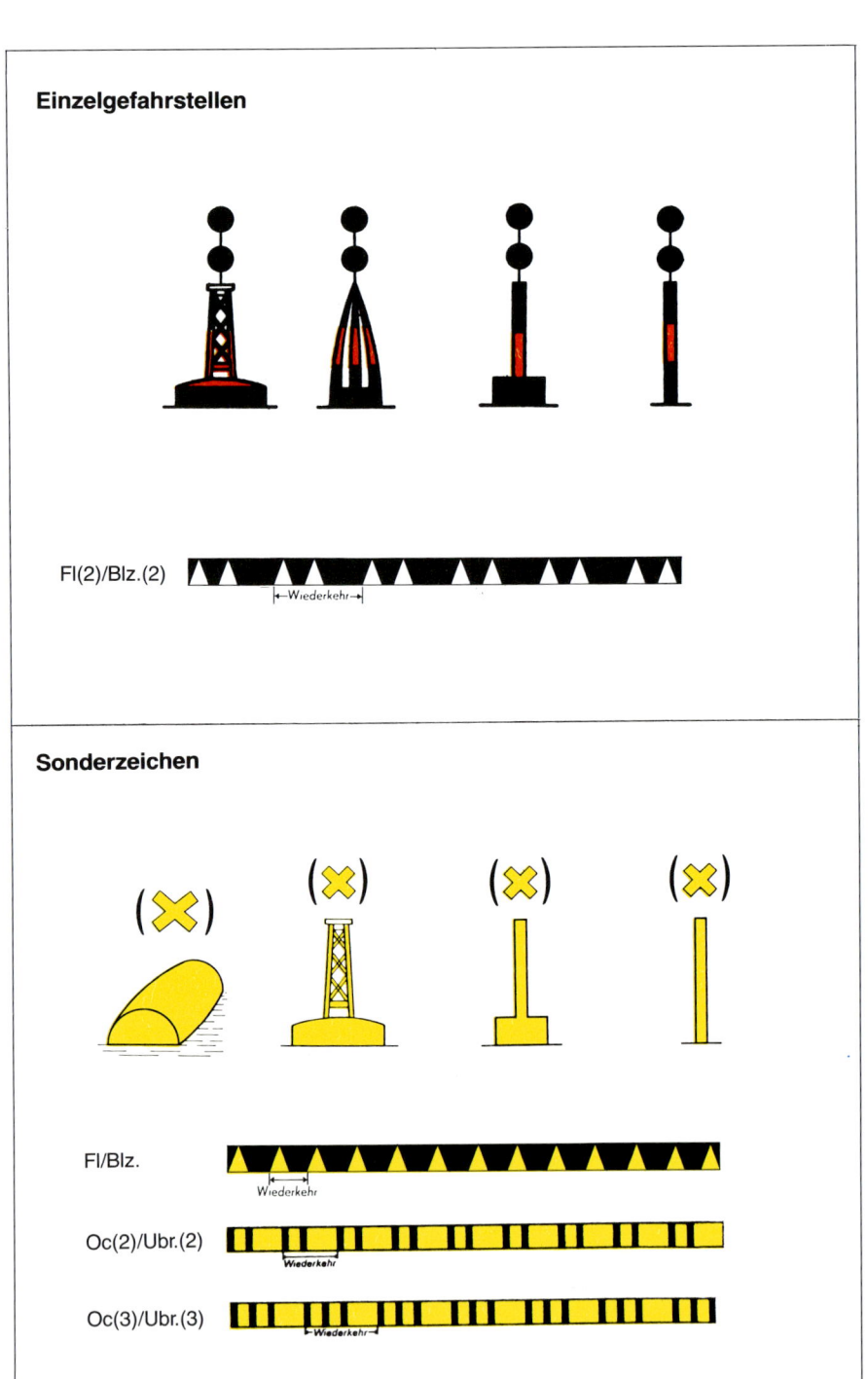

Betonnungssystem:
Schematische Darstellung
(internationale und nationale Abkürzungen)

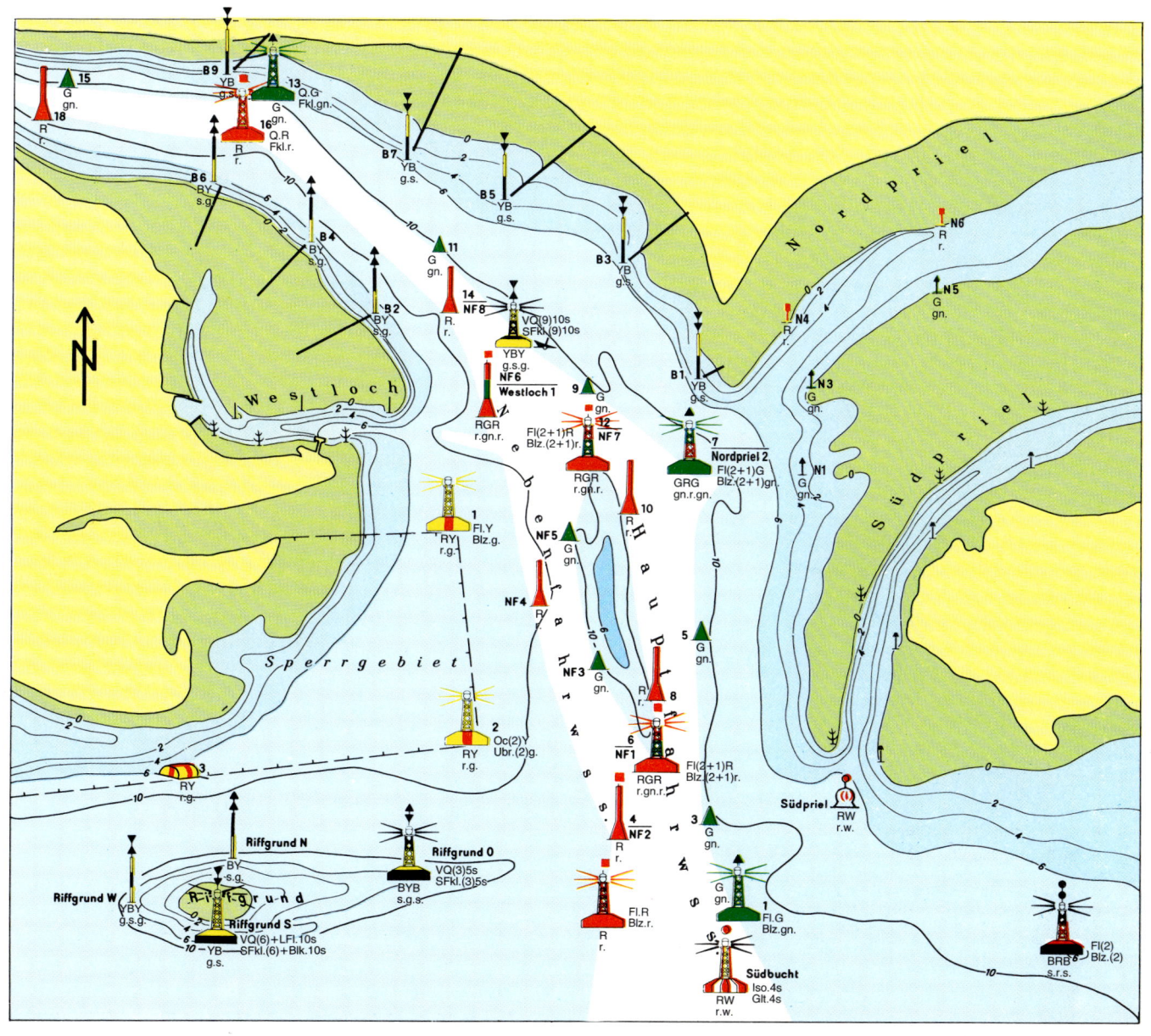

Betonnungssystem:
Darstellung in der Seekarte
(internationale und nationale Abkürzungen)

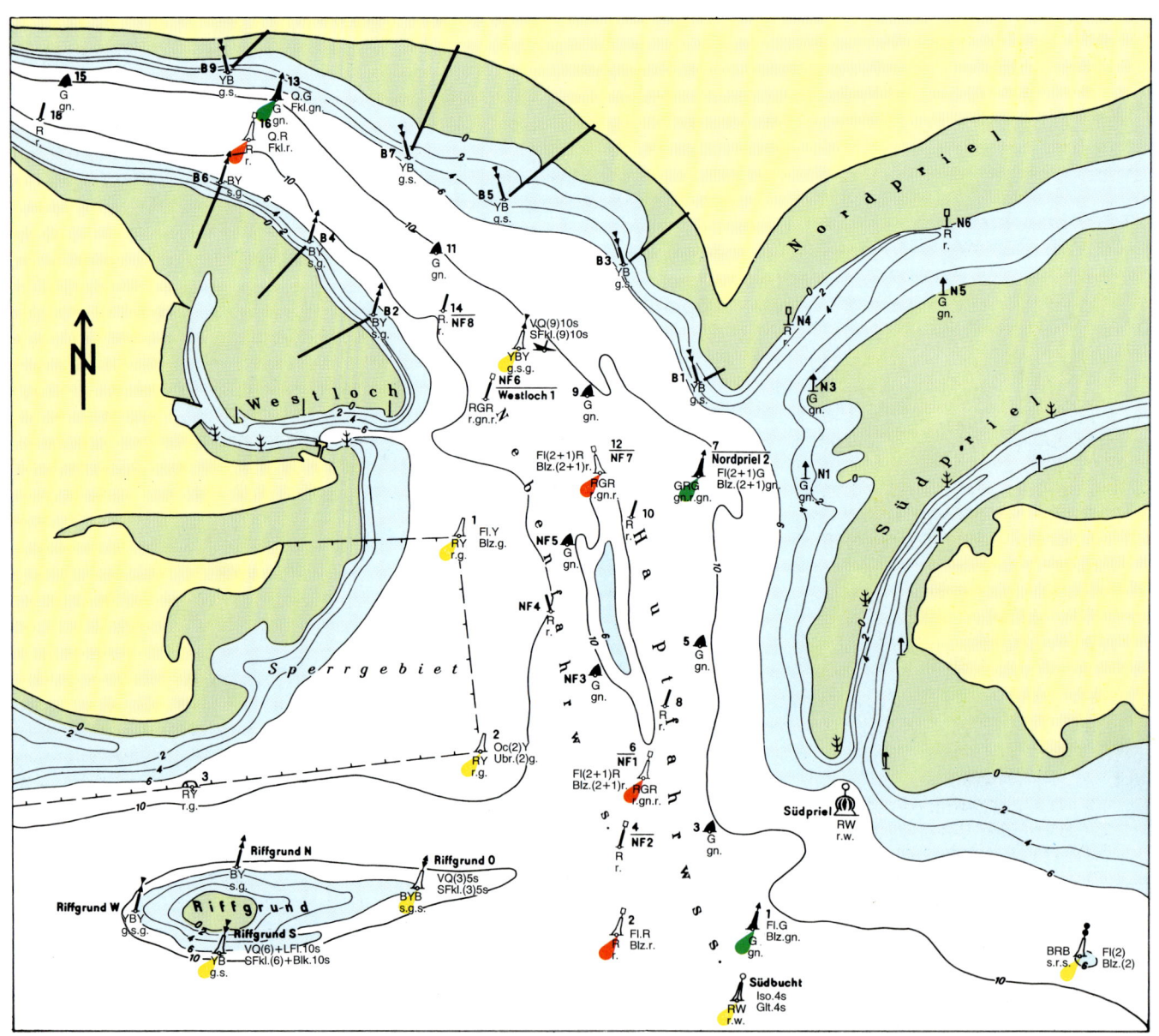

Nautische Literatur

Fragen 225–228, 233

Als Hilfsmittel für die Navigation verwenden wir einige vom Bundesamt für Seeschiffahrt und Hydrographie (BSH) herausgegebene Handbücher, die neben dem gesamten Kartenmaterial im *Verzeichnis der nautischen Karten und Bücher* (vgl. den Ausschnitt auf S. 15) zusammengestellt sind.

● **Das Leuchtfeuerverzeichnis**
Es enthält die genaue Beschreibung aller Feuerträger, also der Leuchtfeuer, Feuerschiffe und Leuchttonnen, ihren geographischen Standort, ihre Kennung und Wiederkehr sowie ihre Sektoren, ihre Nenntragweite und gegebenenfalls die Sichtweite. Im Anhang befindet sich eine Beschreibung der Signalstellen. (Vgl. S. 18)
Vom BSH werden für die gesamte Welt 14 Bände herausgegeben, die etwa alle zwei Jahre neu erscheinen.

● **Das Seehandbuch**
Es dient als Ergänzung der Seekarte und wird in mehreren Bänden für die gesamte Welt herausgegeben. Viele Hinweise sind zwar nur für die Großschiffahrt sinnvoll, doch enthält das Seehandbuch auch für die Sportschiffahrt nützliche Informationen. Es gliedert sich in drei Teile:
– *Schiffahrtsangelegenheiten:* Dieser Teil enthält u. a. Angaben über Schiffahrtsvorschriften, das Signal- und Rettungswesen, über Reparatur- und Bunkermöglichkeiten sowie Auslandsvertretungen der Bundesrepublik Deutschland.
– *Naturverhältnisse:* In diesem Teil befindet sich eine Zusammenstellung der typischen Wetter- und Klimaverhältnisse im beschriebenen Revier.
– *Küstenkunde und Segelanweisungen:* Dieser Teil enthält Angaben über Küsten-, Fahrwasser- und Hafenverhältnisse. Außerdem werden die oft recht nützlichen Küstenansichten wiedergegeben.

● **Gezeitentafeln**
Sie enthalten die Höhen und Zeiten der Hoch- und Niedrigwasser bestimmter Orte, der *Bezugsorte.* Für diese Bezugsorte sind Tidenkurven abgebildet, aus denen man den genauen Verlauf der Tide zwischen Hoch- und Niedrigwasser ablesen kann. Für eine große Anzahl sogenannter *Anschlußorte* sind die Gezeitenunterschiede angegeben, d. h. die Unterschiedswerte für Zeiten und Höhen gegenüber den Bezugsorten. Für die Deutsche Bucht und deren Flußgebiete gibt das BSH den **Tidenkalender** heraus. Er enthält allerdings nur die Hoch- und Niedrigwasser*zeiten* der einzelnen Bezugs- und Anschlußorte. Gezeitentafeln und Tidenkalender werden jährlich vom BSH neu herausgegeben. Für die Deutsche Bucht zum einen sowie für die Nordsee, den Kanal und die britischen Gewässer zum anderen gibt es schließlich jeweils einen **Atlas der Gezeitenströme,** der die Gezeitenströme für jede Stunde vor und nach dem Durchgang des Mondes durch den Meridian von Greenwich darstellt.

● **Der Nautische Funkdienst**
Der Nautische Funkdienst bzw. seine regionalen Auszüge, der **Sprechfunk für Küstenschiffahrt** und der noch kleinere **Jachtfunkdienst** für Nord- und Ostsee sowie das Mittelmeer stellen alle für die Funknavigation erforderlichen Informationen zusammen. Daneben finden wir aber auch die für uns wichtigen Sendezeiten und Frequenzen der von den Küstenfunkstellen und Rundfunksendern ausgestrahlten Seewetterberichte.

● **Hafenhandbücher**
Das BSH gibt keine eigenen Hafenhandbücher heraus. Doch findet man für die meisten reizvollen Reviere von privater Hand zusammengestellte Führer für Sportschiffer und maritime Reiseführer mit allem Wissenswerten für den Sportbootfahrer. Die *Kreuzer-Abteilung* des *Deutschen Segler-Verbandes (DSV)* gibt beispielsweise für die Ost- und Nordsee sowie für das Mittelmeer Hafenhandbücher heraus.

● **Nachrichten für Seefahrer (NfS)**
Die wöchentlich als Amtsblatt des BSH erscheinenden Nachrichten für Seefahrer (NfS) informieren über alle Gefahren und Veränderungen, die für die Schiffahrt von Bedeutung sein können, insbesondere über Änderungen der Befeuerung und Betonnung, der Fahrwasser, von Gefahrenzonen und Verordnungen etc. Außerdem enthalten sie genaue Angaben zur Berichtigung der amtlichen nautischen Literatur.

● **Bekanntmachungen für Seefahrer (BfS)**
Die Bekanntmachungen für Seefahrer (BfS) enthalten die gleichen Informationen wie die NfS – doch beschränken sie sich auf die Seeschiffahrtsstraßen (vgl. S. 63) und enthalten keine Angaben zur Korrektur der nautischen Literatur. Sie werden für ein begrenztes Seegebiet in den meisten Yachthäfen, den Hafenämtern, den Wasser- und Schiffahrtsämtern, an Schleusen und bei der Wasserschutzpolizei durch Aushang bekanntgegeben.

Der Schiffsort

Fragen 234, 235

Längen und Breiten

In der nautischen Literatur muß oft der genaue Standort einer wichtigen Landmarke, eines Leuchtturmes oder einer Tonne bezeichnet werden. Ebenso möchten wir manchmal unseren eigenen Schiffsort angeben. In solchen Fällen verwenden wir das international gebräuchliche Koordinatensystem der *Meridiane* und *Breitenparallele*.

Wir wollen davon ausgehen, daß unsere Erde etwa eine kugelförmige Gestalt hat. Nordpol und Südpol bilden die Endpunkte der Erdachse, um die sich die Erde dreht. Dann gilt:

● Jede kürzeste Verbindung auf der Erdoberfläche von Pol zu Pol heißt **Meridian.**

Ein Meridian hat somit die Länge eines halben, über die Pole gespannten Erdumfanges. Den durch die Sternwarte von *Greenwich* (in der Nähe von London) laufenden Meridian nennt man *Nullmeridian* oder *Meridian von Greenwich*. Alle weiteren Meridiane werden auf diesen Nullmeridian bezogen, indem der Winkel gemessen wird, den er mit jedem westlich oder östlich von ihm verlaufenden Meridian am Pol bildet.

Wir bezeichnen diesen Winkel mit dem kleinen Buchstaben λ (lambda). Jeder Ort der Erde liegt also auf einem östlich oder westlich von Greenwich verlaufenden Meridian. Man sagt auch, er liegt auf östlicher bzw. westlicher Länge.

In ähnlicher Weise werden die *Breitenkreise* definiert:

● Jeder parallel zur Äquatorebene um die Erdkugel laufende Kreis heißt **Breitenparallel** oder Breitenkreis.

Der Radius eines Breitenkreises nimmt also mit wachsendem Abstand vom Äquator ab. Die kleinsten Breitenparallele sind die zu Punkten geschrumpften Pole.

Zur Bezeichnung der Breitenkreise mißt man am Erdmittelpunkt den Winkel, der sich zwischen der Äquatorebene und der Verbindung zum jeweiligen Breitenkreis ergibt. Er wird mit dem kleinen Buchstaben φ (phi) bezeichnet.

Der Äquator selbst liegt somit auf einer Breite von 000°, nördlich davon finden wir Orte nördlicher Breite, südlich davon Orte südlicher Breite. Der in der **Abb. A** beispielhaft dargestellte Ort wird bezeichnet mit: φ = 30°N; λ = 060°W.

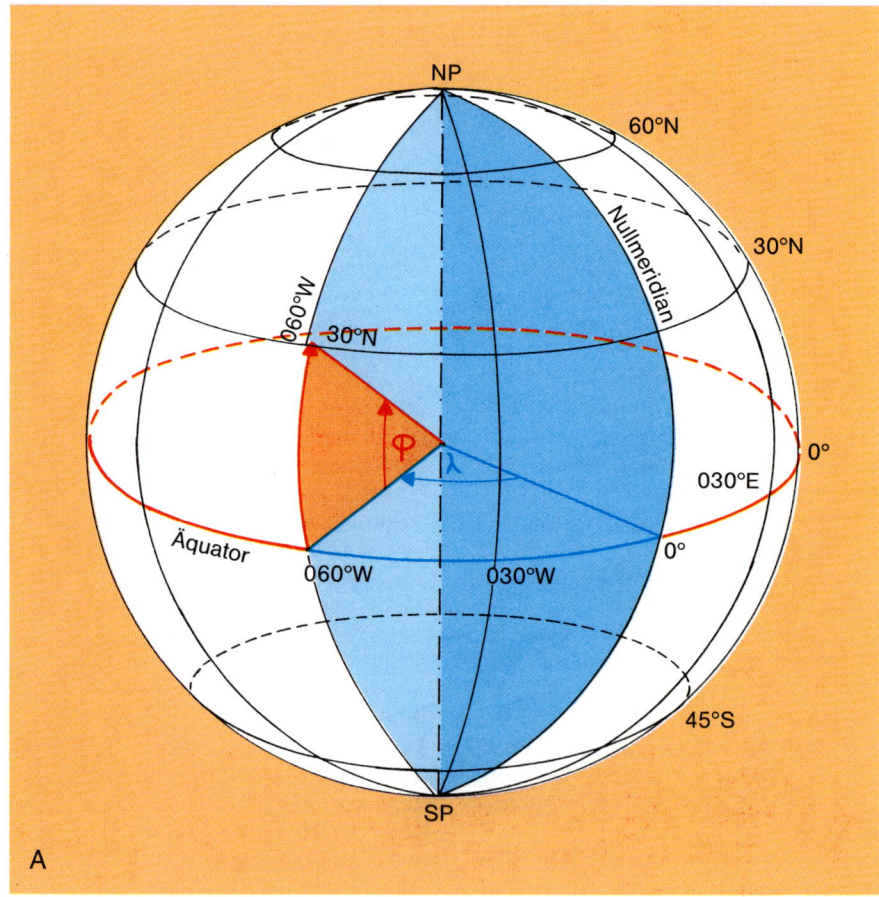

A

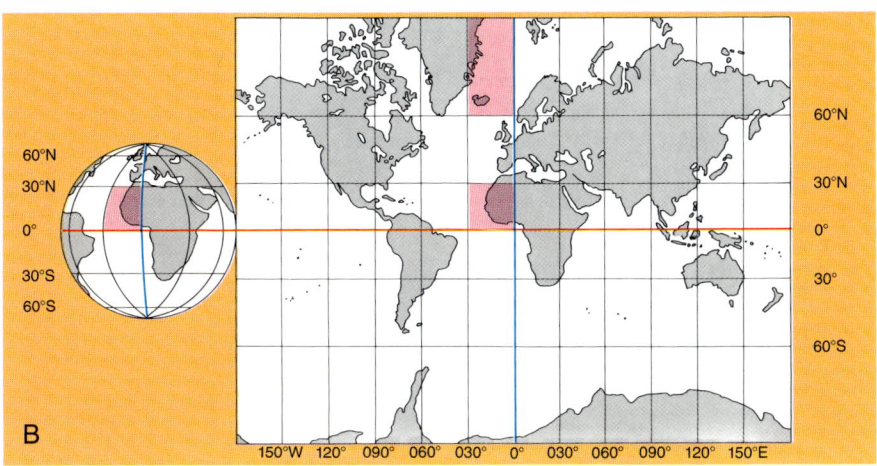

B

150°W   120°   090°   060°   030°   0°   030°   060°   090°   120°   150°E

Die Seemeile

In der Schiffahrt werden Distanzen in *Seemeilen (sm)* gemessen. Es gilt:
1 Seemeile (sm) = 1852 m
$^1/_{10}$ sm = 1 Kabellänge (kbl)
Nehmen wir an, wir bewegen uns vom Äquator aus auf einem Meridian nordwärts, bis wir genau auf 1° N stehen. Hierbei haben wir also – da 1° in 60 Minuten (60′) unterteilt wird – 60 Breitenminuten auf dem Erdmantel gemessen zurückgelegt. Auf dieses Maß wird die Einheit der Seemeile bezogen, denn wir haben bei unserer Bewegung nach N genau 60 sm zurückgelegt. Also:
● Eine Seemeile entspricht dem auf der Erdkugel gemessenen Abstand zweier sich um eine Minute unterscheidender Breitenparallele.
Deshalb können wir in der Seekarte gemessene Distanzen in den Zirkel nehmen und unmittelbar an den *seitlichen* Kartenrändern in Seemeilen ablesen, da dort die Breitenminuten genau aufgetragen sind.
Aber: Miß Distanzen nie am oberen oder unteren Kartenrand! Denn der Abstand zweier Meridiane verringert sich, je mehr wir uns den Polen nähern.

Der Mercatorentwurf

Da bekanntlich unsere kugelförmige Erde nicht verzerrungsfrei in eine ebene Kartenfläche projiziert werden kann, muß man bei den verschiedenen Kartenentwürfen immer auf bestimmte Eigenschaften verzichten: Entweder ist die Karte nur winkeltreu oder flächentreu, oder sie ist abstandstreu. Für die terrestrische Navigation, d. h. die Navigation nach Landmarken, wird ausschließlich ein bestimmter Zylinderentwurf, der *Mercatorentwurf,* verwendet. Hier stehen die parallel verlaufenden Meridiane und Breitenparallele aufeinander senkrecht **(Abb. B).** Deshalb können die Kurslinien auch als gerade Linien in die Karte eingetragen werden.
Allerdings ergibt sich durch den Zylinderentwurf eine Nord-Süd-Verzerrung, so daß wir auf der Karte keinen einheitlichen Maßstab haben. Der angegebene Maßstab kann sich immer nur auf einen Breitenparallel, die *Bezugsbreite,* beziehen. Wegen des variablen Maßstabes wiederum dürfen wir eine auf großen Karten abgenommene Distanz nur auf der gleichen Breite am Kartenrand, der *Mittelbreite,* messen.

Kurzgefaßt
1. Die Bezeichnung eines Ortes auf der Erde erfolgt mit Hilfe des Koordinatensystems der Meridiane und der Breitenparallele.
Unter *Meridian* oder Längenkreis versteht man jede auf dem Äquator senkrecht stehende Verbindungslinie von Pol zu Pol. *Breitenkreise* sind alle parallel zum Äquator um die Erde laufenden Kreise.
2. Die Länge einer *Seemeile (sm)* entspricht dem auf der Erde gemessenen Abstand zweier sich um eine Minute unterscheidender Breitenparallele. Eine *Kabellänge (kbl)* ist eine zehntel Seemeile.
Es gilt: 1 sm = 1852 m
            1 kbl = 185,2 m
3. In der Seekarte *gemessene Distanzen* dürfen nur am linken oder rechten Kartenrand, nicht aber oben oder unten abgegriffen werden.
4. Für die terrestrische Navigation verwendet man immer *Mercator-Karten.* Hier können Kurse als gerade Linien eingetragen werden, da Meridiane und Breitenparallele aufeinander senkrecht stehen.

Kurs und Kompaß

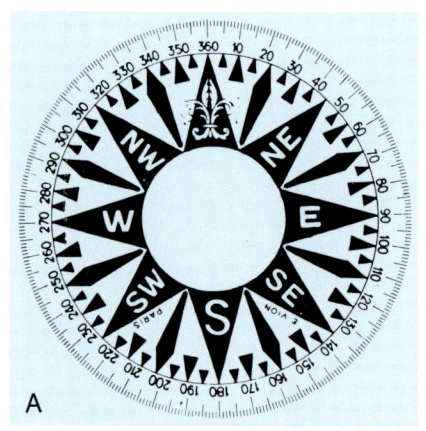

A

Der Kurs

Die Richtung, in die sich ein Schiff bewegt, nennt man seinen Kurs. Um diesen Kurs zu bezeichnen, kann man die Himmelsrichtungen verwenden. Man spricht dann von einem Ost-Kurs, wenn wir nach Osten laufen, oder einem SW-Kurs, wenn wir nach SW laufen.

Wollen wir jedoch genauere Angaben machen, so müssen wir die in 360° unterteilte *Kompaßrose* **(Abb. A)** verwenden: Hier mißt man den Winkel, den eine Kurslinie mit der Nord-Süd-Achse bildet, indem man von Nord ausgehend rechtsherum (über Ost, Süd, West und zurück nach Nord) zählt. Statt von einem Ostkurs spricht man dann also von einem Kurs von 090°, bei einem Südkurs läuft man 180°, bei Westkurs 270°, und der Nordkurs kann mit 000° oder 360° bezeichnet werden. Da die eben erwähnte Nord-Süd-Achse nichts anderes ist als die durch die Meridiane vorgegebene Richtung, sagt man auch:

● Ein Kurs ist der von der Kurslinie und dem Ortsmeridian gebildete Winkel.

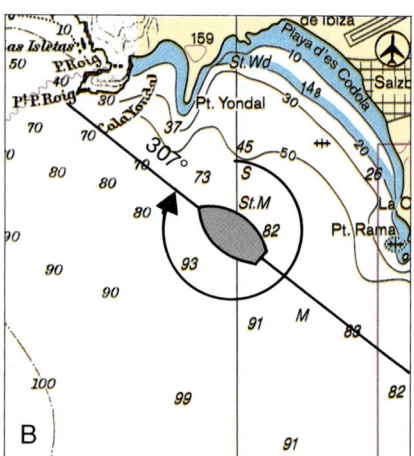

B

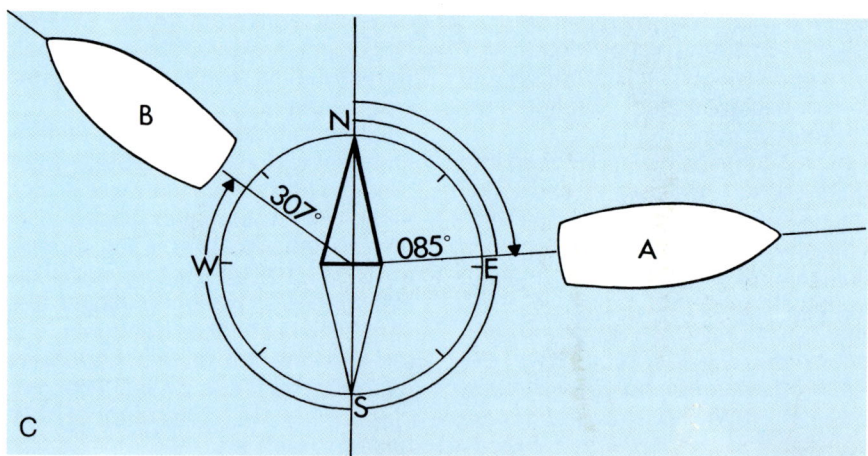

C

Der Kompaß

Damit wir auf dem Wasser feststellen können, welchen Kurs unser Boot läuft, benötigen wir einen Kompaß. Seine Wirkungsweise beruht darauf, daß um die Erde ein magnetisches Feld aufgebaut ist, dessen magnetische Pole in der Nähe der geographischen Erdpole liegen. Aus diesem Grund verlaufen die magnetischen Kraftlinien um die Erdkugel etwa von Nord nach Süd, also in der Richtung der Meridiane. Jede frei schwingende Magnetnadel richtet sich nun in Richtung dieser magnetischen Kraftlinien aus und gibt uns überall sofort die Nord-Süd-Richtung an. Wir erhalten hierdurch eine recht genaue und von jeder Land- und Sternsicht unabhängige Orientierungshilfe, den Kompaß.

Gehen wir nochmals auf dieses Prinzip ein: Die Kompaßnadel bzw. Kompaßscheibe wird vom Magnetfeld der Erde beherrscht; sie bleibt deshalb immer in Richtung der Meridiane ausgerichtet. Ändern wir den Kurs unseres Schiffes, so ändert sich dadurch nicht die Stellung der Kompaßnadel zu den Himmelsrichtungen; wir erhalten nur einen anderen Winkel zwischen der ausgerichteten Nadel und unserer Fahrtrichtung.

In der **Abb. C** läuft die Yacht A einen Kurs von 085° und die Yacht B einen Kurs von 307°. Doch bleibt die Stellung der Kompaßrose in beiden Fällen die gleiche: nämlich in Richtung des magnetischen Erdfeldes. Im **Kartenausschnitt B** ist der Kurs des einen Bootes nochmals als Schnittwinkel zum Ortsmeridian dargestellt.

Kursdreieck und Zirkel

Fragen 234, 240

Unser Arbeitsgerät

Für die Kartenarbeit benötigen wir:
- ein mit einer Gradskala versehenes *Kursdreieck,*
- ein *Anlegedreieck* zum Parallelverschieben (statt beider Dreiecke kann auch ein *Kurslineal* verwendet werden),
- einen *Stechzirkel,* für die Praxis am besten den etwas abgestumpften Marinezirkel, und
- *Zeichengeräte,* also einen weichen Bleistift (keinen Kugelschreiber), Radiergummi etc.

Da jeder Kurs nichts anderes ist als der Winkel zwischen einem Meridian und der Fahrtrichtung, wird er auch in der Karte an einem Meridian gemessen. Man verwendet hierzu das Kursdreieck, bei dessen Gebrauch zu beachten ist:
- Die Spitze seines rechten Winkels zeigt auf der Karte immer in südliche Richtung, also nie nördlicher als die Ost-West-Achse.
- Der Anlegepunkt des Dreiecks (in der Mitte der längeren Seite) wird mit einem Meridian zur Deckung gebracht, um an seiner südlichen Verlängerung den Kurs auf der Gradskala abzulesen.

Absetzen des Kurses

- *Wohin kommen wir, wenn der anliegende Kurs gehalten wird?*

Hierfür muß das Kursdreieck so an einem in der Karte wiedergegebenen Meridian angelegt werden, daß der Anlegepunkt auf dem Meridian liegt und zugleich der von uns gelaufene Kurs auf der Gradskala des Dreiecks an dem nach Süden verlängerten Meridian abzulesen ist. Dann verschieben wir das Kursdreieck mit dem Anlegedreieck so lange parallel, bis seine längere Seite, die Hypotenuse, durch unseren letzten Schiffsort läuft.

Hierdurch erhalten wir die gesuchte Kurslinie, auf der wir uns bewegen. In gleicher Weise werden Peilungen in die Karte eingetragen.

- *Welcher Kurs führt zu unserem Ziel?*

Wir verbinden Start- und Zielpunkt und legen an der Verbindungslinie die Hypotenuse des Dreiecks an. Dann wird das Dreieck so weit parallel verschoben, bis sein Anlegepunkt an einem Meridian anliegt. Hier können wir den Kurswinkel ablesen. In **Abb. A** beträgt der Kurs vom Punkt A zum Punkt B 152°.

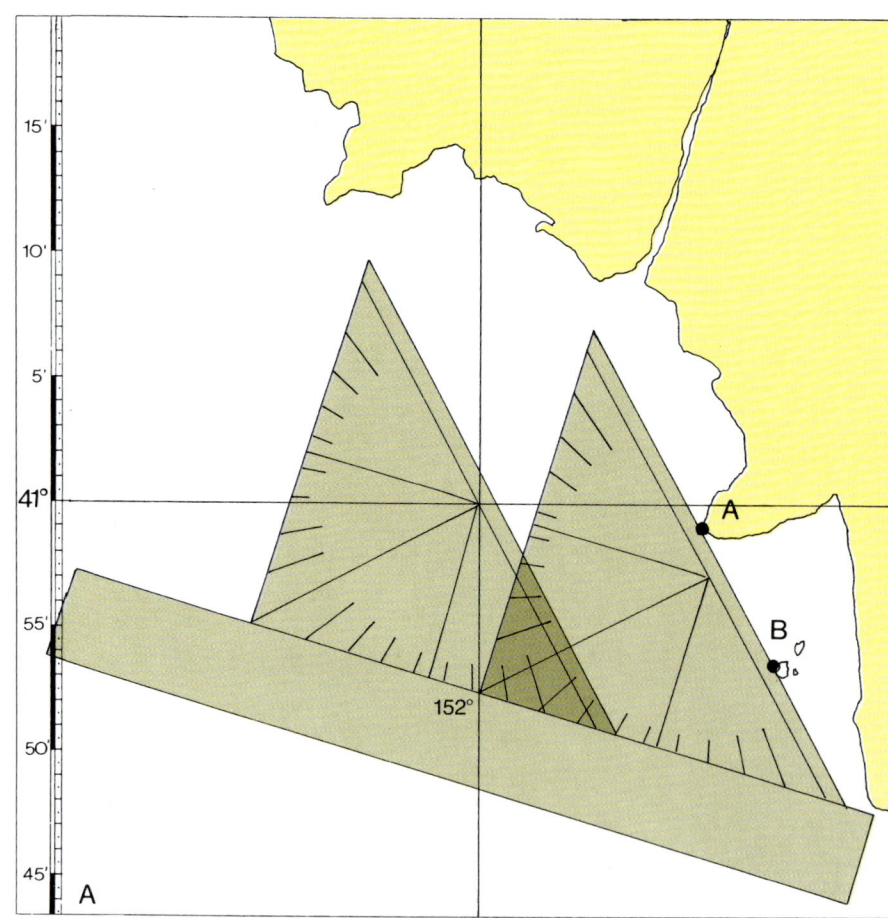

Der Schiffsort

Durch das Koordinatensystem der geographischen Breite und Länge ist jede Position eindeutig bestimmt. Am seitlichen Rand der Seekarte finden wir deshalb die Breiten, am oberen und unteren Rand die Längen angetragen. Um die Position eines Ortes abzulesen, müssen wir die Senkrechte auf einen seitlichen und auf den oberen oder unteren Kartenrand fällen.

So erhalten wir sofort die Breite und am oberen und unteren Rand die Länge. Aus **Abb. B** entnimmt man:
$\varphi = 41°03'N; \lambda = 007°07,5'E$.

In der Nähe des Kartenrandes kann das Lot mit Hilfe eines Dreiecks sofort gebildet werden. Doch ist der Ort oft weiter vom Kartenrand entfernt, so daß zusätzlich der Zirkel zu Hilfe genommen werden muß. Mit ihm messen wir den Abstand zum nächstgelegenen Meridian oder Breitenkreis, wobei das angelegte Dreieck die Genauigkeit erhöht (B).

Soll umgekehrt ein nach Länge und Breite bezeichneter Ort in der Karte gefunden werden, so müssen wir ebenfalls vom Rand ausgehen, die Lote in den jeweiligen Ordinaten bilden und erhalten als Schnittpunkt beider Lote den gesuchten Ort.

Die Distanz

Wie wir wissen, werden in der Schiffahrt Entfernungen in Seemeilen (sm) gemessen. Da eine Seemeile bekanntlich einer Breitenminute im Bogenmaß entspricht, können wir jede in den Zirkel genommene Distanz am seitlichen, nie aber am oberen oder unteren Kartenrand abgreifen **(Abb. C)** – es sei denn, wir navigieren am Äquator. Die spezielle Projektion aller Seekarten, der Mercatorentwurf, erfordert, daß Entfernungen auf Übersichtskarten möglichst auf der Mittelbreite abgegriffen werden.

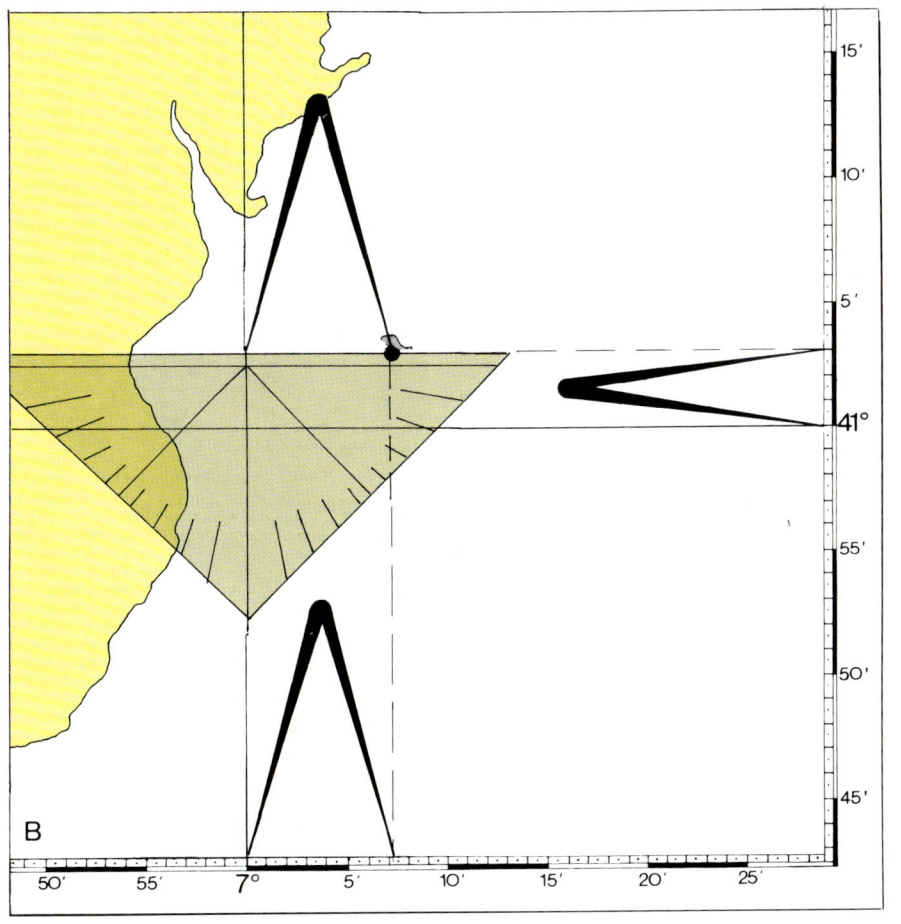

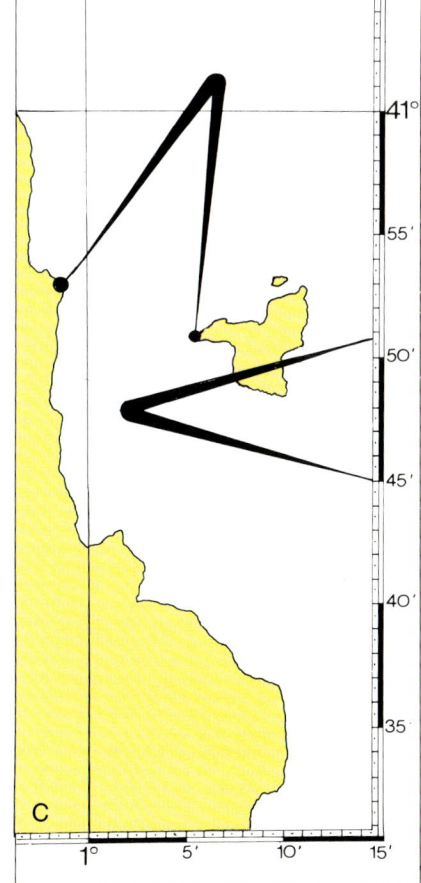

Der Schiffskompaß

Frage 257

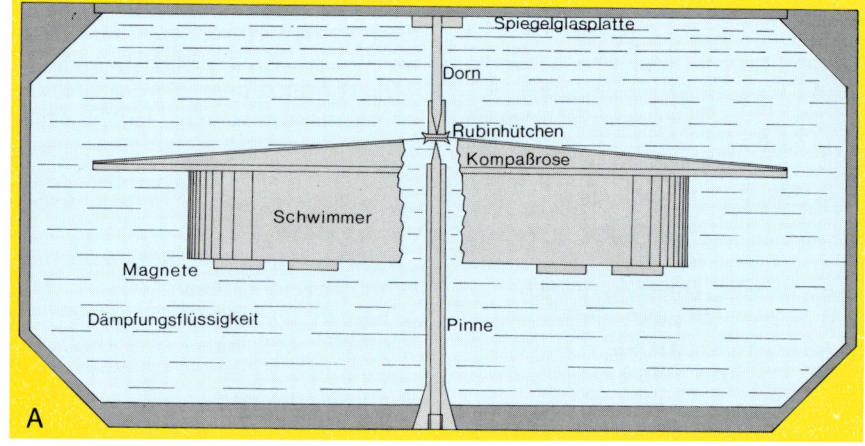

Spiegelglasplatte
Dorn
Rubinhütchen
Kompaßrose
Schwimmer
Magnete
Dämpfungsflüssigkeit
Pinne

A

Was heißt Fluidkompaß?

Der technische Aufbau eines Schiffskompasses ist im Querschnitt der **Abb. A** dargestellt. Der Kompaß besteht aus einer *Kompaßscheibe,* die auf einer festen, spitzen Nadel, der *Pinne,* gelagert ist. Die Spitze der Pinne ist aus gehärtetem Stahl, Platin oder Iridium gefertigt. Ihr Gegenstück, das *Hütchen,* enthält in der Mitte meist einen kleinen Edelstein, um die Abnutzung durch Reibung möglichst gering zu halten. An der

B

Unterseite der Kompaßscheibe sind zwei Stab- oder ein Ringmagnet angebracht, die die Einstellung der Scheibe in Nord-Süd-Richtung bewirken sollen. In den modernen Ausführungen finden wir also keine Magnetnadel, sondern eine als Kompaßrose ausgeführte Scheibe, die den anliegenden Kurs angibt.

Die Stellung der Kompaßrose wird nicht nur vom Magnetfeld der Erde, sondern oft noch stärker vom Seegang bestimmt. Ebenso bringt die vom laufenden Motor verursachte Vibration die Nadel aus ihrer Ruhe. Damit der Steuermann beim Kurshalten nicht ständig durch eine am Steuerstrich hin und her tanzende Scheibe irritiert wird, muß sie durch eine Flüssigkeit gedämpft werden. Man lagert also die im Kompaßkessel schwingende Scheibe in einer Dämpfungsflüssigkeit unterschiedlicher Zusammensetzung, die nicht gefrieren kann. Die Scheibe kann nun die Schiffsbewegungen nur verzögert und stark abgeschwächt nachvollziehen. Einen so konstruierten Kompaß nennt man *Schwimm-* oder *Fluidkompaß.*

● Auf Sportbooten wird meist der Fluidkompaß verwendet.

Der Kugelkompaß

Bei starker Krängung kann sich auch eine flüssigkeitsgedämpfte Kompaßscheibe im Kessel verklemmen, wenn man den Kompaß nicht kardanisch aufhängt. Man unterscheidet zwischen außenkardanisch aufgehängten Kompassen − meist in Flachbauweise **(Abb. B)** − und innenkardanisch aufgehängten − wie der Kugelkompaß. Hier befindet sich die Aufhängung innerhalb des Kessels.

Der Kugelkompaß **(Abb. C)** setzt sich auf Sportbooten mehr und mehr durch, da er wenig Platz einnimmt und nicht stört. Bei ihm ist die Glasscheibe nach oben so stark gewölbt, daß die Rose mit dem Schwimmer auch bei sehr starker Krängung frei ausschwingen kann. Der gesamte von der Glaskugel abgedeckte Bereich ist also mit Dämpfungsflüssigkeit gefüllt.

Nachts sollte der Kompaß von innen beleuchtet werden können. Es empfiehlt sich ein regelbares und gedämpftes Licht, am besten eine dunkelrote Beleuchtung, um die Anpassung des Auges an die Dunkelheit nicht zu erschweren.

Wie wird er aufgestellt?

Bei der Montage des Steuerkompasses müssen wir beachten, daß er

- gut sichtbar,

- in Fahrtrichtung parallel zum Kiel,

- fest und möglichst dauernd und

- frei von ablenkenden Metallmassen oder stromführenden Leitungen aufgestellt wird.

Alle an Bord befindlichen Eisenteile können die Kompaßscheibe aus der vom Magnetfeld der Erde vorgegebenen Richtung ablenken (vgl. S. 48), so daß die angegebenen Richtungen nicht mehr stimmen. Je näher solche Metallteile am Kompaß liegen, desto größer ist die zu beobachtende Ablenkung (Deviation). Als Faustregel kann gelten, daß Eisenteile mindestens einen Meter vom Kompaßort entfernt sein sollen.

Der gleiche Effekt wird durch elektrische Leitungen und elektromagnetische Geräte (z. B. Belichtungsmesser) erzielt. Stromkabel in der Nähe des Kompasses sollten deshalb zweiadrig verdrillt verlegt werden.

C

Kompaß VENUS von C. Plath

Kurzgefaßt

1. Auf Sportbooten findet ausschließlich der *Fluidkompaß* Verwendung. Hier wird die im Kessel aufgehängte Kompaßscheibe durch eine Dämpfungsflüssigkeit gedämpft.

2. Für die Nachtfahrt verwendet man einen *beleuchteten* Kompaß. Das Kompaßgehäuse sollte eine blendfreie Beleuchtung ermöglichen.

3. Metallteile, magnetische Geräte und elektrische Leitungen können die Kompaßanzeige beeinflussen. Wir dürfen deshalb keine derartigen Teile in die Nähe des Kompasses bringen. Ebenso ist beim Aufstellen des Kompasses ein Mindestabstand von einem Meter von Eisenmassen zu berücksichtigen.

4. Beachte beim Aufstellen eines Schiffskompasses, daß er

- gut sichtbar,
- in Fahrtrichtung parallel zum Kiel,
- fest und möglichst dauernd und
- frei von ablenkenden Metallteilen und stromführenden Kabeln angebracht wird.

Die Mißweisung (Mw)

Fragen 239, 241, 243, 246

Rechtweisender und mißweisender Kurs

Wie wir wissen, bestimmt das Magnetfeld der Erde die Richtung unserer Kompaßnadel; deshalb sind wir bisher davon ausgegangen, daß sich die Nadel genau in Nord-Süd-Richtung einpendelt. Doch verlaufen die magnetischen Feldlinien nicht völlig parallel zu den Meridianen, die die geographische Nord-Süd-Richtung bestimmen. Dies hat seinen Grund darin, daß die magnetischen Pole der Erde nicht mit den geographischen Polen zusammenfallen. Außerdem beeinflussen bestimmte geologische Formationen die Stellung der Kompaßnadel. Wir unterscheiden deshalb zwei verschiedene Nordrichtungen:

● Das von den Meridianen vorgegebene *rechtweisende Nord* (rwN), das wir in der Seekarte finden, und

● das vom Magnetfeld der Erde bestimmte *mißweisende Nord* (mwN).

Der Winkelunterschied zwischen beiden Nordrichtungen heißt *Mißweisung* (Mw).

Wegen der Mißweisung kann ein der Karte entnommener Kurs auch nicht unmittelbar am Kompaß gesteuert werden. Ebensowenig können wir einen am Schiffskompaß abgelesenen Kurswert direkt in die Karte übertragen. Denn die Kurswerte müssen zuvor mit der Mißweisung beschickt werden.

Wir navigieren also auch mit zwei verschiedenen Kursen, die wir unterscheiden müssen.

● Der **rechtweisende Kurs** (rwK) ist der Winkel zwischen der Rechtvorausrichtung der Yacht und rechtweisend Nord.

● Der **mißweisende** Kurs (mwK) ist der Winkel zwischen der Rechtvorausrichtung der Yacht und mißweisend Nord.

Auch die beiden Kurse unterscheiden sich genau um die Mißweisung.

In der **Abb. A** beträgt die Mißweisung 7°. Wir können erkennen, daß man zum mwK die Mw addieren muß, um den rwK zu erhalten. Es gilt also:

$$\begin{array}{r} \text{mwK} \\ \underline{\text{Mw}} \\ \text{rwK} \end{array}$$

Hierbei hat man festgesetzt, daß die Mißweisung mit *Ost* oder „+" bezeichnet wird, wenn die Kompaßnadel in östlicher Richtung abgelenkt wird, dagegen mit *West* oder „−", wenn sie in westlicher Richtung abgelenkt wird.

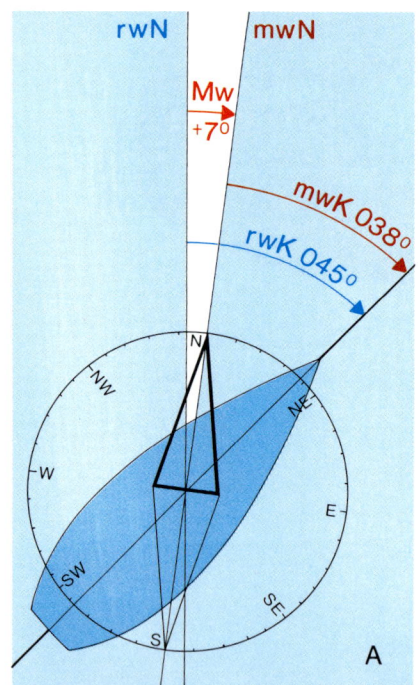

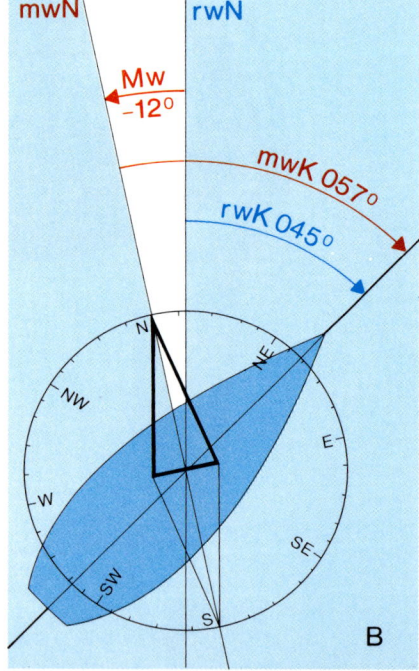

Tiefe

Deshalb muß die Mißweisung in der **Abb. B** auch mit negativem Vorzeichen versehen werden. Sie hat also einen Wert von −12°. Für beide Fälle gilt also:

mwK	038°		mwK	057°
Mw	+07°		Mw	−12°
rwK	045°		rwK	045°

Mache dir diesen Zusammenhang anhand der beiden Skizzen nochmals klar!

Die Mißweisungsrose

Die Mißweisung hat nun nicht überall die gleiche Größe, sondern ihr Wert ändert sich von Ort zu Ort. Denn sobald wir unsere Position erheblich ändern, so verschiebt sich auch unsere Stellung zum geographischen und magnetischen Pol.

Wie groß ist nun die Mißweisung, die wir bei der Kursbeschickung berücksichtigen müssen?
Den genauen Wert müssen wir der Seekarte entnehmen. Dort finden wir meist eine *Mißweisungsrose* vor, immer aber einen Aufdruck wie in der **Abb. C.** Überdeckt unsere Karte ein großes Gebiet, so ist die örtliche Mißweisung mehrmals angegeben. Wir müssen dann die unserem Schiffsort am nächsten liegende Mißweisungsrose verwenden. Beachte manche besonderen Gebiete unsicherer Mißweisung *(Uns. Mißw.)*!
Da der Magnetpol langsam wandert, ändert sich die Mißweisung nicht nur von Ort zu Ort, sondern auch von Jahr zu Jahr. Die Angabe in der Karte gilt nur für ein bestimmtes *Bezugsjahr*. Für andere Jahre müssen wir die *jährliche Änderung* berücksichtigen, die ebenfalls in der Karte angegeben ist.

Beispiel:

Welche Mißweisung ergibt sich aus der unten wiedergegebenen Mißweisungsrose für das Jahr 1994?

Die jährliche Änderung beträgt 8′ E, für 4 Jahre also:

$$4 \times 8' = 32' \text{ E}$$

Dann gilt:

Mißweisung 1990	− 4° 15′ W
Änd. für 4 Jahre	+ 32′ E
Mißweisung für 1994	− 3° 43′ W

Möchte man dagegen die Mißweisung für das Jahr 1987 wissen, so rechnet man:

Mißweisung für 1990	− 4° 15′ W
Änd. für 3 Jahre	− 24′ E
Mißweisung für 1987	− 4° 39′ W

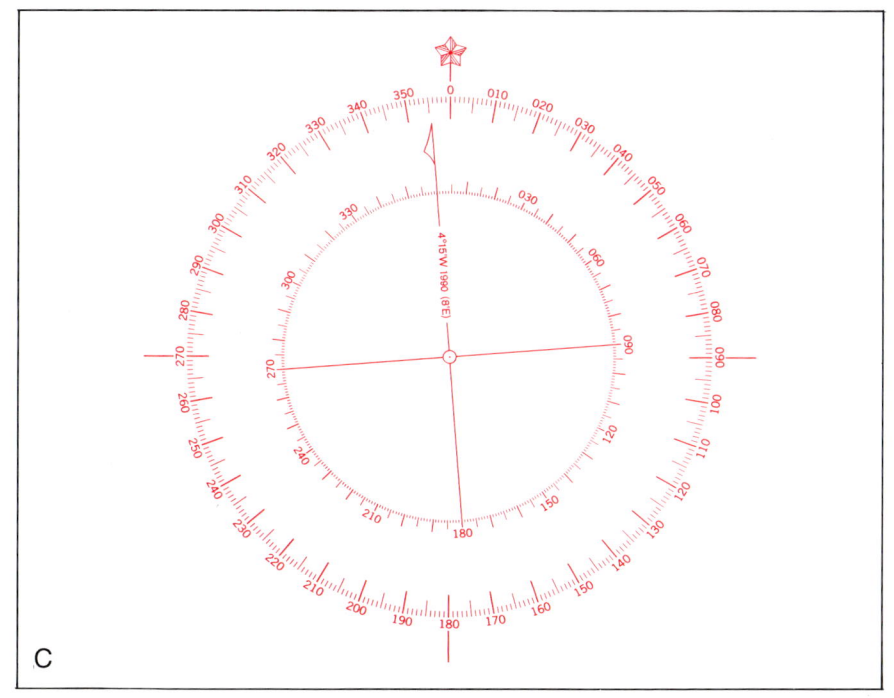

C

Kurzgefaßt

1. Die *Mißweisung* ist der Winkelunterschied zwischen rechtweisend Nord und mißweisend Nord. Sie ergibt sich, weil die geographischen und magnetischen Pole des Erdfeldes nicht zusammenfallen bzw. aus dem Verlauf der Feldlinien.
2. Der *rechtweisende Kurs (rwK)* ist der Winkel zwischen der Rechtvorausrichtung und rechtweisend Nord.
3. Der *mißweisende Kurs (mwK)* ist der Winkel zwischen der Rechtvorausrichtung und mißweisend Nord.
4. Die Mißweisung ändert sich von Ort zu Ort und von Jahr zu Jahr. Ihre Größe und ihre *jährliche Änderung* können wir der Mißweisungsrose in der Seekarte entnehmen.

Ablenkung (Abl) oder Deviation

Fragen 242, 244, 248, 249

Der Kompaßkurs

Neben der Mißweisung müssen wir einen weiteren Kompaßfehler berücksichtigen, die Magnetkompaßablenkung oder Deviation. Man bezeichnet sie mit der Abkürzung Abl.

Im Zusammenhang mit dem Kompaß haben wir bereits gehört, daß Eisenmetalle jede Magnetnadel in ihrer Stellung beeinflussen. Auch der Schiffskompaß wird durch eine Vielzahl von Metallmassen abgelenkt: den Motorblock, den Peilempfänger oder die Ruderanlage. Dies betrifft nicht nur Stahlyachten, sondern in gleicher Weise Schiffe aus Holz oder GFK. Auch elektrische Spulen, wie wir sie im Lautsprecher, im Kopfhörer, im Echolot oder der Lichtmaschine des Motors finden, üben einen ablenkenden Einfluß auf die Kompaßnadel aus. Den allergröbsten Fehler können wir vermeiden, wenn die ablenkenden Teile mindestens einen Meter vom Kompaß entfernt sind. Doch den Restfehler müssen wir, ähnlich wie die Mißweisung, rechnerisch ausgleichen, sofern er nicht kompensiert wurde (vgl. S. 48). Unterliegt unser Schiffskompaß einem Ablenkungseinfluß, so richtet sich die Nadel des Magnetkompasses nicht nach mißweisend Nord, sondern nach *Magnetkompaß-Nord (MgN)* aus. Dementsprechend gibt es auch einen Magnetkompaßkurs (MgK).

● Der **Magnetkompaßkurs** ist der Winkel zwischen der Rechtvorausrichtung der Yacht und Magnetkompaß-Nord. Den MgK können wir unmittelbar am Kompaß ablesen.

Wie wir in der **Abb. A** erkennen, ist die Ablenkung genau der Winkelunterschied zwischen mißweisendem Kurs und Magnetkompaßkurs.

Die Kursbeschickung

In der Skizze A beträgt die Ablenkung 5°. Da sie zum Magnetkompaßkurs addiert werden muß, ergibt sich das folgende Schema:

MgK
Abl
―――
mwK
Mw
―――
rwK

Auf der vorhergehenden Seite haben wir also nur den unteren Teil des Rechenschemas kennengelernt.

Bei der Berücksichtigung der Vorzeichen müssen wir genauso vorgehen wie bei der Mißweisung: Eine östliche Ablenkung wird mit „+", eine westliche Ablenkung mit „−" bezeichnet. Deshalb haben wir in der **Abb. B** eine Ablenkung von −13°. Für die Kurse der Beispielskizzen A und B ergibt sich dann:

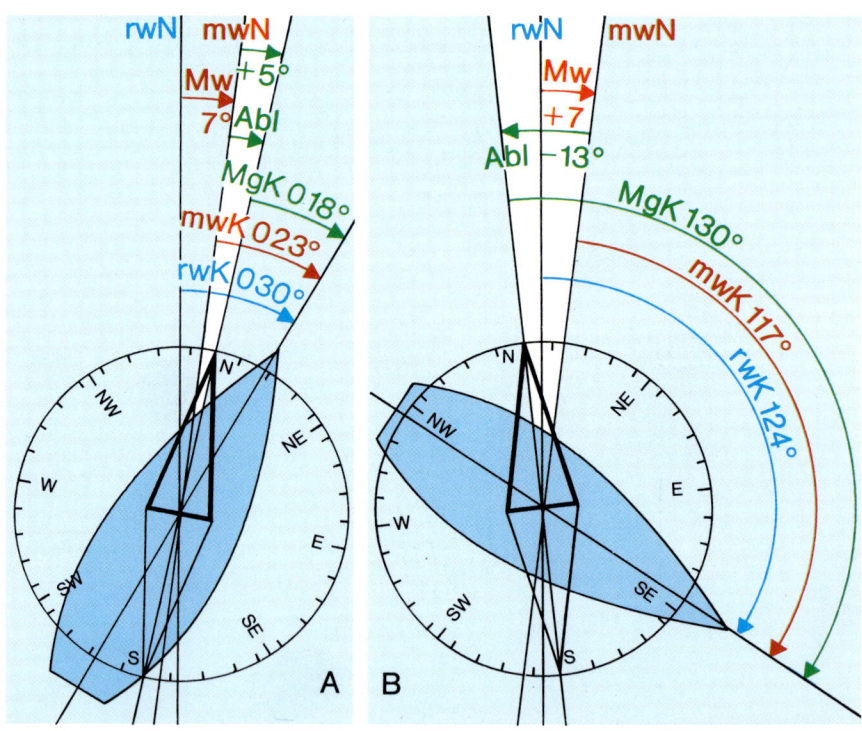

A   B

MgK	018°		MgK	130°
Abl	+05°		Abl	−13°
mwK	023°		mwK	117°
Mw	+07°		Mw	+07°
rwK	030°		rwK	124°

So erhalten wir den rwK.

Oft wollen wir aber auch entgegengesetzt rechnen: Wenn wir einen Kurs vom Ausgangspunkt zum Ziel absetzen, so entnehmen wir der Karte den rwK. Zum Steuern am Kompaß brauchen wir aber den MgK. Dann müssen wir in unserem Schema von unten nach oben rechnen. Wir setzen also zunächst unten den rwK ein und ergänzen das Schema nach oben mit Mißweisung und Ablenkung.

MgK	018°		MgK	130°
Abl	+05°		Abl	−13°
mwK	023°		mwK	117°
Mw	+07°		Mw	+07°
rwK	030°		rwK	124°

Wir haben also genau die gleichen Säulen errechnet wie weiter oben. Doch fällt bei diesem Rechengang auf, daß wir im Grunde genommen stillschweigend die Vorzeichen von Mißweisung und Ablenkung ändern. Man sagt deshalb auch:

● Rechne vom *richtigen* (= rechtweisenden) Kurs zum *falschen* (= Magnetkompaßkurs) mit *falschem* (= umgekehrtem) Vorzeichen!
● Rechne vom *falschen* Kurs zum *richtigen* mit *richtigem* Vorzeichen!

Doch wenn wir uns streng an unsere Rechensäule halten und immer von oben nach unten rechnen, wenn der rwK gesucht ist, bzw. von unten nach oben rechnen, wenn der MgK gesucht ist, so können wir keine Fehler mit den Vorzeichen machen. Wir setzen deshalb in das Schema die Mißweisung und Ablenkung immer mit dem angegebenen Vorzeichen ein.

Ablenkung und Kurs

Während wir die Mißweisung mit einem Blick der Karte entnehmen, ist die Ablenkung vom jeweils anliegenden Kurs abhängig.

Man kann sich die Summe aller Ablenkungskräfte auf dem Boot als den Einfluß eines gedachten Magneten vorstellen. Wenn wir annehmen, daß der Südpol dieses Magneten vor dem Kompaß liegt **(Abb. C),** so wird die unterschiedliche Wirkung des Schiffsmagnetismus deutlich: Auf Ostkurs wird die Nadel nach Osten abgelenkt, auf Westkurs dagegen nach Westen. Es genügt also nicht, nur *einen* Ablenkungswert zu kennen, sondern wir müssen für jeden Kurs die dazugehörige Ablenkung einer Tabelle, der *Ablenkungstabelle,* entnehmen.

Kurzgefaßt

1. Der *Magnetkompaßkurs* ist der Winkel zwischen der Rechtvorausrichtung und Magnetkompaß-Nord. Er wird am Kompaß abgelesen.
2. Die Ablenkung ist der Winkelunterschied zwischen mißweisendem Kurs und Magnetkompaßkurs. Sie ergibt sich aus magnetischen Einflüssen an Bord, dem sog. Schiffsmagnetismus.
3. Zwischen MgK und rwK besteht folgender Zusammenhang:

MgK
Abl
mwK
Mw
rwK

Benötigt man den rwK, so rechnet man von oben nach unten; benötigt man den MgK, von unten nach oben.

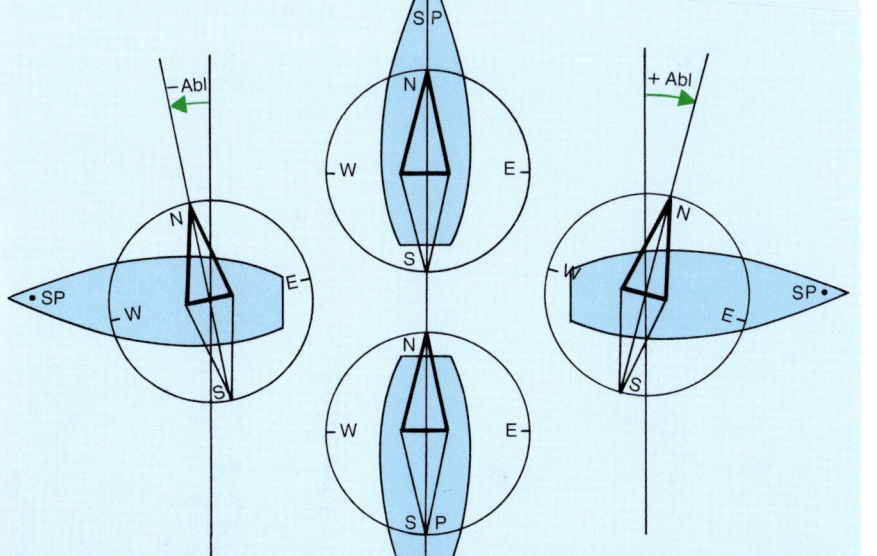

C

Die Ablenkungstabelle

Frage 247

Ablenkungstafel		Steuertafel	
MgK	Abl	mwK	Abl
000	− 02	000	− 02
010	+ 01	010	+ 01
020	+ 03	020	+ 03
030	+ 05	030	+ 05
040	+ 07	040	+ 06
050	+ 08	050	+ 07
060	+ 09	060	+ 08
070	+ 10	070	+ 09
080	+ 10	080	+ 10
090	+ 10	090	+ 10
100	+ 09	100	+ 10
110	+ 08	110	+ 09
120	+ 07	120	+ 08
130	+ 06	130	+ 07
140	+ 06	140	+ 06
150	+ 05	150	+ 05
160	+ 04	160	+ 05
170	+ 03	170	+ 03
180	+ 02	180	+ 02
190	+ 02	190	+ 02
200	+ 01	200	+ 01
210	− 01	210	− 01
220	− 02	220	− 02
230	− 03	230	− 03
240	− 04	240	− 04
250	− 05	250	− 06
260	− 06	260	− 07
270	− 08	270	− 09
280	− 09	280	− 10
290	− 09	290	− 10
300	− 10	300	− 10
310	− 10	310	− 09
320	− 09	320	− 08
330	− 08	330	− 07
340	− 06	340	− 05
350	− 04	350	− 03
360	− 02	360	− 02

Alle bei der Kursbeschickung anzubringenden Ablenkungswerte sind kursabhängig. Sie sind deshalb in einer Tabelle zusammengefaßt, in der die Kurse von 10° zu 10° angegeben sind. Setzt man eine solche Ablenkungstabelle graphisch um, so ergibt sich meist eine sinusförmige Kurve. Ein Kompaß, dessen Ablenkungswerte wesentlich mehr als 10° betragen, sollte möglichst zu Beginn der Saison kompensiert werden. Hierbei bringt man (meist ein Fachmann) einzelne kleine Magnete unter dem Kompaßhaus an, um den Verlauf der Ablenkungskurve zu dämpfen. Mit der Ablenkungsbeschickung brauchen dann nur noch kleinere Restfehler korrigiert zu werden. Erreicht diese Restablenkung Beträge von 5° und mehr, so stellt man zwei parallele Tabellen auf, die *Ablenkungstafel* und die *Steuertafel*. Die erste benötigen wir, wenn wir „von oben nach unten" rechnen, also vom MgK zum rwK; die zweite Tafel, wenn wir „von unten nach oben" rechnen, also vom rwK zum MgK.

So wird der Kurs beschickt

Für die folgenden Beispiele gelte die nebenstehende Ablenkungstabelle!

1. Beispiel:

Eine Sportyacht steuert am Kompaß einen Kurs von 160°. Die Karte enthält im entsprechenden Revier folgende Mißweisungsangabe: 1°24′W 1992 (12′W)

a) Wie groß ist die Mißweisung im Jahre 1995?
b) Mit welchem Kurs muß 1995 in der Karte gearbeitet werden?

2. Beispiel:

Auf einer Yacht setzt der Skipper in der Karte SW-Kurs ab. In der Karte findet sich folgende Mißweisungsangabe:
6°E 1990 (30′W)

a) Welche Mißweisung muß 1994 berücksichtigt werden?
b) Welchen Kurs muß der Steuermann halten?

3. Beispiel:

In der Seekarte wird auf einer Yacht ein Kurs von 209° abgesetzt. Für das entsprechende Revier enthält die Karte folgende Mißweisungsangabe:
4°48′E 1996 (48′E)

a) Welche Mißweisung herrscht 1995?
b) Was muß man am Kompaß steuern, um den abgesetzten Kurs zu halten?

Lösung:

a)

Mißweisung 1992	−1°24′W
Änd. für 3 Jahre	− 36′W
Mißweisung 1995	−2°00′W

b)

MgK	160°
Abl	+04°
mwK	164°
Mw	−02°
rwK	162°

In diesem Beispiel wurde also „von oben nach unten" gerechnet.

Lösung:

a)

Mißweisung 1990	+6°00′E
Änd. für 4 Jahre	−2°00′W
Mißweisung 1994	+4°00′E

b) Es muß der MgK gesteuert werden, so daß man „von unten nach oben" rechnet:

MgK	223°
Abl	−02°
mwK	221°
Mw	+04°
rwK	225°

Lösung:

a)

Mißweisung 1996	+4°48′E
Änd. für 1 Jahr	− 48′W
Mißweisung 1995	+4°00′E

b) Auch hier rechnen wir „von unten nach oben", beginnen im Schema also beim bekannten rwK:

MgK	205°
Abl	00°
mwK	205°
Mw	+ 04°
rwK	209°

Das Koppeln

Fragen 236–238, 256

Der Koppelort

Wenn wir den von unserem Startpunkt gesteuerten Kurs und die inzwischen zurückgelegte Distanz kennen, so können wir auf einfache Weise unseren Schiffsort bestimmen. Wir tragen am Ausgangspunkt den rechtweisenden Kurs an und setzen auf der Kurslinie die zurückgelegte Distanz ab. So erhalten wir den *Koppelort* oder *gegißten Ort.*

● Den **gekoppelten Schiffsort** erhält man aus dem abgesetzten Kurs und der zurückgelegten Distanz.

In der Seekarte wird der Koppelort durch einen kurzen Querstrich auf der Kurslinie gekennzeichnet. Meist fügt man noch die entsprechende Uhrzeit hinzu. Ein Schiffsort, der dagegen durch Peilungen ermittelt wurde (vgl. S. 54), wird in der Karte durch einen kleinen Kreis gekennzeichnet. Im Kartenbeispiel **(A)** hat man also um 08.30 Uhr den Schiffsort durch Peilungen bestimmt, um 10.30 Uhr durch Koppeln.

Das Log

Woher kennen wir die zum Koppeln notwendigen Distanzen? Hierzu benötigen wir ein Instrument, das die zurückgelegten Meilen oder die Schiffsgeschwindigkeit mißt, die *Logge* oder das *Log.* Man unterscheidet:

● Das *Sumlog* besteht aus einem am Unterwasserschiff fest montierten Impeller, der vom Wasser angeströmt wird **(B)**. Er überträgt die Umdrehungen über eine biegsame Welle auf das Zählwerk.

● Das *Elektrolog* arbeitet mit einem im Bootsboden befestigten Geber, der durch den Wasserdruck

entsprechend der Fahrgeschwindigkeit ausgelenkt wird **(C)**. Die Stärke der Auslenkung zeigt die Höhe der Geschwindigkeit an, die durch eine elektrische Schaltung auf das Anzeigegerät **(D)** übertragen wird.

● Der *Staudruckmesser* arbeitet mit einer am Spiegel des Schiffes unterhalb der Wasserlinie angebrachten Staudruckdüse *(Venturirohr).* Sie überträgt den durch die Fahrtströmung entstehenden Staudruck über eine Schlauchleitung auf das Anzeigegerät.

Die Fahrt

Die meisten Logs geben also nicht nur Distanzen an, sondern zugleich die momentane Geschwindigkeit oder *Fahrt,* wie man in der Navigation sagt. Die Fahrt wird in Knoten (kn) gemessen:

● Man hat eine **Fahrt von 1 Knoten** (kn), wenn man in einer Stunde genau eine Seemeile zurücklegt. Auch ohne Speedometer können wir allein aus den zurückgelegten Distanzen und der Zeitspanne die Fahrt errechnen:

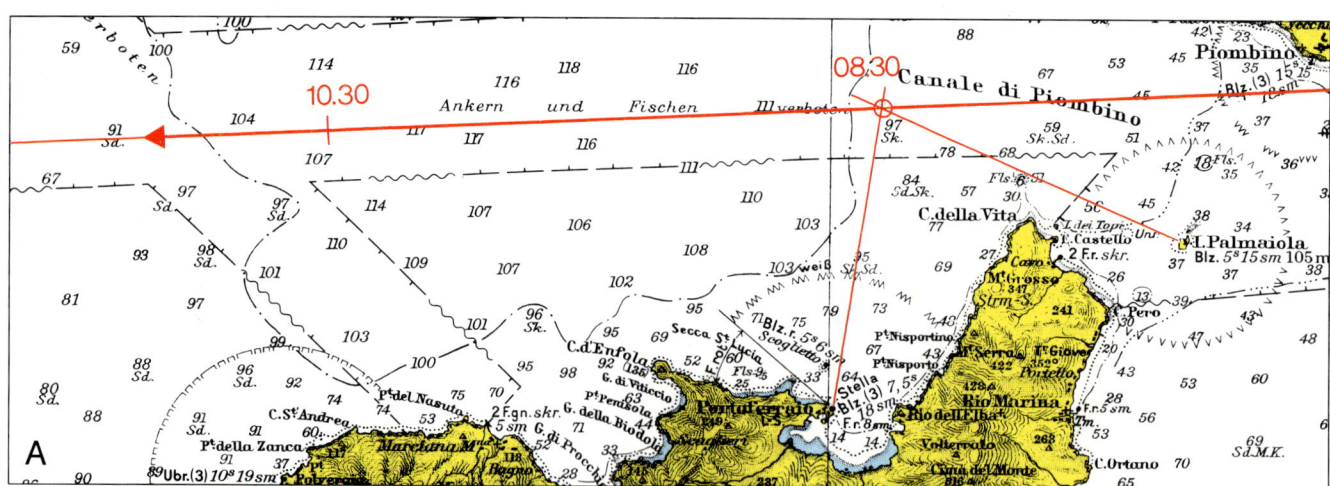

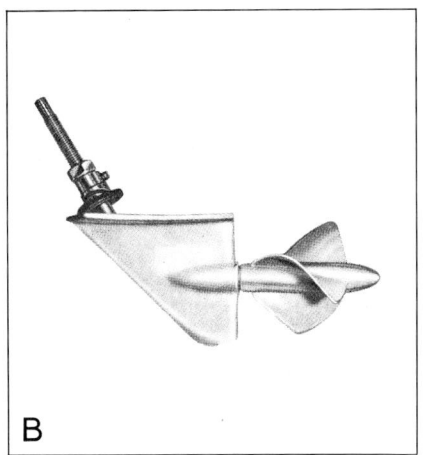

B

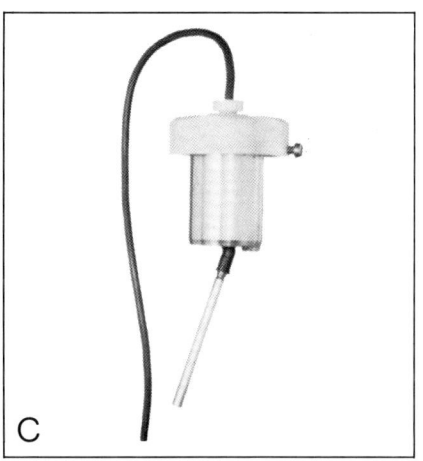

C

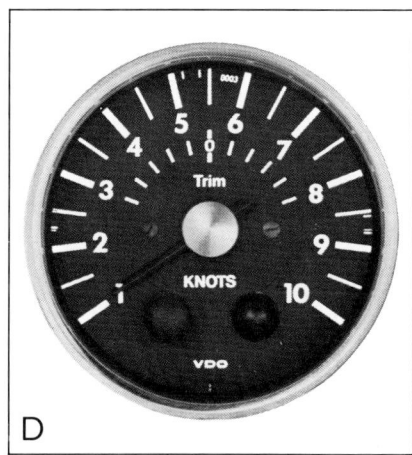

D

$$\text{Fahrt } F \text{ (kn)} = \frac{\text{Distanz } D \text{ (sm)}}{\text{Zeitspanne } t \text{ (h)}}$$

Umgekehrt können wir fragen: Wann werden wir unser Ziel erreichen? Kennen wir unsere Fahrt und die Distanz zum Ziel aus der Karte, so rechnen wir:

$$\text{Zeitspanne } t \text{ (h)} = \frac{\text{Distanz } D \text{ (sm)}}{\text{Fahrt } F \text{ (kn)}}$$

Wollen wir aber wissen, welche Distanz bereits zurückgelegt ist, so gilt:

$$D \text{ (sm)} = F \text{ (kn)} \cdot t \text{ (h)}$$

Kennen wir 2 Stücke der Gleichung, so können wir das dritte errechnen. Alle Logs, die wir kennengelernt haben, messen die Bewegung des Schiffes gegenüber dem Wasser, also die *Fahrt durchs Wasser (FdW)*. Sobald aber Strom herrscht, können wir mit der Fahrt durchs Wasser nicht mehr in der Karte navigieren. Denn alle dort abgesetzten Kurse beziehen sich auf den Grund. Dann müssen wir die *Fahrt über Grund (FüG)* kennen. Denn laufen wir etwa gegen den Strom an, so mißt das Log eine größere Geschwindigkeit und somit längere Distanzen, als wir tatsächlich über Grund zurücklegen.

Meilenfahrten

Doch auch ohne Log können wir unsere Geschwindigkeit feststellen, wenn unsere Maschine mit einem Drehzahlmesser ausgerüstet ist. Dann stellt man eine Fahrttabelle auf: Man fährt eine festgelegte Distanz (etwa 200–500 m) mit konstanter Drehzahl hin und zurück und stoppt genau die für jede Strecke benötigte Zeit. Diese Meßfahrten wiederholt man mit wachsenden Drehzahlen (etwa in Sprüngen von je 200/min), bis man schließlich die Strecke mit Vollgas abläuft. Wir können nun die zu jeder Drehzahl zugehörige Geschwindigkeit errechnen, indem wir die Länge der Meßstrecke durch die benötigten Zeiten dividieren. In der Fahrttabelle werden die so erhaltenen Geschwindigkeiten neben der jeweiligen Drehzahl notiert und können nun jederzeit abgelesen werden.

Sollte während der Meilenfahrt Windabdrift oder Strom herrschen, so müssen wir das Mittel aus der Geschwindigkeit des Hinweges und des Rückweges bilden. Das Mittel aus den gestoppten Zeiten würde eine falsche, nämlich zu niedrige Geschwindigkeit ergeben.

Kurzgefaßt

1. Unter *Koppeln* versteht man eine Schiffsortbestimmung aus abgesetztem Kurs und zurückgelegtem Weg.

2. Die Geschwindigkeit eines Schiffes nennt man seine *Fahrt*. Sie wird in „Knoten" gemessen, wobei 1 Knoten (kn) = 1 sm/h ist.

3. Um die *Fahrtzeit* zu ermitteln, rechnet man:

$$\text{Zeit (min)} = \frac{\text{Distanz (sm)} \cdot 60}{\text{Fahrt (kn)}}$$

4. Um die *Fahrt* zu ermitteln, rechnet man:

$$\text{Fahrt (kn)} = \frac{\text{Distanz (sm)} \cdot 60}{\text{Zeit (min)}}$$

Das Lot

Mit dem Lot bestimmen wir die Wassertiefe. Vor allem in Tidengewässern und beim Ankern können wir kaum auf das Lot verzichten. Regelmäßiges Loten im Küstenbereich erhöht nicht nur die Sicherheit, sondern dient auch der Kontrolle des ermittelten Schiffsortes.

Das Handlot

Auf keiner Yacht sollte das einfache Handlot fehlen, zumal wir es ohne Schwierigkeit selber bauen können. Es besteht aus einer etwa 25–35 m langen Lotleine und einem daran befestigten, meist kegelförmigen Senkblei. Für unsere Zwecke genügt ein 3–5 kg schweres Senkgewicht, da wir kaum größere Tiefen bestimmen wollen.

Wenn wir das Lot selber bauen, so markieren wir die Leine von 2 m zu 2 m mit einem Knoten, und alle 10 m stecken wir einen Lederstreifen durch die Kardeele. Ein gekauftes Handlot trägt meist farbige Markierungsstreifen in der Reihenfolge:

bei		schwarz
bei	2, 12, 22 m	schwarz
bei	4, 14, 24 m	weiß
bei	6, 16, 26 m	rot
bei	8, 18, 28 m	gelb

Bevor wir die Lotleine markieren, muß sie gereckt und vor allem befeuchtet werden. Denn eine neue Naturfaserleine zieht sich durch das Seewasser möglicherweise zusammen. Wir erhalten dann – was gefährlich werden kann – eine größere Tiefenangabe, als tatsächlich Wasser unter dem Kiel ist. Gelotet wird bei langsamer Fahrt. Mit einer Hand schwingen wir das Lotblei an der etwa 1,50 m langen freien Leine, der Rest der lose aufgeschossenen Lotleine wird mit der anderen Hand geführt. Wir lassen das Blei einige Male hin und her schwingen und schließlich voraus ausschwingen, wobei entsprechend viel Leine nachgegeben wird. Im Augenblick der Grundberührung, den wir deutlich an der Leine spüren, soll unser Boot genau über der Lotstelle stehen. Um einen genaueren Mittelwert zu erhalten, wiederholen wir das Verfahren. *Achte darauf, daß die Leine nicht in die laufende Schraube gerät!*

Das Echolot

Es besteht aus dem Anzeigegerät und dem Schwinger oder Geber, der außenbords am Unterwasserschiff montiert ist. Der Schwinger sendet in Richtung Meeresboden ein Ultraschallsignal und mißt die Dauer bis zum Empfang des vom Grund zurückgeworfenen Echos. Aus dieser Zeitspanne ergibt sich die Wassertiefe: Je länger auf das Echo gewartet werden muß, desto tiefer ist es. Die Tiefe wird auf dem Anzeigegerät, das oft mit einer Mehrbereichsskala versehen ist, abgelesen **(Abb. A)**.
Beachte:

- Der vom Echolot angezeigte Tiefenwert ist oft vom Geber, nicht von der Wasserlinie aus gerechnet.
- In Tidengewässern müssen Lotungen mit der *Höhe der Gezeit* beschickt werden (vgl. S. 59).

Kurzgefaßt

1. Das *Handlot* besteht aus einer Lotleine und einem an ihr befestigten Senkblei.
Beim Arbeiten mit dem Handlot ist die Fahrt zu vermindern und darauf zu achten, daß sich die Leine nicht in der Schraube vertörnt.

2. Das *Echolot* mißt die Dauer, die ein zum Meeresboden gesendetes Ultraschallsignal benötigt, um als Echo zum Schiff zurückzukehren. Aus dieser Zeitspanne ergibt sich die Wassertiefe.

3. In *Tidengewässern* müssen alle Lotungswerte mit der Höhe der Gezeit beschickt werden, um sie in der Karte richtig auswerten zu können.

A

Peilungen

Fragen 245, 250

Was heißt peilen?

Solange wir unter der Küste laufen, haben wir meist einige markante Landmarken in Sicht, die wir auch in der Seekarte finden: Leuchttürme, Schornsteine, charakteristische Berggipfel oder Kaps. Diese Punkte können wir zur Kontrolle unseres Kurses und Schiffsortes durch Peilungen verwenden.

A

● Unter einer **Peilung** versteht man das Bestimmen der Richtung, in der ein bestimmtes Peilobjekt vom Schiff aus gesehen wird.
Sobald wir diese Richtung ermittelt haben, kann eine Peilung in die Karte eingetragen werden. Unser Schiffsort befindet sich dann sicher irgendwo auf der Peillinie. Denn von jedem Punkt der Linie aus erscheint uns das Peilobjekt unter dem gleichen Winkel. Man unterscheidet zwei Arten von Peilungen, die *Magnetkompaßpeilung* und die *Seitenpeilung.*

Die Magnetkompaßpeilung

Auf kleinen Yachten führt man die Magnetkompaßpeilung mit dem *Peilkompaß* durch **(A)**. Mit ihm können wir jedes Objekt über eine am Gehäuse fest montierte Kimme anpeilen. Durch ein unterhalb der Kimme schwenkbar angebrachtes Prisma, das die Gradzahlen der Kompaßrose einspiegelt, lesen wir den Peilungswert unmittelbar ab. Wir bestimmen also den Winkel zwischen Magnetkompaß-Nord und der Peilrichtung. Diesen Winkel nennt man Magnetkompaßpeilung.
● Eine **Magnetkompaßpeilung** (MgP) ist der vom Schiff aus gesehene Winkel zwischen Magnetkompaß-Nord und dem Peilobjekt.
Ebensowenig wie der Magnetkompaßkurs kann auch die Magnetkompaßpeilung unmittelbar in die Karte eingetragen werden. Denn zuvor müssen noch die Kompaßfehler, nämlich Ablenkung und Mißweisung, berücksichtigt werden. Da man häufig mehrere Objekte bei gleichem Kurs peilt, arbeitet man hier zweckmäßigerweise mit der sogenannten **Fehlweisung,** um die Rechenvorgänge zu beschleunigen.

Fehlweisung = Ablenkung + Mißweisung (Fw = Abl + Mw)
Beispiel:

Ablenkung	+ 07°
Mißweisung	+ 04°
Fehlweisung	+ 11°

Nach folgendem Schema kann dann bei allen Magnetkompaßpeilungen gerechnet werden:

MgP
Fw
rwP

Die Beschickung mit der Mißweisung bereitet keinerlei Schwierigkeiten; sie wird genau wie bei der Kursbeschickung der Karte entnommen und in das Schema eingefügt.
Die Ablenkung wird aus der Ablenkungstabelle entnommen, und zwar jeweils für den zur Zeit der Peilung anliegenden Magnetkompaßkurs.
Nehmen wir ein Beispiel:
Wir peilen auf einem Magnetkompaßkurs von 122° zwei verschiedene Objekte am Kompaß, das eine mit 050° (in **Abb. B** das Objekt X), das andere mit 192° (in **Abb. B** das Objekt Y). Wie lauten die rechtweisenden Peilungen, wenn die Ablenkung +07° und die Mißweisung +04° beträgt?

Abl	+07°
Mw	+04°
Fw	+11°

Objekt X:		Objekt Y:	
MgP	050°	MgP	192°
Fw	+011°	Fw	+011°
rwP	061°	rwP	203°

Peilen wir weit entfernt von allen wesentlichen Metallteilen, können wir die Ablenkung vernachlässigen. Andernfalls muß natürlich eine eigene Ablenkungstabelle für den Peilkompaß an einem bestimmten Platz aufgestellt werden. In unseren Beispielen verwenden wir zur Vereinfachung die Tabelle von S. 48.

Die Seitenpeilung

Die Seitenpeilung wird nicht auf Magnetkompaß-Nord, sondern auf die Rechtvorausrichtung bezogen. Sie wird mit einer *Peilscheibe,* deren Nullrichtung genau in Schiffsrichtung justiert ist, gemessen. Im allgemeinen wird der Peilwinkel rechtsherum – gemessen von recht voraus – angegeben. Liegt also ein Objekt an Stb querab, so hat man eine Seitenpeilung von 090°, liegt es dagegen an Bb querab, spricht man von einer Seitenpeilung von 270°.

Man erhält dann also Seitenpeilungen bis zu 360°.

● Eine **Seitenpeilung** (SP) ist der am Beobachtungsort gemessene Winkel zwischen der Rechtvorausrichtung und dem Peilobjekt. Im allgemeinen wird dieser Winkel rechtsdrehend von recht voraus gemessen.

In der **Abb. B** ist der Unterschied zwischen einer Magnetkompaßpeilung und einer Seitenpeilung dargestellt: Man erkennt deutlich, daß die Magnetkompaßpeilung zum Objekt X auf Magnetkompaß-Nord (MgN) bezogen ist; dagegen bezieht sich die Seitenpeilung zum Objekt Y auf die Rechtvorausrichtung.

Zur Auswertung in der Karte genügt natürlich die Seitenpeilung allein nicht. Sie muß erst in eine rechtweisende Peilung verwandelt werden. Wie man der Abb. B entnimmt, rechnet man am leichtesten:

SP	070°
rwK	133°
rwP	203°

Kennt man den rwK nicht, geht man schrittweise vor:

SP	070°			
MgK	122°			
MgP	192°		MgP	192°
			Fw	11°
			rwP	203°

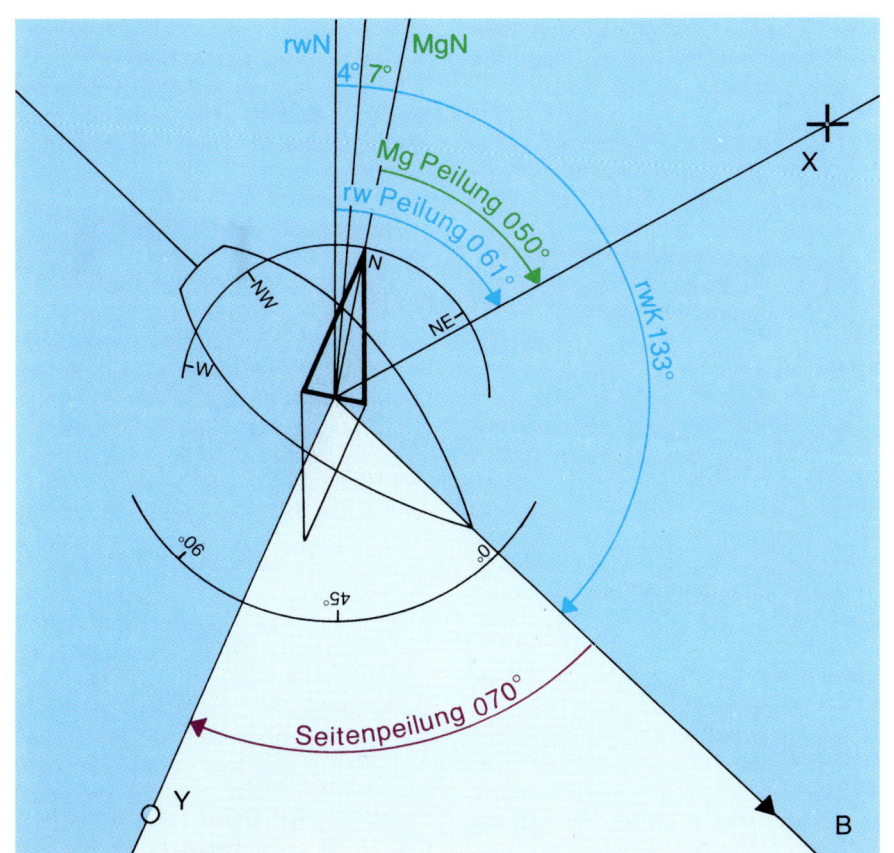

Zur Schiffsortbestimmung: Die Kreuzpeilung

Fragen 251–253

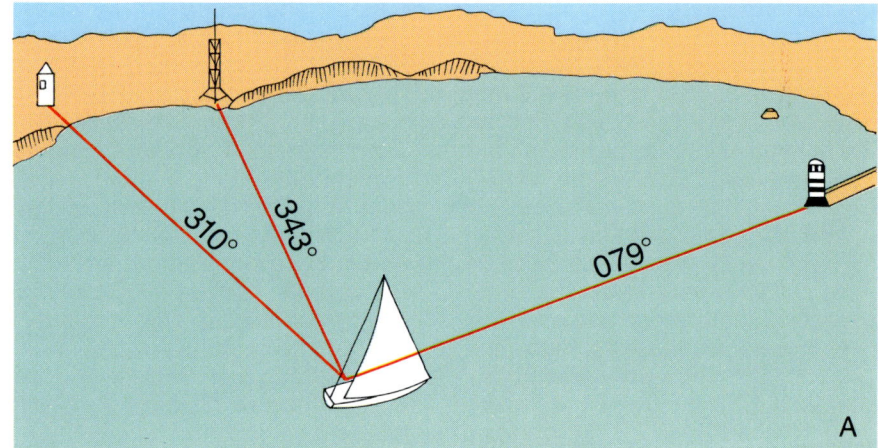

Das Verfahren

Will man seinen Schiffsort ausschließlich durch Peilungen bestimmen, so müssen zwei verschiedene Landmarken in dichter Zeitfolge gepeilt werden. Als Schiffsort ergibt sich dann der Schnittpunkt beider Peillinien.

Dieses einfache und sehr häufig angewandte Verfahren nennt man *Kreuzpeilung.* Hat man noch ein drittes Objekt in Sicht, so sollte es zusätzlich gepeilt werden. Hierdurch kann man die Genauigkeit verbessern und einen Fehler bei den Peilungen schneller erkennen **(Abb. A).**

● Die **Kreuzpeilung** ist ein Verfahren zur Schiffsortbestimmung. Durch das Peilen verschiedener Objekte in dichter Zeitfolge erhält man mehrere Peillinien. Ihr Schnittpunkt ergibt den gesuchten Schiffsort.

Die einzelnen Peilungen können durch eine Kompaß- oder Seitenpeilung gewonnen werden. Um sie in der Karte zeichnerisch auswerten zu können, müssen sie aber auf jeden Fall mit Ablenkung und Mißweisung zu rechtweisenden Peilungen beschickt werden.

Die Fehler

Um die Fehlergrenze möglichst klein zu halten, müssen wir auf folgende Punkte achten:

● Die einzelnen Peilungen sind möglichst rasch hintereinander durchzuführen. Denn die zwischen den Peilungen zurückgelegte Distanz wird bei der Auswertung meist nicht berücksichtigt und verursacht Fehler.

● Der Schnittwinkel zwischen den Peillinien darf nicht zu spitz sein, will man Ungenauigkeiten vermeiden. Bei einem kleineren Winkel als 30° erhält man oft schon „schleifende Schnitte". Haben wir verschiedene Peilobjekte zur Auswahl, so sollten wir sie auch unter diesem Gesichtspunkt auswählen.

● Je näher ein Peilobjekt liegt, desto genauer wird es gepeilt. Denn wir arbeiten meist mit einer konstanten Peilungenauigkeit, die einen Streusektor ergibt, der sich mit zunehmender Entfernung von der Landmarke vergrößert.

Standlinien

Ein Schiffsort ergibt sich aus mindestens zwei verschiedenen geometrischen Linien, auf denen wir uns befinden. Diese Linien nennt man **Standlinien.** Man kann sie gewinnen durch
– Peilungen,
– Abstandsbestimmungen,
– Lotungen,
– Horizontalwinkelmessungen,
– astronomische Beobachtungen.
Eine Standlinie erhalten wir auch durch eine *Deckpeilung.* Sehen wir zwei markante und in der Seekarte eindeutig identifizierbare Objekte genau in Linie zueinander, so befinden wir uns auf der von beiden Peilmarken gebildeten Geraden, die wir einfach in die Karte eintragen können. Bei diesem Verfahren ist weder die Ablenkung noch die Mißweisung zu berücksichtigen. Außerdem gehen keine Ungenauigkeiten während des Peilvorganges ein.
Eine Deckpeilung haben wir bereits auf S. 22 kennengelernt. Denn jedes *Richtfeuer* ist nichts anderes als eine Deckpeilung. Die dazugehörige rwP ist meistens in der Karte (von See her gesehen) angegeben.

Kurzgefaßt

1. *Standlinien* erhalten wir durch:
- Peilungen
- Abstandsbestimmungen
- Lotungen
- Horizontalwinkelmessungen
- astronomische Beobachtungen

2. Mit einer *Kreuzpeilung* können wir den Schiffsort bestimmen, indem wir möglichst gleichzeitig zwei bis drei Objekte peilen.

3. Mit Hilfe einer Kreuzpeilung erhalten wir unseren *Standort,* indem wir die einzelnen Peilungen mit Mw und Abl in rechtweisende Peilungen beschicken und dann in die Seekarte eintragen. Ihr Schnittpunkt ist der Standort.

Die Gezeiten

Fragen 258–264

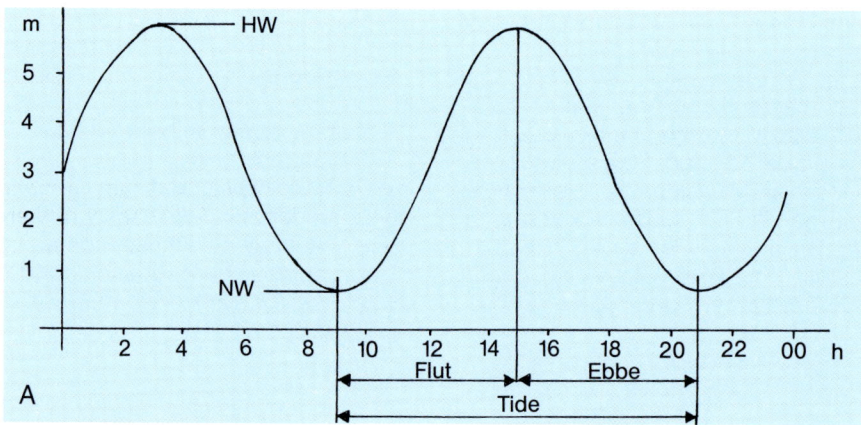

A

Wo treten sie auf?

Man spricht oft von Gezeitenrevieren und gezeitenfreien Revieren. Diese Bezeichnung ist nicht ganz korrekt, da wir in allen Küstengewässern das Phänomen der Gezeiten beobachten können. Doch sind die täglichen Wasserstandsschwankungen in abgeschlossenen Revieren, wie der Ostsee und dem Mittelmeer, meist so gering, daß sie weitgehend vernachlässigt werden können. In der Nordsee und im Atlantik dagegen müssen wir ständig mit den Gezeiten rechnen, und zwar meist nicht nur mit unterschiedlichen Wassertiefen, sondern oft auch mit Gezeitenströmen. Ihre genaue Richtung und Stärke für jede Stunde vor und nach dem Monddurchgang durch den Nullmeridian finden wir im *Atlas der Gezeitenströme*. (Vgl. S. 35)

Hochwasser und Niedrigwasser

Im europäischen Bereich haben wir die sogenannte *halbtägige* Gezeitenform, d. h. im Verlaufe eines Tages treten zwei Hochwasser und zwei Niedrigwasser auf. Was heißt Hochwasser, was Niedrigwasser?

- Unter **Hochwasser (HW)** versteht man den Eintritt des höchsten Wasserstandes im Verlauf einer Tide, also den Übergang vom steigenden zum fallenden Wasser.
- Unter **Niedrigwasser (NW)** versteht man den Eintritt des niedrigsten Wasserstandes im Verlauf einer Tide, also den Übergang vom fallenden zum steigenden Wasser **(Abb. A).**

Flut und Ebbe

Die Begriffe Niedrigwasser und Hochwasser dürfen keinesfalls mit Flut oder Ebbe verwechselt werden. Denn hier handelt es sich nicht um Zeitpunkte, sondern um Zeiträume:
- **Flut** ist das Steigen des Wassers von einem Niedrigwasser zum folgenden Hochwasser.
- **Ebbe** dagegen ist das Fallen des Wassers von einem Hochwasser bis zum folgenden Niedrigwasser.
Beides zusammen ergibt die Tide, also:
- **Tide** ist der Teil der Gezeit zwischen einem Niedrigwasser und dem folgenden Niedrigwasser (Skizze A).

Die Gezeitenunterlagen

Für die Gezeitennavigation können wir entweder den Tidenkalender oder die weit umfangreicheren Gezeitentafeln verwenden. Beide werden kalenderjährlich vom Bundesamt für Seeschiffahrt und Hydrographie (BSH) herausgegeben. Mit den Gezeitentafeln sind vor allem genauere Berechnungen der Gezeitenhöhen möglich, denn:

● In den **Gezeitentafeln** finden wir die Vorausberechnungen von Zeiten und Höhen der Hoch- und Niedrigwasser.

● Der **Tidenkalender** gibt nur die Zeiten, nicht aber die Höhen der auftretenden Hoch- und Niedrigwasser an sowie den mittleren Tidenhub (vgl. unten).

Wir wollen uns hier auf den Umgang mit dem Tidenkalender beschränken. Beachte, daß alle Zeitangaben im Tidenkalender abweichend von der sonstigen nautischen Literatur in mitteleuropäischer Zeit (MEZ), in den Sommermonaten in Sommerzeit gemacht werden!

Wilhelmshaven (Alter Vorhafen) 1991

Tag	Juli HW Uhr	HW Uhr	NW Uhr	NW Uhr	Tag	August HW Uhr	HW Uhr	NW Uhr	NW Uhr
1 M	4.22	16.27	10.17	22.44	1 D	5.02	17.14	11.02	23.30
2 D	4.54	17.00	10.48	23.17	2 F	5.38	17.52	11.37	
3 M	5.28	17.37	11.20	23.53	3 S 3	6.13	18.28	0.04	12.11
4 D	6.05	18.16	11.56		4 S	6.49	19.13	0.36	12.50
5 F 3	6.44	18.59	0.29	12.36					
6 S	7.28	19.51	1.08	13.24	5 M	7.42	20.19	1.19	13.49
7 S	8.26	20.58	2.00	14.28	6 D	8.56	21.44	2.27	15.11
					7 M	10.23	23.13	3.54	16.42
8 M	9.36	22.12	3.08	15.44	8 D	11.44		5.22	18.06
9 D	10.50	23.27	4.24	17.02	9 F	0.30	12.54	6.38	19.17
10 M		12.00	5.38	18.16	10 S 0	1.36	13.52	7.43	20.18
11 D 0	0.38	13.04	6.48	19.24	11 S	2.31	14.45	8.38	21.12
12 F	1.42	14.01	7.49	20.24					
13 S	2.40	14.56	8.44	21.20	12 M	3.21	15.33	9.26	21.59
14 S	3.35	15.49	9.37	22.13	13 D	4.07	16.18	10.10	22.41
					14 M	4.47	16.57	10.49	23.16
15 M	4.28	16.38	10.26	23.01	15 D	5.21	17.32	11.21	23.47
16 D	5.14	17.21	11.09	23.42	16 F	5.52	18.06	11.52	
17 M	5.54	18.02	11.47		17 S 1	6.24	18.43	0.16	12.25
18 D 1	6.32	18.44	0.20	12.26	18 S	7.00	19.28	0.47	13.03
19 F	7.12	19.29	0.58	13.07					
20 S	7.56	20.21	1.39	13.53	19 M	7.52	20.33	1.30	14.00
21 S	8.52	21.26	2.28	14.54	20 D	9.07	21.57	2.35	15.20
					21 M	10.32	23.21	4.00	16.50
22 M	10.02	22.42	3.33	16.10	22 D	11.47		5.25	18.06
23 D	11.13	23.52	4.47	17.26	23 F	0.28	12.43	6.30	19.00
24 M		12.14	5.56	18.30	24 S	1.17	13.26	7.18	19.44
25 D	0.50	13.05	6.51	19.21	25 S 2	1.56	14.06	7.59	20.24
26 F 2	1.37	13.49	7.38	20.06					
27 S	2.19	14.30	8.20	20.46	26 M	2.33	14.42	8.38	21.00
28 S	2.57	15.06	8.58	21.23	27 D	3.06	15.14	9.11	21.31
					28 M	3.35	15.43	9.40	22.00
29 M	3.32	15.38	9.32	21.56	29 D	4.03	16.14	10.09	22.30
30 D	4.03	16.07	10.02	22.25	30 F	4.34	16.50	10.41	23.04
31 M	4.31	16.38	10.30	22.55	31 S	5.09	17.28	11.15	23.38

0 : Neumond 1 : Erstes Viertel 2 : Vollmond 3 : letztes Viertel

Mitteleuropäische Sommerzeit

Kurzgefaßt

1. **Hochwasser** (HW) nennt man den höchsten Wasserstand im Verlauf einer Tide.

2. **Niedrigwasser** (NW) nennt man den niedrigsten Wasserstand im Verlauf einer Tide.

3. Während der **Flut** steigt das Wasser von einem Niedrigwasser zum folgenden Hochwasser.

4. Während der **Ebbe** fällt das Wasser von einem Hochwasser zum folgenden Niedrigwasser.

5. Eine **Tide** oder Gezeit umfaßt Flut und Ebbe. Sie reicht also von einem Niedrigwasser zum darauffolgenden Niedrigwasser.

6. Angaben über Hoch- und Niedrigwasserzeiten und den Tidenhub findet man in den Gezeitentafeln oder im Tidenkalender.

7. Gezeitentafeln sind nur für das Herausgabejahr gültig.

Abdrift und Strom

Fragen 240, 254, 255

Bisher sind wir davon ausgegangen, daß unsere Fahrtrichtung auch mit der Kielrichtung der Yacht zusammenfällt. Deshalb haben wir immer mit dem rechtweisenden Kurs (rwK) in der Karte arbeiten können.

Dies gilt jedoch nicht immer. Denn Wind und Strom können jede Yacht von ihrem rechtweisenden Kurs abbringen. Eine hoch am Wind laufende Yacht unterliegt dem mehr oder weniger starken Einfluß der Abdrift und erfährt dabei eine Versetzung nach Lee. Der Kurs durchs Wasser (KdW) entspricht dann nicht mehr der Kielrichtung der Yacht. Zwischen rwK und KdW bildet sich ein Winkel, den man Beschickung für Wind (BW), Abdrift oder Vorhalt nennt.

● **Beschickung für Wind (BW) oder Abdrift oder Vorhalt** ist der Winkel zwischen der Rechtvorausrichtung einer Yacht und der tatsächlichen oder beabsichtigten Bewegungsrichtung der Yacht durchs Wasser.

Gleiches gilt für den Einfluß von Strom auf die Yacht. Auch hier weicht der tatsächlich über Grund gelaufene Kurs, der Kurs über Grund (KüG), vom rwK oder KdW ab. Den Winkel, um den wir durch Strom versetzt werden, nennt man Beschickung für Strom (BS) oder Stromvorhalt.

● **Beschickung für Strom (BS) oder Stromvorhalt** ist der Winkel zwischen der Bewegungsrichtung unserer Yacht durchs Wasser und der tatsächlichen oder beabsichtigten Bewegungsrichtung der Yacht über Grund.

Manchmal werden BW und BS zusammengefaßt in einer Beschickung für Wind und Strom (BWS), also:

$$BWS = BW + BS$$

Unser vollständiges Schema zur Kursberechnung lautet nun:

MgK
Abl
———
mwK
Mw
———
rwK
BWS
———
KüG

In der Karte arbeiten wir also mit dem Kurs über Grund (KüG), den wir erhalten, wenn wir von oben nach unten

rechnen. Haben wir aber einen Kurs in der Karte abgesetzt und wollen um den Beschickungswinkel vorhalten, rechnen wir von unten nach oben, um den zu steuernden MgK zu erhalten. Hierbei müssen wir noch das Vorzeichen für die BWS beachten: Wird die Yacht nach Stb versetzt, haben wir rechtsdrehenden Einfluß; wird sie nach Bb versetzt, spricht man von linksdrehendem Einfluß. Die BWS ist bei

rechtsdrehendem Einfluß: pos. (+),
linksdrehendem Einfluß: neg. (−).

Manchmal stellen wir fest, daß wir vom **Kartenkurs (KaK)**, der beabsichtigten Richtung des Weges über Grund, abgekommen sind, weil wir durch Wind oder Strom, den wir nicht kannten oder falsch eingeschätzt haben, versetzt worden sind. Man spricht dann von Windversetzung bzw. von Stromversetzung.

● **Windversetzung** ist die Versetzung des Schiffes nach Richtung und Distanz, die durch den Wind verursacht wird.

● **Stromversetzung** ist die Versetzung des Schiffes nach Richtung und Distanz, die durch Gezeiten- oder Meeresströmung verursacht wird.

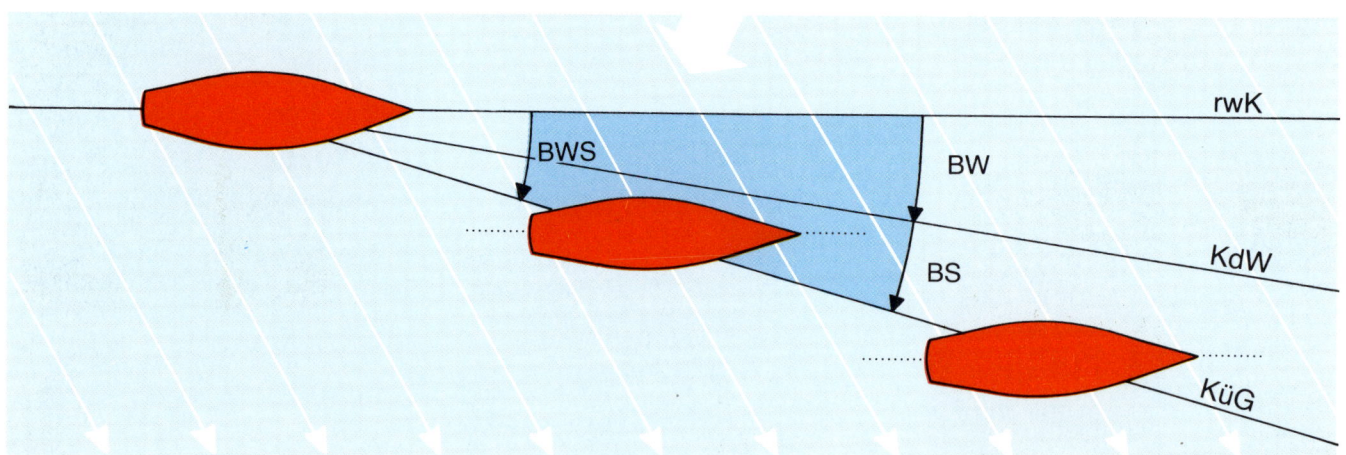

2
Gesetze

Wo gilt welche Vorschrift?

Fragen 1–3, 109, 112

Verkehrsordnungen

Im deutschen Küstenbereich gelten drei Verkehrsordnungen nebeneinander:
- Die Kollisionsverhütungsregeln (KVR)
- Die Seeschiffahrtsstraßen-Ordnung (SeeSchStrO)
- Die Schiffahrtsordnung Emsmündung

● Die **Kollisionsverhütungsregeln** (KVR) haben internationalen Charakter. Sie gelten auf der Hohen See und den mit dieser zusammenhängenden, von Seeschiffen befahrbaren Gewässern.

● Die **Seeschiffahrtsstraßen-Ordnung** (SeeSchStrO) ist eine nationale Vorschrift und gilt nur auf den deutschen Seeschiffahrtsstraßen.

● Die **Schiffahrtsordnung Emsmündung** (SchiffO Ems) gilt im Mündungsgebiet der Ems und auf der Leda anstelle der SeeSchStrO.

Die beiden letzten Verordnungen wurden erlassen, weil die Vorschriften der KVR nicht ausreichen, den Verkehr auf den im Küstenbereich dichter befahrenen Schiffahrtsstraßen zu regeln.

Doch verdrängt hier die SeeSchStrO bzw. Schiffahrtsordnung Emsmündung die KVR nicht völlig. Sie stellt vielmehr eine ergänzende und in manchen Bereichen abweichende Spezialregelung zu den KVR dar. Deshalb müssen wir in den deutschen Küstengewässern beide Gesetze beherrschen.

● Steht eine Bestimmung der KVR mit der SeeSchStrO bzw. Schiffahrtsordnung Emsmündung im Widerspruch, so gilt die speziellere Vorschrift der SeeSchStrO bzw. Schiffahrtsordnung Emsmündung.

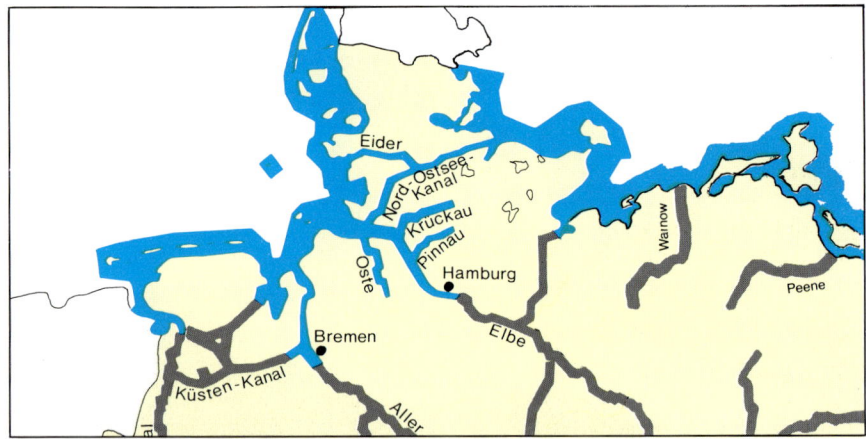

Die blauen Flächen geben die Seeschiffahrtsstraßen wieder, auf denen die KVR und die SeeSchStrO bzw. die Schiffahrtsordnung Emsmündung gemeinsam gelten. Außerhalb davon gelten allein die KVR.

Seeschiffahrtsstraßen

Die SeeSchStrO bzw. Schiffahrtsordnung Emsmündung gilt (wie die Sportbootführerscheinverordnung) auf den Seeschiffahrtsstraßen (vgl. Abb. S. 62). Dies sind die Wasserflächen

● zwischen der Küstenlinie bei mittlerem Hochwasser oder der seewärtigen Begrenzung der Binnenwasserstraßen
● und der seewärtigen Begrenzung des Küstenmeeres.

Außerdem gehören einige Teile der angrenzenden Binnenwasserstraßen dazu, die in der SeeSchStrO genau beschrieben sind (vgl. S. 174). Hier ist überall auch der Sportbootführerschein See vorgeschrieben.

Fahrwasser

Die deutsche SeeSchStrO enthält eine Reihe von Vorschriften, die nur im Fahrwasser gelten, insbesondere die Vorfahrtregeln. Dann werden die KVR also nur innerhalb des Fahrwassers durch die SeeSchStrO geändert oder ergänzt; außerhalb des Fahrwassers kommen allein die Regeln der KVR zur Anwendung (vgl. S. 91). Wir müssen deshalb genau die Grenzen der Fahrwasser kennen.

● Fahrwasser sind die Wasserflächen, die durch Schiffahrtszeichen begrenzt oder gekennzeichnet sind oder – soweit das nicht der Fall ist – für die durchgehende Schiffahrt bestimmt sind.

Grundregel über das Verhalten im Verkehr

Jeder Verkehrsteilnehmer hat sich so zu verhalten, daß die Sicherheit und Leichtigkeit des Verkehrs gewährleistet ist und daß kein anderer geschädigt, gefährdet oder mehr, als nach den Umständen unvermeidbar, behindert oder belästigt wird. Er hat insbesondere die Vorsichtsmaßregeln zu beachten, die Seemannsbrauch oder die besonderen Umstände des Falles erfordern.
Zur Abwehr einer unmittelbar drohenden Gefahr müssen unter Berücksichtigung der besonderen Umstände auch dann alle erforderlichen Maßnahmen ergriffen werden, wenn diese ein Abweichen von den Vorschriften der SeeSchStrO notwendig machen.

Kurzgefaßt

1. Auf den deutschen Seeschiffahrtsstraßen wird der Verkehr geregelt durch die
● Kollisionsverhütungsregeln (KVR),
● Seeschiffahrtsstraßen-Ordnung (SeeSchStrO),
● Schiffahrtsordnung Emsmündung.
2. Die KVR gelten auf der Hohen See und auf den mit dieser zusammenhängenden, von Seeschiffen befahrbaren Gewässern.
Die SeeSchStrO gilt auf den deutschen Seeschiffahrtsstraßen.
Die Schiffahrtsordnung Emsmündung gilt im Mündungsgebiet der Ems und auf der Leda.
3. Steht eine Bestimmung der SeeSchStrO bzw. der Schiffahrtsordnung Emsmündung im Widerspruch zu den KVR, so gilt die Vorschrift der SeeSchStrO bzw. der Schiffahrtsordnung Emsmündung.
4. Fahrwasser sind Wasserflächen, die
● durch Schiffahrtszeichen begrenzt oder gekennzeichnet sind
● oder, soweit das nicht der Fall ist, für die durchgehende Schiffahrt bestimmt sind.
5. Die Grundregel über das Verhalten im Verkehr lautet:
– Sicherheit und Leichtigkeit des Verkehrs müssen gewährleistet sein.
– Kein anderer darf geschädigt, gefährdet und unnötig behindert oder belästigt werden.
– Vorsichtsmaßnahmen beachten, die Seemannsbrauch oder besondere Umstände erfordern.

Lichter und Signale

Fragen 8–10, 15–17, 20–22, 27, 29

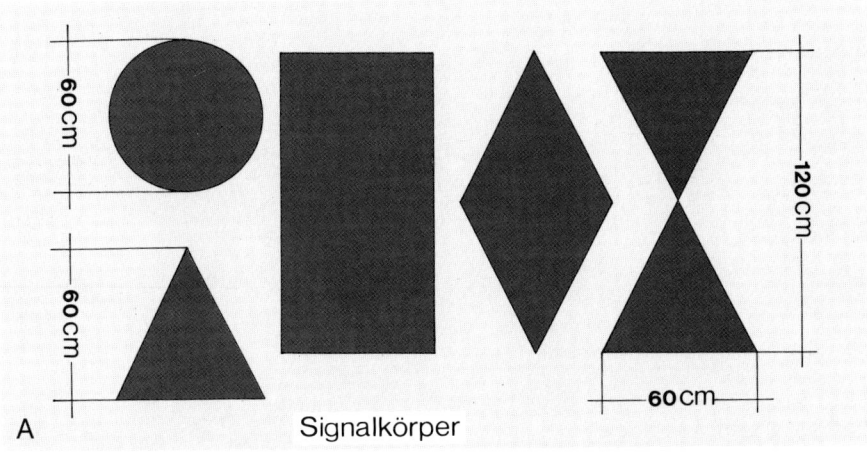

A   Signalkörper

Allgemeine Definitionen

Die KVR und die SeeSchStrO enthalten einige für uns wichtige Begriffsbestimmungen:
- Der Ausdruck **Maschinenfahrzeug** bezeichnet ein Fahrzeug mit Maschinenkraft.
- Der Ausdruck **Segelfahrzeug** bezeichnet ein Fahrzeug unter Segel, dessen Maschinenantrieb, falls vorhanden, nicht benutzt wird. Ein Segelfahrzeug, dessen Maschinenantrieb benutzt wird, gilt also als Maschinenfahrzeug und muß dann die Vorschriften für Maschinenfahrzeuge befolgen.
- Ein Fahrzeug befindet sich **in Fahrt,** wenn es weder vor Anker liegt noch an Land festgemacht ist, noch auf Grund sitzt; man sagt auch, wenn es nicht landfest ist.
- Unter **verminderter Sicht** versteht man jeden Zustand, bei dem die Sicht durch Nebel, dickes Wetter, Schneefall, heftige Regengüsse, Sandstürme oder ähnliche Umstände eingeschränkt ist.
- Zwei Fahrzeuge haben einander in **Sicht,** wenn jedes vom anderen optisch wahrgenommen werden kann.

- **Am Tage** bezeichnet den Zeitraum zwischen Sonnenaufgang und Sonnenuntergang.
- **Bei Nacht** bezeichnet den Zeitraum zwischen Sonnenuntergang und Sonnenaufgang.
- Ein **kurzer Ton** hat eine Dauer von etwa einer Sekunde.
- Ein **langer Ton** hat eine Dauer von etwa 4 bis 6 Sekunden.

Signalkörper
Sie sind schwarz und tagsüber zu führen. Man unterscheidet **(Abb. A):**
- Ball
- Kegel
- Zylinder
- Rhombus (Doppelkegel)
- Stundenglas

Ihr Durchmesser und ihre Höhe sollen nicht kleiner als 60 cm sein, die Höhe des Zylinders und des Rhombus nicht kleiner als 1,20 m. Doch dürfen Fahrzeuge unter 20 m Länge kleinere, der Fahrzeuggröße entsprechende Signalkörper verwenden.

Lichter
Die vorgeschriebenen Lichter sind nachts zu führen und bei verminderter Sicht auch tagsüber. Man unterscheidet **(Abb. B):**

- **Rundumlicht**
Es ist über den ganzen Horizontbogen sichtbar, d. h. es überstrahlt einen Vollkreis von 360°.
- **Topplicht**
Es scheint über einen Horizontbogen von 225°, und zwar nach jeder Seite von recht voraus bis 22,5° achterlicher als querab.
Es ist immer weiß.
- **Seitenlichter**
Sie strahlen über einen Horizontbogen von jeweils 112,5°, und zwar entweder nach Stb oder nach Bb von recht voraus bis 22,5° achterlicher als querab. Beide Seitenlichter überstrahlen also gemeinsam den Sektor des Topplichtes.
Das Stb-Seitenlicht ist immer grün, das Bb-Seitenlicht immer rot.
- **Hecklicht**
Das in Hecknähe angebrachte weiße Hecklicht scheint über einen Horizontbogen von 135°, und zwar 67,5° von recht achteraus nach jeder Seite. Topplicht und Hecklicht überstrahlen also gemeinsam einen Vollkreis von 360°.

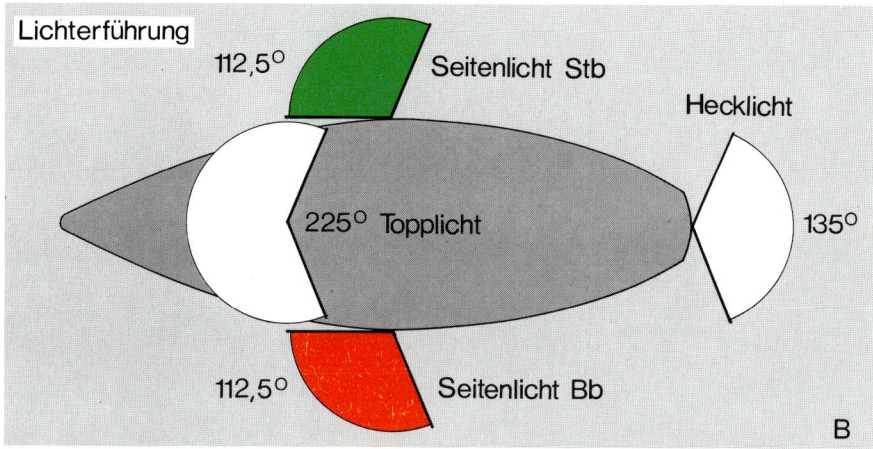

Lichterführung

112,5° — Seitenlicht Stb

Hecklicht

225° Topplicht

135°

112,5° — Seitenlicht Bb

B

● **Schlepplicht**
Das Schlepplicht entspricht dem Hecklicht, doch ist es immer gelb.

● **Funkellicht**
Dies ist ein Licht mit 120 oder mehr regelmäßigen Lichterscheinungen in der Minute, die über den ganzen Horizontbogen sichtbar sind.

Bei der Benutzung von Laternen, Leuchten und Scheinwerfern ist darauf zu achten, daß sie nicht blenden und dadurch die Schiffahrt gefährden oder behindern.

Die Mindesttragweite der vorgeschriebenen Lichter auf Fahrzeugen unter 12 m Länge beträgt 2 sm. Auf Fahrzeugen zwischen 12 und 20 m Länge muß das Topplicht 3 sm weit tragen und auf Fahrzeugen zwischen 20 und 50 m Länge 5 sm weit.

Schallsignale

Man unterscheidet Schallsignale für Fahrzeuge in Sicht und bei verminderter Sicht. Sie werden mit der Pfeife gegeben; nur Ankerlieger und Grundsitzer verwenden Glocken- und Gongsignale.
Jedes Fahrzeug muß deshalb mit einer Pfeife und einer Glocke ausgerü-

stet sein; doch dürfen Fahrzeuge unter 12 m Länge andere Instrumente verwenden, die kräftige Schallsignale geben können.
Bei verminderter Sicht muß die Fahrgeschwindigkeit den Sichtverhältnissen angepaßt werden. Außerdem sind die vorgeschriebenen Lichter zu führen und Nebelsignale zu geben. Hören wir Nebelsignale anderer Fahrzeuge vorlicher als querab, so müssen wir eventuell unsere Fahrgeschwindigkeit so weit verringern, daß unser Boot gerade noch steuerfähig bleibt (vgl. auch S. 83).

Darstellung der Schallsignale

1 kurzer Ton	●
1 langer Ton	▬
Glockenschlag	🔔
Rasches Läuten mit der Glocke	🔔 5 s
Gongschlag	

(vgl. auch S. 83)

Kurzgefaßt

1. Ein Fahrzeug ist in Fahrt, wenn
● es weder vor Anker liegt
● noch an Land festgemacht ist
● noch auf Grund sitzt.

2. Ein Segelfahrzeug gilt als Maschinenfahrzeug, wenn es unter Segel gleichzeitig mit Maschinenkraft fährt.

3. Unter verminderter Sicht versteht man Sichteinschränkung durch Nebel, dickes Wetter, Schneefall, heftige Regengüsse oder ähnliche Umstände.

4. Am Tage ist der Zeitraum zwischen Sonnenaufgang und Sonnenuntergang. Bei Nacht ist der Zeitraum zwischen Sonnenuntergang und Sonnenaufgang.

5. Ein kurzer Ton hat eine Dauer von etwa 1 Sekunde, ein langer Ton von etwa 4 bis 6 Sekunden.

6. Laternen, Leuchten und Scheinwerfer dürfen nur so gebraucht werden, daß sie nicht blenden und dadurch die Schiffahrt gefährden oder behindern.

7. Bei verminderter Sicht:
● Mit sicherer Geschwindigkeit fahren
● Nebelsignale geben
● Positionslichter einschalten
● Ausguck gehen!

KVR
Maschinenfahrzeug

*Fragen 30, 31, 57–60, 64, 65, 69,
117, 119*

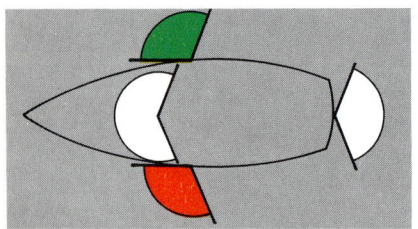 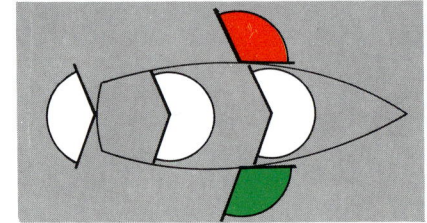 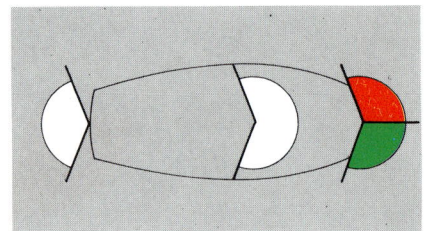

Ein Maschinenfahrzeug in Fahrt unter 50 m Länge führt
- ein Topplicht (weiß/225°) im vorderen Teil,
- Seitenlichter (rot, grün/112,5°),
- ein Hecklicht (weiß/135°).

Höhe des Topplichtes: Mindestens 6 m über dem Schiffskörper oder in einer der Breite des Fahrzeuges mindestens gleichkommenden Höhe, aber nicht höher als 12 m.

Ein Maschinenfahrzeug in Fahrt von 50 m Länge oder mehr führt
- zusätzlich ein zweites Topplicht (weiß/225°) achterlicher und höher als das vordere.

Beachte: Der waagerechte Abstand zwischen beiden Topplichtern entspricht mindestens der halben Fahrzeuglänge.

Auf einem **Maschinenfahrzeug unter 20 m, jedoch von wenigstens 12 m Länge** muß
- das Topplicht mindestens 2,50 m über dem Schandeck (= oberste und äußerste durchgehende Decksplanke) angebracht sein.

Außerdem dürfen Fahrzeuge unter 20 m Länge
- die Seitenlichter in einer Zweifarbenlaterne führen.

  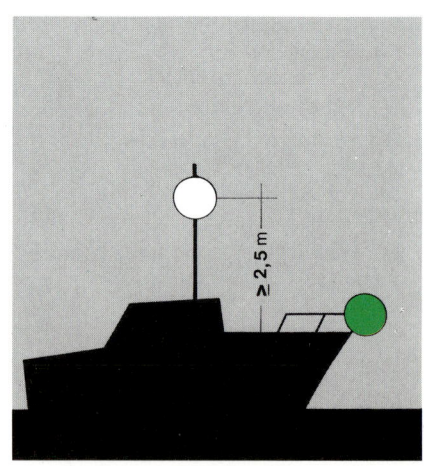

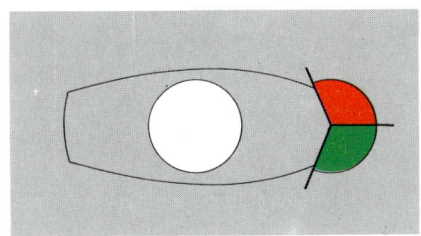

Nebelsignale

alle 2 min

mit FdW

ohne FdW

Ein Fahrzeug unter 12 m Länge, das die vorgeschriebenen Nebelsignale nicht geben kann, muß
- mindestens alle 2 Minuten ein anderes kräftiges Schallsignal geben.

Ein Maschinenfahrzeug unter 12 m Länge darf das vorgeschriebene Topplicht tiefer als vorgeschrieben, muß es aber mindestens 1 m über den Seitenlichtern führen. Es darf auch anstelle der vorgeschriebenen Lichter
- ein weißes Rundumlicht
- Seitenlichter, eventuell zusammengefaßt als Zweifarbenlaterne, führen.

Ein **Maschinenfahrzeug unter 7 m Länge,** dessen Höchstgeschwindigkeit 7 kn nicht übersteigt, darf anstelle der vorgeschriebenen Lichter
- ein weißes Rundumlicht führen und muß, wenn möglich, außerdem führen
- Seitenlichter (rot, grün/112,5°).

Ergänzung durch SeeSchStrO und SchiffO Ems

Kann ein Maschinenfahrzeug unter 7 m Länge mit einer Höchstgeschwindigkeit bis zu 7 kn auch dieses weiße Rundumlicht nicht führen, so darf es nachts und bei verminderter Sicht nicht fahren – es sei denn, es liegt ein Notstand vor.
Für diesen Fall ist eine elektrische Leuchte oder eine Laterne mit weißem Licht ständig mitzuführen; sie ist bei einem Notstand gebrauchsfertig zur Hand zu halten und rechtzeitig zu zeigen, um einen Zusammenstoß zu verhüten.

KVR
Segelfahrzeug

*Fragen 17, 53—56, 66, 68, 69, 116,
118, 119*

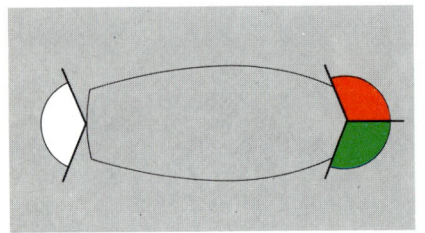
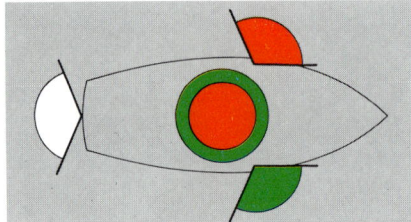
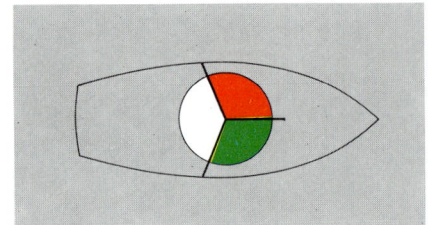

Ein Segelfahrzeug führt nachts

- Seitenlichter (rot, grün/112,5°),
- ein Hecklicht (weiß/135°).

Fahrzeuge unter 20 m Länge dürfen
- die Seitenlichter in einer Zweifarbenlaterne führen.

Es darf freiwillig

- zusätzlich zwei Rundumlichter
  übereinander, das obere rot und
  das untere grün, führen.

**Ein Segelfahrzeug unter 20 m Län-
ge** darf anstelle der Seitenlichter und
des Hecklichtes
- eine Dreifarbenlaterne im Topp
  führen.

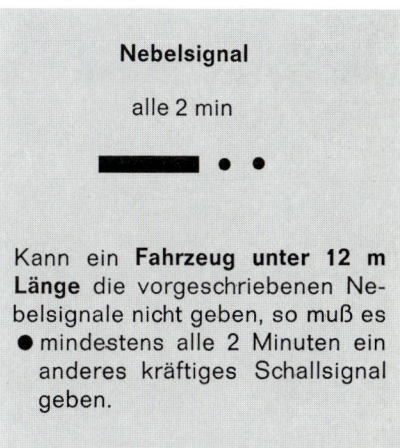

Nebelsignal

alle 2 min

Kann ein **Fahrzeug unter 12 m Länge** die vorgeschriebenen Nebelsignale nicht geben, so muß es
● mindestens alle 2 Minuten ein anderes kräftiges Schallsignal geben.

Ein Segelfahrzeug unter 7 m Länge sowie ein Ruderfahrzeug sollen möglichst die für Segelfahrzeuge vorgeschriebenen Lichter führen. Ist dies nicht möglich, müssen sie
● eine elektrische Lampe oder eine angezündete Laterne mit weißem Licht gebrauchsfertig zur Hand halten.

Anders auf den deutschen Seeschiffahrtsstraßen, vgl. nebenan!

Ein Segelfahrzeug, das gleichzeitig mit Maschinenkraft fährt, gilt als Maschinenfahrzeug. Es hat dann zu führen
● tags: einen Kegel – Spitze unten – auf dem Vorschiff,
● nachts: ein Topplicht, Seitenlichter und ein Hecklicht.

Ergänzung durch SeeSchStrO und SchiffO Ems

Segelfahrzeuge unter 12 m Länge sowie Ruderfahrzeuge, die die von den KVR vorgeschriebenen Lichter auf Grund ihrer Bauart nicht führen können, müssen
● ein festes weißes Rundumlicht im Topp führen.
Können sie auch dieses weiße Rundumlicht nicht führen, so dürfen sie nachts und bei verminderter Sicht nicht fahren – es sei denn, es liegt ein Notstand vor.
Für diesen Fall ist eine elektrische Leuchte oder eine Laterne mit weißem Licht ständig mitzuführen; sie ist bei einem Notstand gebrauchsfertig zur Hand zu halten und rechtzeitig zu zeigen, um einen Zusammenstoß zu verhüten.

KVR
Manövrierunfähiges Fahrzeug

Fragen 13, 36—40, 66

Ein manövrier**unfähiges** Fahrzeug kann wegen außergewöhnlicher Umstände (z. B. Ruder- oder Maschinenschaden) nicht wie vorgeschrieben manövrieren und daher einem anderen Fahrzeug nicht ausweichen. Maschinen- und Segelfahrzeuge müssen ihm deshalb **stets ausweichen.**

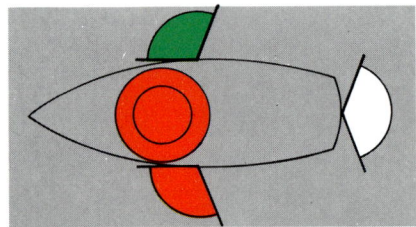

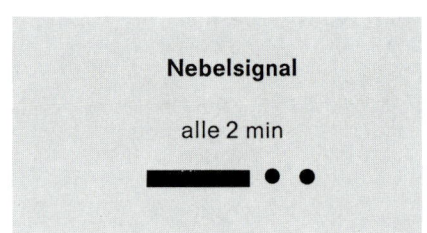

Nebelsignal

alle 2 min

Es führt nachts ohne Fahrt durchs Wasser

● zwei rote Rundumlichter übereinander.

Bei Fahrt durchs Wasser führt es zusätzlich

● Seitenlichter (rot, grün/112,5°),
● ein Hecklicht (weiß/135°).

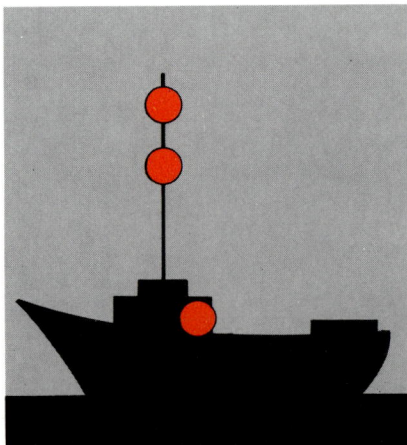

Es führt tags

● zwei schwarze Bälle oder ähnliche Signalkörper übereinander.

Beachte: Fahrzeuge unter 12 m Länge brauchen die Rundumlichter und Bälle auf den Seeschiffahrtsstraßen nicht zu führen.

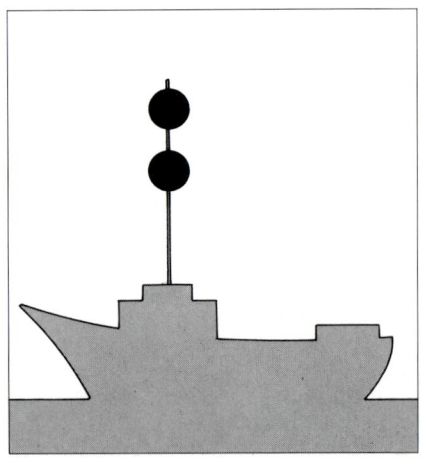

KVR
Manövrierbehindertes Fahrzeug

Fragen 14, 41–43, 66

Ein manövrier**behindertes** Fahrzeug ist **durch die Art seines Einsatzes behindert,** wie vorgeschrieben zu manövrieren, und kann daher einem anderen Fahrzeug nicht ausweichen. Wir müssen ihm deshalb **stets ausweichen.**

Manövrierbehindert sind u. a. Kabelleger, Bagger, Vermessungs- und Seezeichenfahrzeuge sowie Fahrzeuge, die Unterwasserarbeiten ausführen.

Beachte: Die SeeSchStrO stellt in ihrem Geltungsbereich das **Wegerechtschiff** dem manövrierbehinderten Fahrzeug gleich. Unter Wegerechtschiff versteht die SeeSchStrO Fahrzeuge, die wegen ihres Tiefgangs, ihrer Länge oder wegen anderer Eigenschaften gezwungen sind, den tiefsten Teil des Fahrwassers für sich in Anspruch zu nehmen (außer auf dem Nord-Ostsee-Kanal).

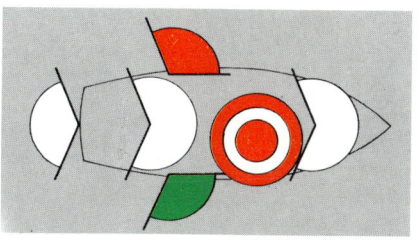

Es führt nachts ohne Fahrt durchs Wasser

● drei Rundumlichter übereinander; das obere und untere sind rot, das mittlere ist weiß.

Bei Fahrt durchs Wasser führt es zusätzlich

● ein Topplicht (weiß/225°) bzw. zwei Topplichter bei 50 m Länge und mehr,
● Seitenlichter (rot, grün/112,5°),
● ein Hecklicht (weiß/135°).

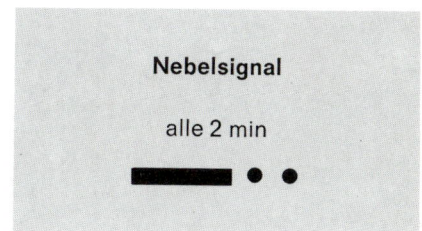

Nebelsignal

alle 2 min

▬ ● ●

Es führt tags

● drei schwarze Signalkörper übereinander; der obere und untere sind Bälle, der mittlere ist ein Rhombus.

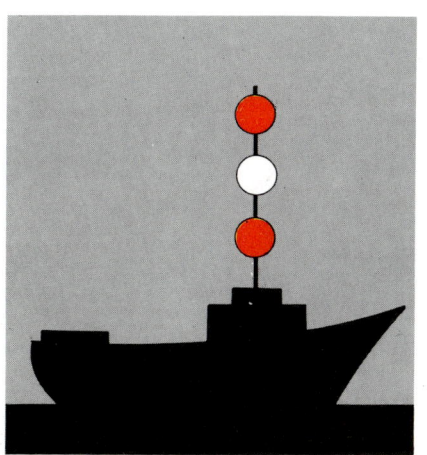

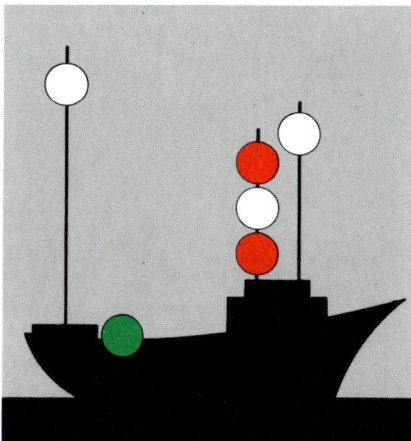

KVR
Bagger etc.

Fragen 103–107

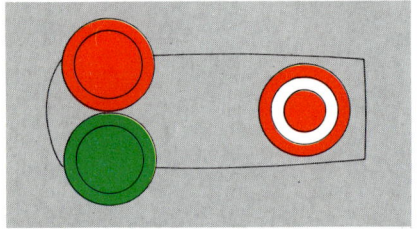

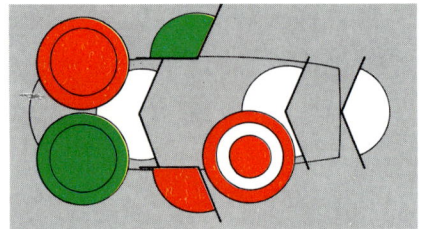

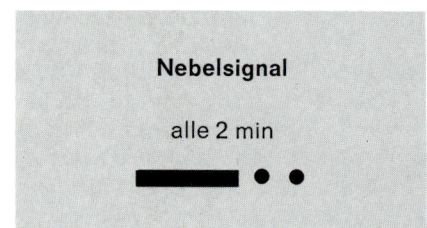

Nebelsignal

alle 2 min

Ein manövrierbehindertes Fahrzeug, das **baggert oder Unterwasserarbeiten ausführt,** führt bei Behinderung nachts

- drei Rundumlichter übereinander; das obere und untere sind rot, das mittlere ist weiß,
- zwei rote Rundumlichter übereinander, die die Seite der Behinderung anzeigen,
- zwei grüne Rumdumlichter übereinander, die die Passierseite für andere Fahrzeuge anzeigen.

Bei Fahrt durchs Wasser führt es zusätzlich Topplichter, Seitenlichter und ein Hecklicht.

Darf das Fahrzeug **an beiden Seiten passiert** werden, so fährt man an der Seite vorbei, die in Fahrtrichtung rechts liegt.

Tagsüber führt es

- drei Signalkörper übereinander, der obere und untere sind Bälle, der mittlere ist ein Rhombus,
- zwei Bälle übereinander, die die Seite der Behinderung anzeigen,
- zwei Rhomben übereinander, die die Passierseite für andere Fahrzeuge anzeigen.

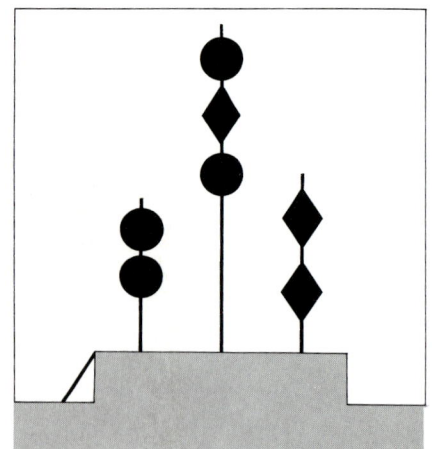

KVR
Tiefgangbehindertes Fahrzeug

Fragen 47, 48, 66, 88, 89

Ein tiefgangbehindertes Fahrzeug ist durch seinen Tiefgang im Verhältnis zur vorhandenen Tiefe und Breite des befahrbaren Gewässers erheblich behindert, von seinem Kurs abzuweichen.

Wir dürfen deshalb die sichere Durchfahrt eines tiefgangbehinderten Fahrzeuges nicht behindern.

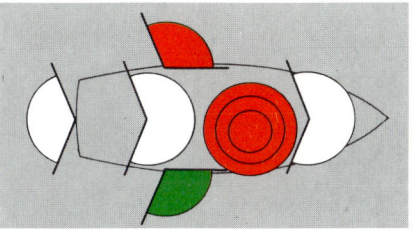

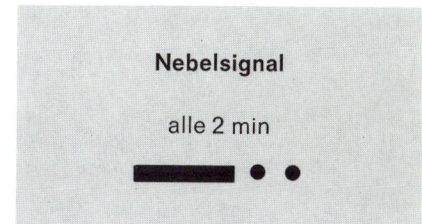

Ein kleines Fahrzeug bei Taucharbeiten, das die nebenstehenden Signalkörper nicht führen kann, führt

- tagsüber: die Flagge „A" des Internationalen Signalbuches. Sie bedeutet: „Ich habe Taucher unten. Halten Sie bei langsamer Fahrt gut frei von mir!"
- nachts: drei Rundumlichter übereinander; das obere und untere rot, das mittlere weiß.

Ein tiefgangbehindertes Fahrzeug führt nachts

- ein Topplicht (weiß/225°), bzw. zwei Topplichter bei 50 m Länge und mehr,
- drei rote Rundumlichter senkrecht übereinander,
- Seitenlichter (rot, grün/112,5°),
- ein Hecklicht (weiß/135°).

Tagsüber führt es

- einen schwarzen Zylinder.

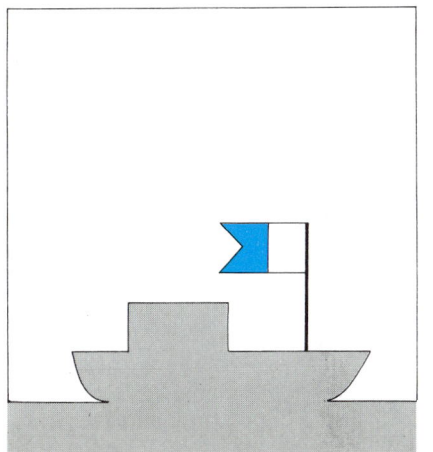

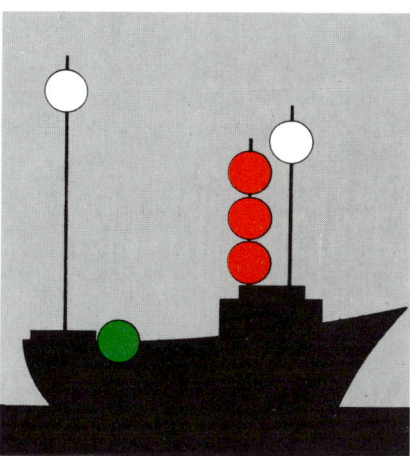

KVR
Trawlender Fischer

Fragen 49, 51, 52, 66

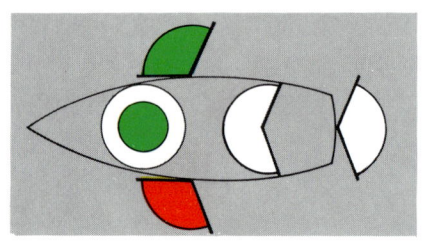

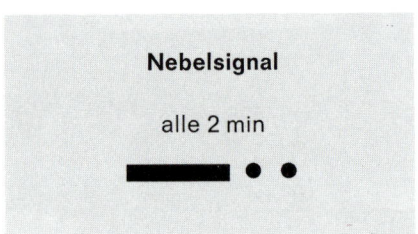

Nebelsignal

alle 2 min

Trawler sind Fahrzeuge, die mit einem Schleppnetz oder einem anderen geschleppten Fanggerät fischen.

Er führt nachts

● zwei Rundumlichter übereinander, das obere grün und das untere weiß,
● freiwillig ein Topplicht (weiß/225°) achterlicher und höher als das grüne Rumdumlicht. Bei 50 m Länge und mehr muß das Topplicht geführt werden.

Bei Fahrt durchs Wasser führt er zusätzlich
● Seitenlichter (rot, grün/112,5°),
● ein Hecklicht (weiß/135°).

Er führt tags

● ein schwarzes Stundenglas. Ist das Fahrzeug kürzer als 20 m, so kann es statt dessen auch einen vorgeheißten Korb zeigen.

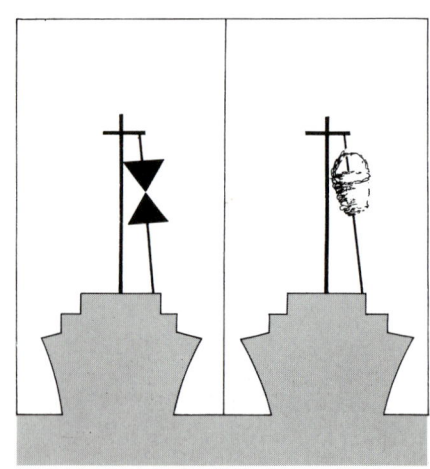

KVR
Nicht trawlender Fischer

Fragen 50–52, 66

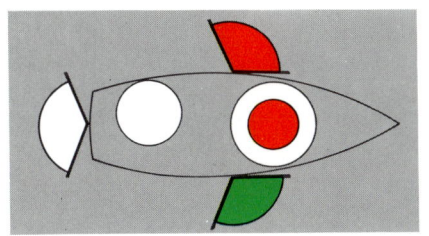

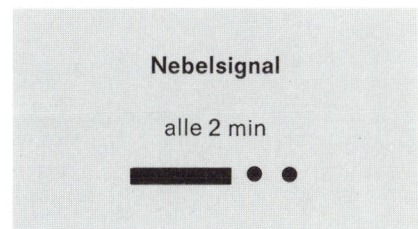

Ein nicht trawlender Fischer fischt mit Treibnetzen oder Ringwaden.

Er führt nachts

- zwei Rundumlichter übereinander, das obere rot und das untere weiß,
- falls ein Fanggerät weiter als 150 m waagerecht ins Wasser ausgebracht ist, in Richtung dieses Gerätes ein weißes Rundumlicht.

Bei Fahrt durchs Wasser führt er zusätzlich
- Seitenlichter (rot, grün/112,5°),
- ein Hecklicht (weiß/135°).

Er führt tags

- ein schwarzes Stundenglas. Ist das Fahrzeug kürzer als 20 m, so kann es statt dessen auch einen vorgeheißten Korb zeigen,
- falls ein Fanggerät weiter als 150 m waagerecht ins Wasser ausgebracht ist, in Richtung dieses Gerätes einen schwarzen Kegel (Spitze nach oben).

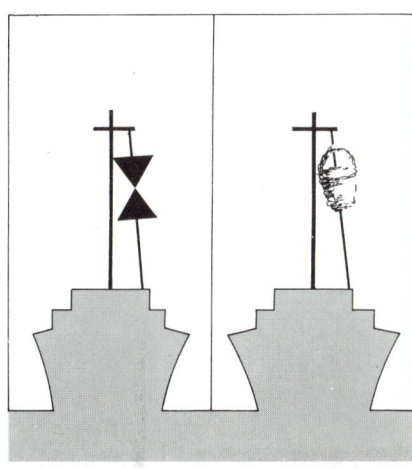

KVR
Ankerlieger

Fragen 61–63, 70–72

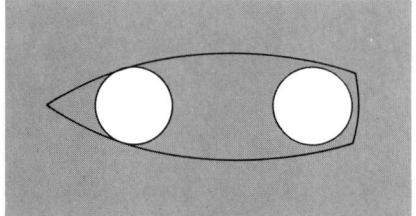

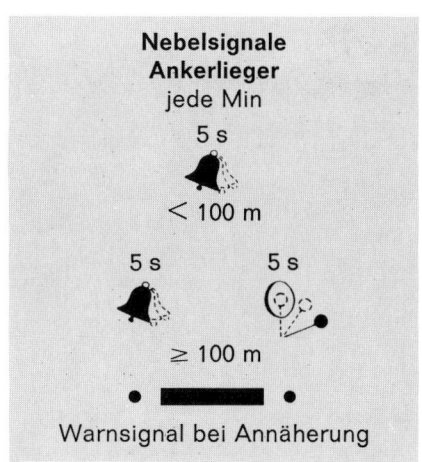

von 50 m Länge oder mehr:

- zusätzlich ein zweites weißes Rundumlicht in der Nähe des Hecks, aber niedriger als das erste Licht.

Ist der Ankerlieger mindestens 100 m lang, muß er zusätzlich die **Deckslichter** einschalten; unter 100 m Länge darf er sie einschalten.

Nachts führt ein vor Anker liegendes Fahrzeug unter 50 m Länge:

- ein weißes Rundumlicht im vorderen Teil;

Tags führt ein vor Anker liegendes Fahrzeug:

- einen schwarzen Ball im vorderen Teil.

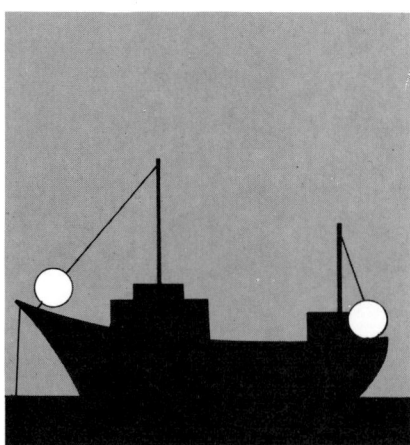

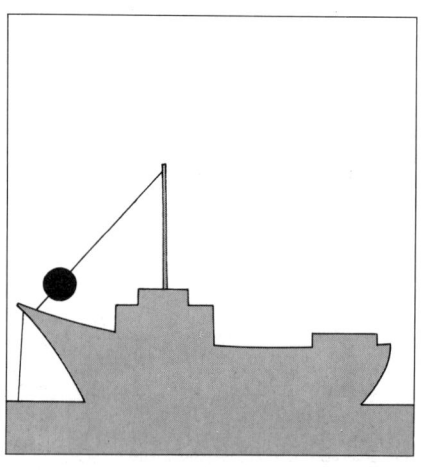

KVR
Grundsitzer

Fragen 44–46

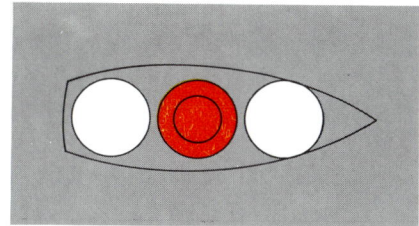

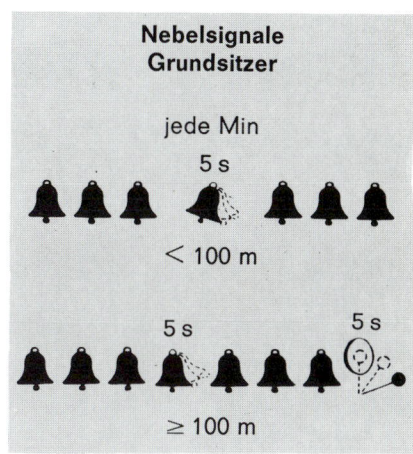

Nebelsignale
Grundsitzer

jede Min

5 s

< 100 m

5 s   5 s

≥ 100 m

Nachts führt ein auf Grund sitzendes Fahrzeug unter 50 m Länge:

- ein weißes Rundumlicht im vorderen Teil,
- zwei rote Rundumlichter senkrecht übereinander;

von 50 m Länge oder mehr:

- zusätzlich ein zweites weißes Rundumlicht in der Nähe des Hecks, aber niedriger als das erste Licht.

Tags führt ein auf Grund sitzendes Fahrzeug:

- drei schwarze Bälle senkrecht übereinander.

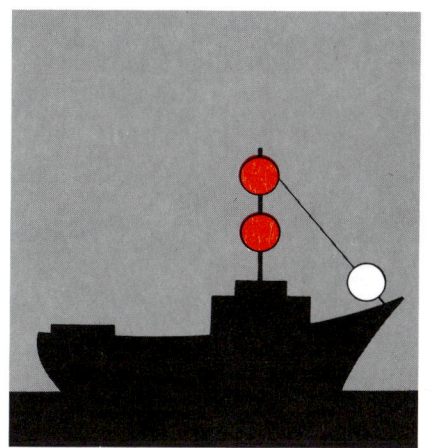

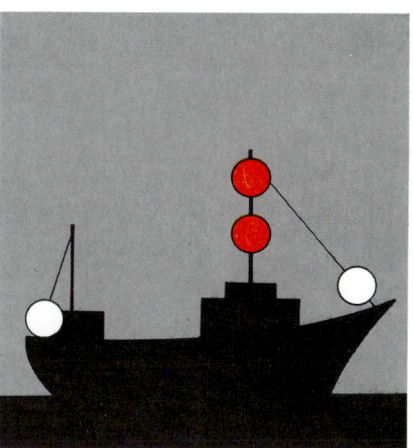

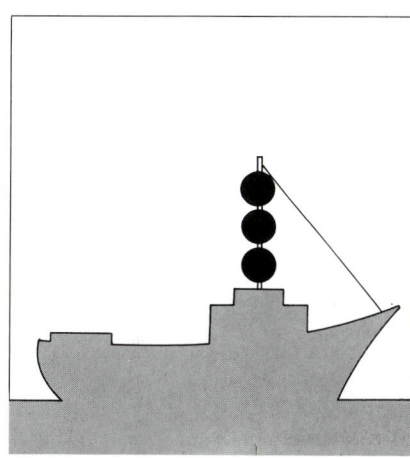

KVR
Schleppzug

Fragen 32—35, 53, 66, 67

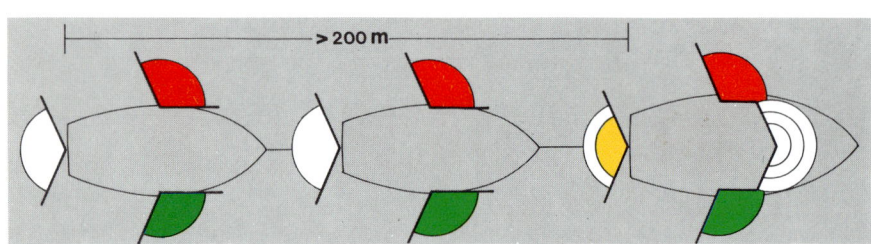

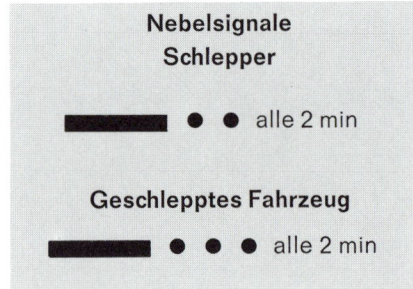

Nebelsignale Schlepper

▬▬▬ ● ● alle 2 min

Geschlepptes Fahrzeug

▬▬▬ ● ● ● alle 2 min

Mit einem Anhang bis zu 200 m Länge führt der Schlepper
- 2 Topplichter übereinander (weiß/225°),
- Seitenlichter (rot, grün/112,5°),
- ein Hecklicht (weiß/135°),
- senkrecht darüber ein Schlepplicht (gelb/135°).

Die geschleppten Fahrzeuge führen
- Seitenlichter (rot, grün/112,5°),
- ein Hecklicht (weiß/135°).

Tagsüber keine Tagzeichen!

Mit einem Anhang von mehr als 200 m Länge führt der Schlepper
- 3 Topplichter übereinander (weiß/225°),
- Seitenlichter (rot, grün/112,5°),
- ein Hecklicht (weiß/135°),
- senkrecht darüber ein Schlepplicht (gelb/135°).

Die geschleppten Fahrzeuge führen
- Seitenlichter (rot, grün/112,5°),
- ein Hecklicht (weiß/135°).

Sind das schleppende Fahrzeug und sein Anhang **erheblich behindert, vom Kurs abzuweichen,** so führt der Schlepper **zusätzlich** drei Rundumlichter übereinander, das obere und untere rot, das mittlere weiß.

Ist der Anhang länger als 200 m, so führen **tagsüber** der Schlepper und jedes geschleppte Fahrzeug

- einen Rhombus.

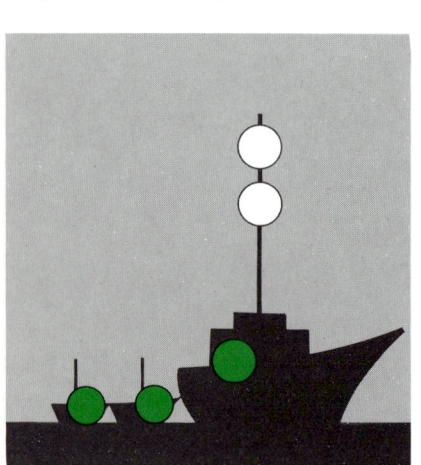

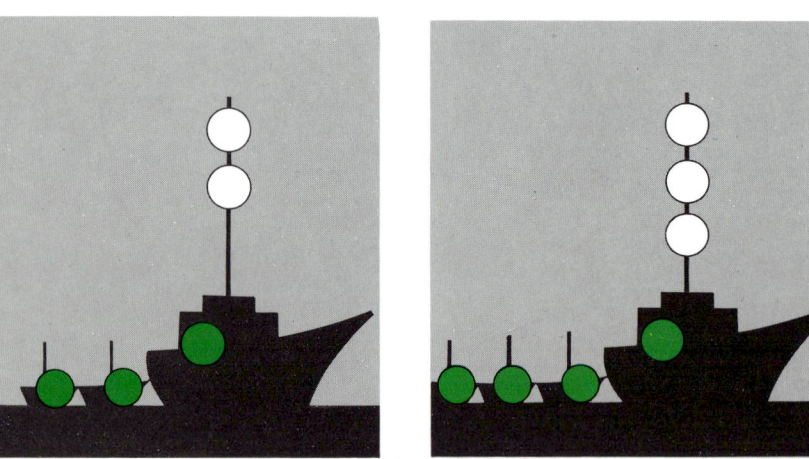

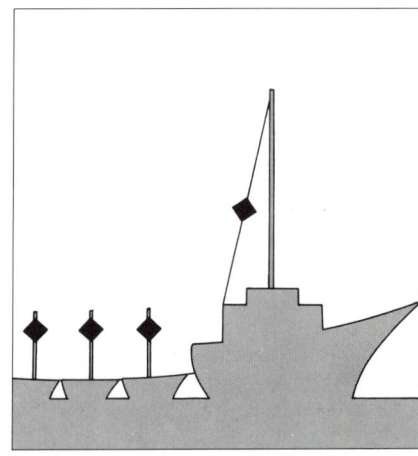

Was sind Positionslaternen?

Fragen 19, 23–25

Unter Positionslaternen versteht man alle Laternen, die von den KVR oder der SeeSchStrO zur Lichterführung vorgeschrieben sind. Die Ausrüstung, Anordnung und Anbringung der Positionslaternen auf Fahrzeugen werden ebenfalls von den KVR sowie der SeeSchStrO geregelt.

Die vorgeschriebenen Positionslaternen müssen immer – also auch tagsüber – an Bord sein. Nachts und bei verminderter Sicht sind sie fest anzubringen. Es ist auf keinen Fall zulässig, sie nur zur Hand zu halten und zu zeigen. Tagsüber und bei normalen Sichtverhältnissen dürfen die Laternen aus ihrer mechanischen Halterung entfernt werden.

Auf deutschen Sportbooten dürfen nur solche Positionslaternen verwendet werden, deren Baumuster vom Bundesamt für Seeschiffahrt und Hydrographie (BSH) oder vom ehemaligen Deutschen Hydrographischen Institut (DHI) zugelassen und mit einer Baumusternummer versehen sind. Zugelassene Laternen entsprechen den vorgeschriebenen Min-

desttragweiten, Farbwerten und Sichtwinkeln und tragen ein Prüfzeichen. Beachte, daß die meisten importierten Yachten mit nicht zugelassenen Laternen ausgerüstet sind und deshalb erst umgerüstet werden müssen.

Schiffsführer und Eigentümer sind dafür verantwortlich, daß die Wirksamkeit und Betriebssicherheit der Positionslaternen jederzeit gewährleistet sind. Ist die Wirksamkeit oder Betriebssicherheit erkennbar beeinträchtigt, so haben sie unverzüglich für die sachgemäße Instandsetzung zu sorgen. Sie dürfen aber nur von einem vom BSH anerkannten Reparaturbetrieb repariert werden, der hierüber eine Bescheinigung ausstellt.

Wer sein Schiff mit nicht zugelassenen Positionslaternen ausrüstet, sie falsch angebracht oder falsch abgeschirmt führt oder nicht für eine sofortige Instandsetzung in einem anerkannten Reparaturbetrieb sorgt, begeht eine Ordnungswidrigkeit, die mit Geldbuße geahndet werden kann.

Topplaterne (25 W) mit einer Tragweite von 3 sm.

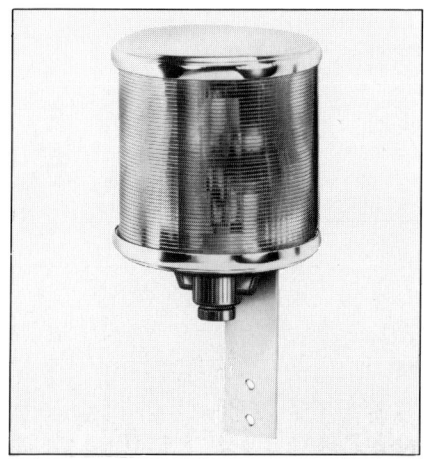

Kurzgefaßt

1. Positionslaternen sind Laternen, die zur Lichterführung nach den KVR und der SeeSchStrO verwendet werden müssen.

2. Alle vorgeschriebenen Positionslaternen müssen ständig – also auch tagsüber – an Bord sein.

3. Die Ausrüstung, Anordnung und Anbringung der Positionslaternen werden von den KVR sowie von der SeeSchStrO geregelt.

4. Es dürfen nur Laternen verwendet werden, deren Baumuster vom BSH bzw. vom ehemaligen DHI zur Verwendung auf der hohen See oder auf Seeschiffahrtsstraßen zugelassen sind.

KVR
Fahrregeln

Fragen 11, 26, 28, 75, 90, 91, 94,
99 – 102

Sichere Geschwindigkeit

Wir müssen stets mit einer Geschwindigkeit fahren, die es erlaubt, durch geeignete und wirksame Maßnahmen einen Zusammenstoß zu vermeiden, und die es ermöglicht, daß wir unser Fahrzeug auf einer angemessenen Strecke aufstoppen können (sichere Geschwindigkeit).

Verkehrstrennungsgebiete

In sehr dicht befahrenen Gewässern werden oft Verkehrstrennungsgebiete festgelegt. Dies sind zwei durch eine Trennzone oder Trennlinie geteilte Schiffahrtswege, auf denen der Hauptverkehr autobahnähnlich abläuft: Jedes Fahrzeug, das das Verkehrstrennungsgebiet benutzt, darf auf dem jeweiligen Einbahnweg nur rechts der Trennlinie oder Trennzone möglichst weit außen fahren. Die Trennzone darf von den Benutzern des Verkehrstrennungsgebietes nicht überfahren werden.

Fahrzeuge, die das Verkehrstrennungsgebiet nicht benutzen, müssen sich von diesem in möglichst großem Abstand halten. Das Queren von festgelegten Einbahnwegen muß soweit wie möglich vermieden werden. Sind wir jedoch zum Queren gezwungen, so muß dies möglichst mit der Kielrichtung im rechten Winkel zur allgemeinen Verkehrsrichtung geschehen. Auf jeden Fall darf ein Fahrzeug unter 20 m Länge oder ein Segelfahrzeug die sichere Durchfahrt eines dem Einbahnweg folgenden Maschinenfahrzeuges nicht behindern.

Der Kartenausschnitt unten zeigt, wie ein Verkehrstrennungsgebiet in der Seekarte dargestellt wird. Wir können genau die Trennzone und die allgemeinen Verkehrsrichtungen erkennen.

Kurzgefaßt

1. Wir müssen jederzeit mit einer Geschwindigkeit fahren, die es erlaubt, durch geeignete und wirksame Maßnahmen einen Zusammenstoß zu vermeiden.
2. Ein Verkehrstrennungsgebiet besteht aus 2 Einbahnwegen mit dazwischenliegender Trennzone.
3. In Verkehrstrennungsgebieten muß rechts der Trennlinie möglichst weit außen gefahren werden.
4. Das Queren von Verkehrstrennungsgebieten ist möglichst zu vermeiden. Falls gequert werden muß, hat dies möglichst mit der Kielrichtung im rechten Winkel zur allgemeinen Verkehrsrichtung zu erfolgen (max. 10° Abweichung). Dies gilt auch bei Strom- und Windversetzung.
5. Fahrzeuge, die das Verkehrstrennungsgebiet nicht benutzen, müssen sich von ihm möglichst weit entfernt halten.
6. Fahrzeuge unter 20 m Länge und Segelfahrzeuge dürfen die sichere Durchfahrt eines dem Einbahnweg folgenden Maschinenfahrzeuges nicht behindern.

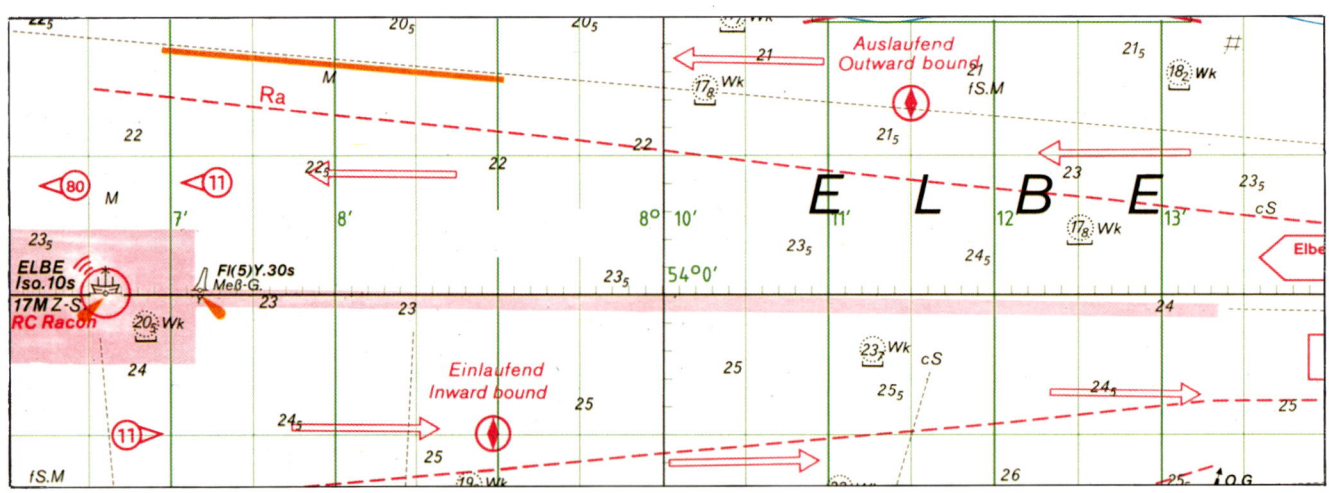

Gefahr eines Zusammenstoßes

Nähern sich zwei Fahrzeuge so, daß die Möglichkeit der Gefahr eines Zusammenstoßes besteht, so müssen sie die Fahr- und Ausweichregeln befolgen. Die Gefahr eines Zusammenstoßes besteht insbesondere dann, wenn sich ein Fahrzeug so nähert, daß wir es immer unter dem gleichen Winkel peilen, wenn also die „Peilung steht" **(Abb. A)**. Im Zweifelsfalle ist die Gefahr als bestehend anzunehmen.

Alle Ausweichmanöver müssen entschlossen, rechtzeitig und so ausgeführt werden, wie gute Seemannschaft es erfordert.

Ausweichpflicht

Wir unterscheiden zwischen Ausweichpflicht und Kurshaltepflicht. Das ausweichpflichtige Fahrzeug muß frühzeitig und entschlossen seine Ausweichmanöver einleiten; eine Folge nur geringer Kurs- oder Geschwindigkeitsänderungen ist also zu vermeiden. Beim Ausweichen sollte nicht der Bug des anderen Fahrzeuges gekreuzt, sondern dessen Heck passiert werden.

Kurshaltepflicht

Sind wir nicht ausweichpflichtig, so müssen wir Kurs und Geschwindigkeit beibehalten, um den Ausweichpflichtigen nicht zu irritieren. Glauben wir, daß der Kollisionsgegner seiner Ausweichpflicht nicht nachkommen wird, so können wir ihn durch mindestens 5 kurze, rasch aufeinanderfolgende Pfeifentöne (*„Ich mache auf Ihre Ausweichpflicht aufmerksam!"*) auf seine Ausweichpflicht hinweisen. Sobald uns jedoch klarwird, daß das andere Fahrzeug seiner Ausweichpflicht nicht nachkommt, dürfen wir durch eigene Manöver einen Zusammenstoß vermeiden.

Manöver des letzten Augenblicks

Kommt trotz allem das andere Fahrzeug so nahe, daß es allein durch eigene Manöver einen Zusammenstoß nicht mehr vermeiden kann, muß der Kurshalter das *Manöver des letzten Augenblicks* ausführen und mit allen Mitteln einen Zusammenstoß zu verhindern suchen. Hierbei drehen wir am besten immer in Fahrtrichtung des Kollisionsgegners ab, um einen Zusammenstoß im letzten Moment noch zu vermeiden.

Kurzgefaßt

1. Kollisionsgefahr besteht, wenn ein näherkommendes Fahrzeug ständig unter dem gleichen Winkel gepeilt wird.

2. Jedes Ausweichmanöver muß entschlossen, rechtzeitig und so ausgeführt werden, wie gute Seemannschaft es erfordert.

3. Nicht ausweichpflichtige Fahrzeuge müssen Kurs und Geschwindigkeit beibehalten.

4. Weicht der Ausweichpflichtige nicht aus, so muß ihn der Kurshalter durch mindestens 5 kurze Töne auf seine Ausweichpflicht hinweisen. Weicht er auch dann nicht aus, so darf der Kurshalter so manövrieren, wie es zur Vermeidung einer Kollision am zweckmäßigsten ist.

5. Unter einem *Manöver des letzten Augenblicks* versteht man ein Ausweichmanöver des Kurshalters, sobald der Ausweichpflichtige einen Zusammenstoß durch eigene Manöver allein nicht mehr verhindern kann.

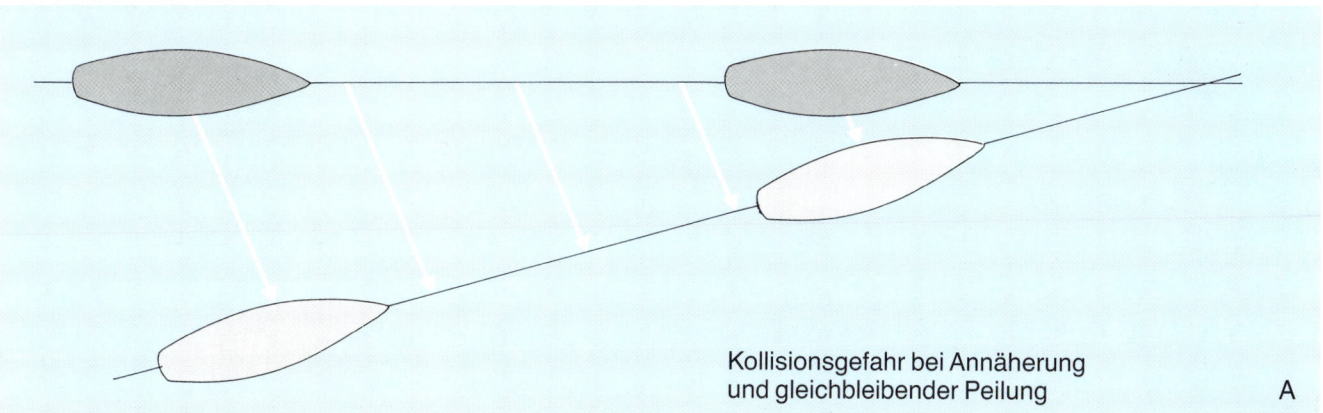

Kollisionsgefahr bei Annäherung und gleichbleibender Peilung

A

KVR
Ausweichregeln

Fragen 12, 17, 18, 76−89, 92

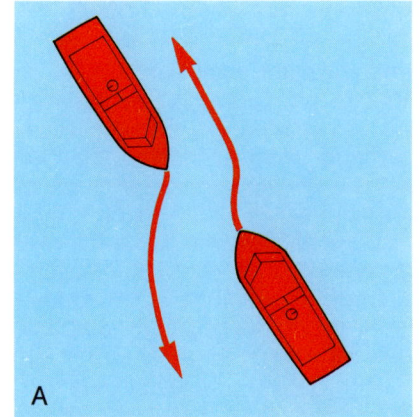

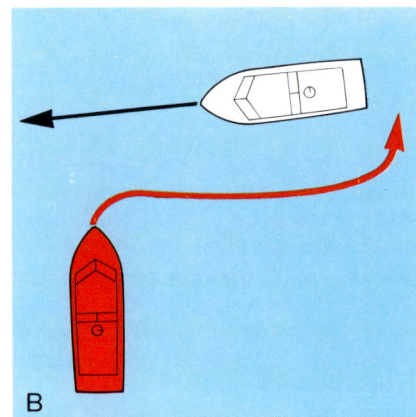

Die Ausweichregeln der KVR unterscheiden nach der Antriebsart der Fahrzeuge. Maschinenfahrzeuge untereinander weichen deshalb nach anderen Regeln aus als Segelfahrzeuge untereinander.

Beachte: Die Ausweichregeln der KVR gelten auf der Hohen See und außerhalb der Fahrwasser. Innerhalb der Fahrwasser werden sie durch die Vorfahrtregeln der SeeSchStrO ergänzt, vgl. S. 91!

Maschinenfahrzeuge untereinander

● **Entgegengesetzte Kurse (Abb. A):**
Nähern sich zwei Maschinenfahrzeuge auf (fast) entgegengesetzten Kursen so, daß Kollisionsgefahr besteht (etwa wenn beide Seitenlichter des entgegenkommenden Fahrzeuges sichtbar sind), muß jedes Fahrzeug seinen Kurs so nach Stb ändern, daß sie einander an Bb passieren (Zwangsruderregel).

● **Kreuzende Kurse (Abb. B):**
Kreuzen sich die Kurse zweier Maschinenfahrzeuge so, daß Kollisionsgefahr besteht, muß dasjenige ausweichen, welches das andere an seiner Stb-Seite hat (= „links weicht rechts").

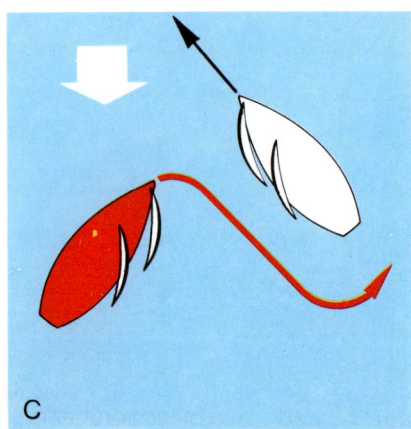

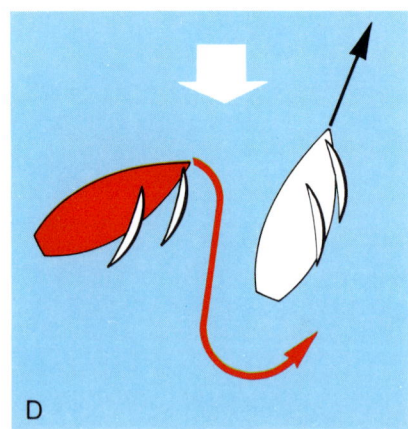

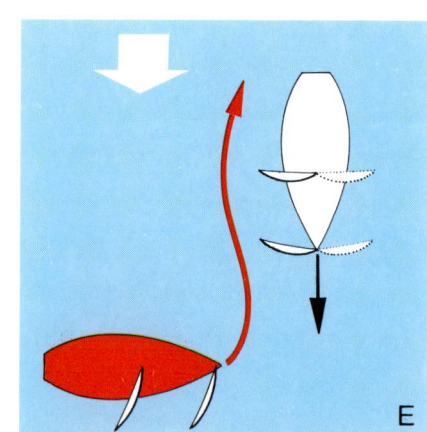

Segelfahrzeuge untereinander

- ● **Stb-Bug weicht Bb-Bug (Abb. C)**
  Haben zwei Segelfahrzeuge den Wind nicht von derselben Seite, so muß das Fahrzeug, das den Wind von Bb hat, dem anderen ausweichen.

- ● **Luv weicht Lee (Abb. D)**
  Haben zwei Segelfahrzeuge den Wind von derselben Seite, so muß das luvwärtige dem leewärtigen ausweichen.
  Hierbei ist „Luv" die dem Wind zugekehrte, „Lee" die dem Wind abgekehrte Seite.

- ● **Segler in Bb-Luv voraus (Abb. E)**
  Kann ein Fahrzeug mit Wind von Bb nicht mit Sicherheit feststellen, ob ein sich von Luv näherndes Fahrzeug den Wind von Bb oder von Stb hat (etwa wenn es nachts ein grünes Licht an Bb voraus sichtet), muß es dem anderen ausweichen.

Nochmals: Ein Segelfahrzeug, dessen Maschinenantrieb benutzt wird, gilt als Maschinenfahrzeug und hat deshalb die Ausweichregeln für Maschinenfahrzeuge zu befolgen!

Überholer weicht aus (Abb. F)

Unabhängig von der Antriebsart muß jedes überholende Fahrzeug ausweichen. Als Überholer gilt, wer sich einem anderen Fahrzeug aus einer Richtung von mehr als 22,5 Grad achterlicher als querab (Bereich des Hecklichtes) nähert.
Dies gilt auch tagsüber. Doch ist es dann oft schwierig, zu erkennen, ob es sich um einen Überholvorgang oder um bloßes Begegnen auf kreuzenden Kursen handelt. Deshalb hat man im Zweifel davon auszugehen, daß man überholendes Fahrzeug ist und ausweichen muß.

Verschiedene Fahrzeuge untereinander

Ein **Maschinenfahrzeug** muß ausweichen
- manövrierunfähigen und -behinderten Fahrzeugen,
- fischenden Fahrzeugen,
- Segelfahrzeugen **(Abb. G)**.

Ein **Segelfahrzeug** muß ausweichen
- manövrierunfähigen und -behinderten Fahrzeugen,
- fischenden Fahrzeugen.

Außerdem dürfen sie die sichere Durchfahrt eines tiefgangbehinderten Fahrzeuges nicht behindern.

KVR Verhalten bei verminderter Sicht

Fragen 15, 16, 73, 74, 93

Unter verminderter Sicht versteht man Sichteinschränkung durch Nebel, dickes Wetter, Schneefall, heftige Regengüsse oder ähnliche Umstände.
Bei verminderter Sicht treffen wir folgende Maßnahmen:
- Mit sicherer Geschwindigkeit fahren
- Nebelsignale geben
- Positionslichter einschalten
- Ausguck gehen

Seemännische Sorgfaltspflicht gebietet es, bei verminderter Sicht das Fahrwasser zu verlassen oder, falls dies nicht möglich ist, sich im Fahrwasser äußerst rechts zu halten. Wir sollten möglichst ein Flachwassergebiet aufsuchen und ankern. Außerdem müssen wir den Radarreflektor aufheißen; hat unser Fahrzeug keinen Radarreflektor, sollten wir es in eine möglichst waagerechte Schwimmlage bringen. Schließlich sind alle Navigationsanlagen wie Radar oder Echolot sorgfältig zu gebrauchen; in einem Revier mit Landradar-Beratung sollten wir die Radar-Beratung über UKW-Sprechfunk mithören.
Hören wir Nebelsignale anderer Fahrzeuge vorlicher als querab, müssen wir unsere Fahrt auf das für die Erhaltung der Steuerfähigkeit geringstmögliche Maß verringern, eventuell sogar völlig die Fahrt wegnehmen. Auf jeden Fall ist mit äußerster Vorsicht zu manövrieren, bis die Gefahr eines Zusammenstoßes vorüber ist.

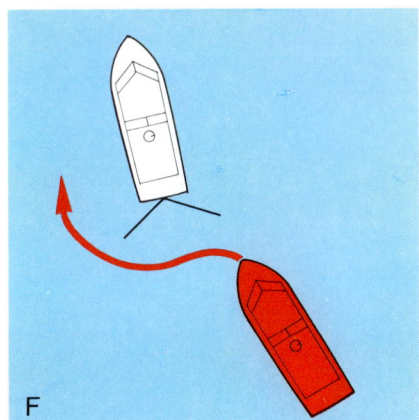

F

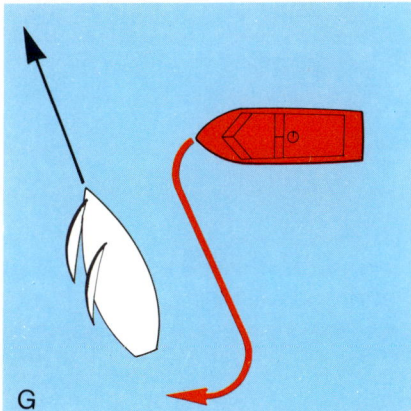

G

KVR
Schallsignale

Fragen 95–98

Haben Fahrzeuge einander in Sicht, so geben Maschinenfahrzeuge bei Kursänderungen, insbesondere zur Verdeutlichung von Ausweichmanövern, die folgenden Schallsignale:

● **Ich ändere meinen Kurs nach Stb!**   ●

● **Ich ändere meinen Kurs nach Bb!**   ● ●

● **Meine Maschine geht rückwärts!**   ● ● ●

● **Ich weise auf Ihre Ausweichpflicht hin!**   mindestens ● ● ● ● ●

Das letzte Signal wird vor allem dann gegeben, wenn nicht eindeutig zu erkennen ist, ob das andere ausweichpflichtige Fahrzeug seiner Ausweichpflicht nachkommt.

Notsignale
KVR

Fragen 330–341

Die einzelnen Signale

Kanonenschüsse oder andere Knallsignale in Zwischenräumen von ungefähr einer Minute.

Anhaltendes Ertönen eines Nebelsignalgerätes.

Raketen oder Leuchtkugeln mit roten Sternen einzeln in kurzen Zwischenräumen.

Das durch Telegraphiefunk oder eine andere Signalart gegebene Morsesignal *SOS* sowie das dazugehörige Alarmzeichen.

Das Sprechfunksignal aus dem Wort *Mayday* sowie das dazugehörige Alarmzeichen.

Das Notzeichen *NC* des Internationalen Signalbuches.

Ein Signal aus einer viereckigen Flagge, darüber oder darunter ein Ball oder etwas, das einem Ball ähnlich sieht.

Flammensignale auf dem Fahrzeug, z. B. brennende Teer- oder Öltonnen.

Rote Fallschirmleuchtrakete oder rote Handfackel.

Ein Rauchsignal mit orangefarbenem Rauch.

Langsames und wiederholtes Heben und Senken der nach beiden Seiten ausgestreckten Arme.

ohne Abbildung:
Signale einer Seenotfunkboje.
Seewasserfärber.
Das Telegraphiefunk- und das Sprechfunk-Alarmzeichen.
Zugelassene Zeichen, die über Funksysteme übermittelt werden.

Die nebenstehenden internationalen Seenotsignale sind in den KVR aufgeführt. Sie dürfen nur gegeben werden,

● wenn Gefahr für Leib oder Leben der Besatzung und daher die Notwendigkeit zur Hilfe besteht.

In anderen Fällen dürfen diese oder ähnliche Signale nicht gegeben werden, um unnötige und kostspielige Rettungsaktionen zu vermeiden.

Vor der Anwendung der einzelnen Signale sollten wir uns Gedanken über ihre Wirksamkeit machen: Das Flaggensignal NC dürfte kaum über weite Entfernungen erkannt werden. Für unsere Zwecke kommen vor allem die Feuerwerksignale in Frage. Leuchtkugeln und Handfackeln tragen tagsüber etwa 3 sm weit, nachts dagegen bereits 10 sm. Am günstigsten sind Fallschirmraketen, da sie höher steigen und langsamer fallen. Bei günstigen Bedingungen kann man sie bis zu 25 sm weit erkennen. Überlege immer, ob du überhaupt gesehen werden kannst – bevor du deine Signale sinnlos abfeuerst! Schieße zwei Signale kurz hintereinander ab, damit ein möglicher Beobachter jede Täuschung ausschließt!

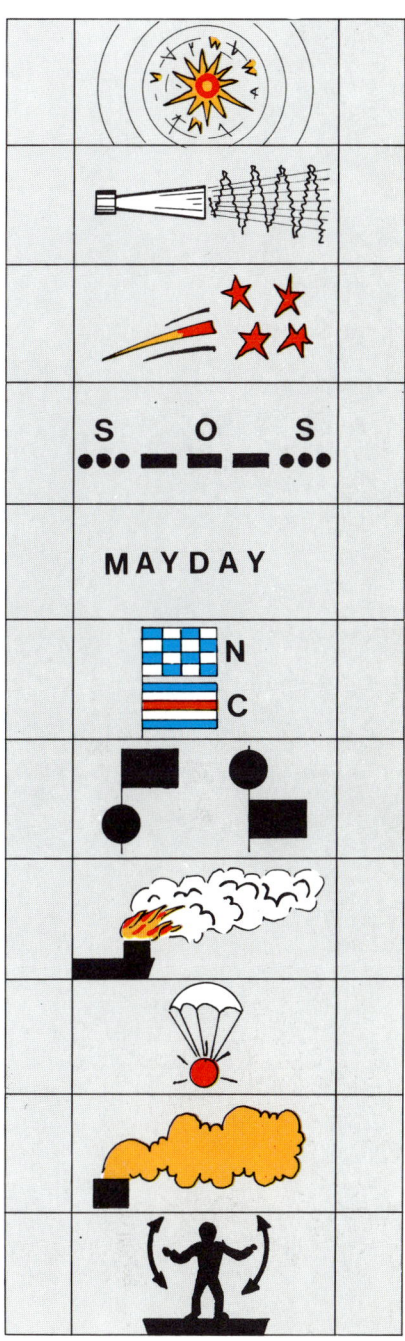

Wer muß ausweichen?

SeeSchStrO und SchiffO Ems Allgemeines

Fragen 4–7, 108

Verantwortlichkeit des Fahrzeugführers

Der Fahrzeugführer oder dessen Vertreter ist dafür verantwortlich, daß die Vorschriften über das Verhalten im Verkehr und über die Ausrüstung der Fahrzeuge mit Einrichtungen für das Führen und Zeigen der Sichtzeichen befolgt werden.
Anders als beim Kraftfahrzeug muß der Führer eines Schiffes nicht selbst das Ruder bedienen, doch ist er dafür verantwortlich, daß der Rudergänger das Fahrzeug verkehrsgerecht führt. Sind mehrere Personen zur Führung des Bootes berechtigt, so haben sie vor Antritt der Fahrt zu bestimmen, wer verantwortlicher Fahrzeugführer ist.
Auch die Verantwortung für die Sicherheit des Schiffes und seiner Besatzung sowie die seemannschaftlichen Maßnahmen und Entscheidungen liegt in der Hand des Schiffsführers. Er muß alles tun, um sicherzustellen, daß das Fahrzeug dicht, seetüchtig und mit einer Besatzung bemannt ist, die erfahren und körperlich in der Lage ist, schweres Wetter durchzustehen. Er ist weiterhin dafür verantwortlich, daß die Sicherheitseinrichtungen funktionsfähig sind.
Deshalb sollte der Fahrzeugführer vor Fahrtantritt die Besatzungsmitglieder und Gäste
– über die Sicherheitsvorkehrungen an Bord unterrichten,
– in die Handhabung der Rettungsmittel einweisen und
– auf geeignete Maßnahmen gegen das Überbordfallen hinweisen.
Wer infolge körperlicher oder geistiger Mängel oder des Genusses alkoholischer Getränke oder anderer berauschender Mittel in der sicheren Führung des Fahrzeuges behindert ist, darf ein Fahrzeug nicht führen.

Bekanntmachungen der WSD

Die SeeSchStrO bzw. SchiffO Ems ermächtigt die Wasser- und Schifffahrtsdirektionen (WSD) als Strom- und Schiffahrtspolizeibehörde, in bestimmten Fällen örtlich und sachlich begrenzte Gebote und Verbote durch *Bekanntmachungen* zu erlassen. Im Text der SeeSchStrO finden wir dann z. B.: Das Überholen, das Ankern oder das Wasserskilaufen ist verboten an *„Stellen, die von der Strom- und Schiffahrtspolizeibehörde bekanntgemacht sind"*.
Diese Bekanntmachungen sind also Ergänzungen zur SeeSchStrO bzw. SchiffO Ems, die ebenso befolgt werden müssen wie die Vorschriften der Verordnungen selbst. Denn Verstöße gegen die Bekanntmachungen können genau wie auch Verstöße gegen die Verordnungen als Ordnungswidrigkeiten geahndet werden.
Alle gültigen Bekanntmachungen sind in den Publikationen Nr. 2000/I und 2000/II vom BSH zusammengefaßt.
Beachte: Diese Bekanntmachungen der WSD dürfen nicht verwechselt werden mit den *Bekanntmachungen für Seefahrer (BfS)* von S. 35!

Kurzgefaßt

1. Für die Befolgung der Verkehrsvorschriften ist der Fahrzeugführer oder dessen Vertreter verantwortlich.
2. Steht vor Antritt der Fahrt nicht fest, wer verantwortlicher Fahrzeugführer ist, so muß einer der mitfahrenden Personen dazu bestimmt werden.
3. Ist der Fahrzeugführer infolge des Genusses alkoholischer Getränke oder anderer berauschender Mittel in der sicheren Führung des Fahrzeuges behindert, so darf er das Fahrzeug nicht führen.
4. Vor Fahrtantritt hat der Fahrzeugführer die Besatzungsmitglieder und Gäste
– über die Sicherheitsvorkehrungen an Bord zu unterrichten,
– in die Handhabung der Rettungsmittel einzuweisen,
– auf geeignete Maßnahmen gegen das Überbordfallen hinzuweisen.
5. Örtliche Sondervorschriften zusätzlich zur SeeSchStrO bzw. SchiffO Ems können in den Bekanntmachungen der Wasser- und Schiffahrtsdirektionen festgelegt sein.

SeeSchStrO und SchiffO Ems Polizei

Fragen 110, 166–168

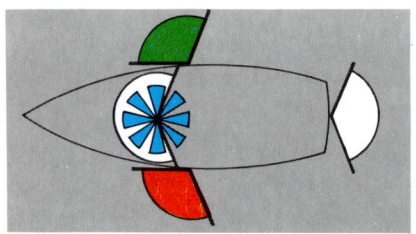

Aufforderung zum Halten

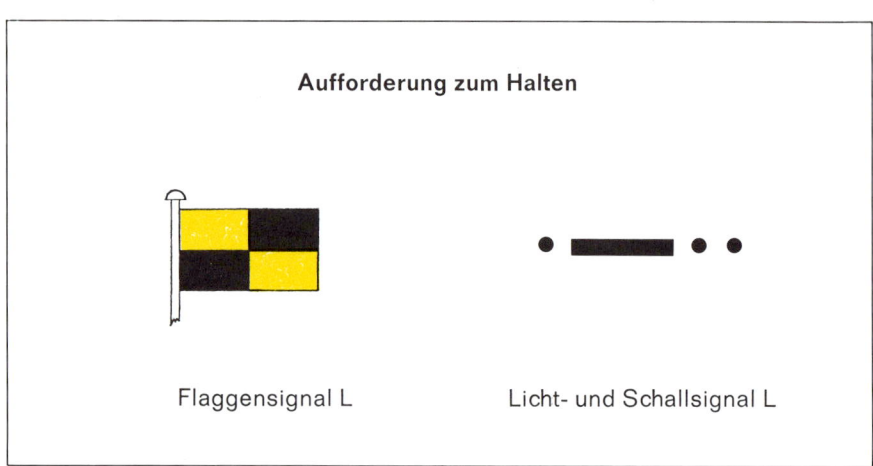

Flaggensignal L

Licht- und Schallsignal L

Ein Fahrzeug des öffentlichen Dienstes bei der Erfüllung polizeilicher Aufgaben führt nachts

● ein Topplicht (weiß/225°),
● darüber ein blaues Funkellicht,
● Seitenlichter (rot, grün/112,5°),
● ein Hecklicht (weiß/135°).

Tagsüber

führt es die Dienstflagge. Außerdem ist das Fahrzeug meist mit „Polizei" beschriftet.

Aufforderung zum Anhalten

Fahrzeuge des öffentlichen Dienstes können ein Fahrzeug anhalten oder zum Anlegen auffordern. In diesem Fall dürfen die Beamten in der Ausübung ihrer hoheitlichen Tätigkeit nicht behindert werden; u. U. ist ihnen sogar das Betreten des Fahrzeuges zu ermöglichen. Fahrzeuge des öffentlichen Dienstes fordern durch das Licht- oder Schallsignal L des Morsealphabetes (· — · ·) zum Anhalten auf. Tagsüber zeigen sie die Flagge L des Internationalen Signalbuches.

SeeSchStrO und SchiffO Ems Bundeswehr bei Manövern

Frage 111

SeeSchStrO und SchiffO Ems Fahrzeug mit gefährlichen Gütern

Fragen 114, 115

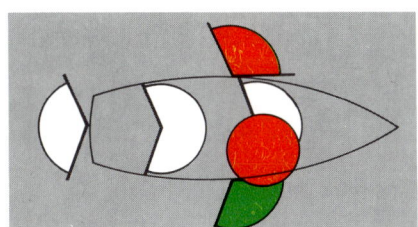

Von **Fahrzeugen der Bundeswehr oder des Bundesgrenzschutzes,** die bei Manövern

● Leuchtkugeln mit weißen Sternen zeigen und
● zusätzlich einen langen Achtungston (−) geben,

ist ausreichend Abstand zu halten.

Ein Fahrzeug, das bestimmte gefährliche Güter transportiert, oder ein nicht entgastes Tankschiff führt nachts

● ein Topplicht (weiß/225°), bei 50 m Länge und mehr zwei Topplichter,
● ein rotes Rundumlicht,
● Seitenlichter (rot, grün/112,5°),
● ein Hecklicht (weiß/135°).

Es führt tags

● einen roten Doppelstander (= die Flagge B des Internationalen Signalbuches).

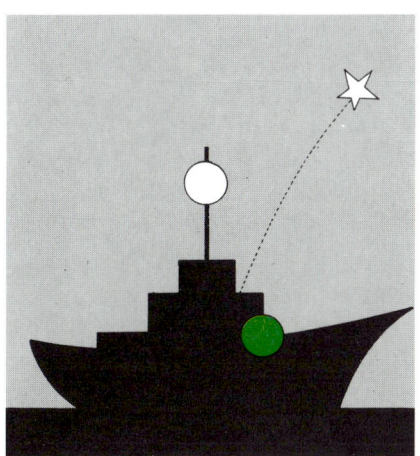

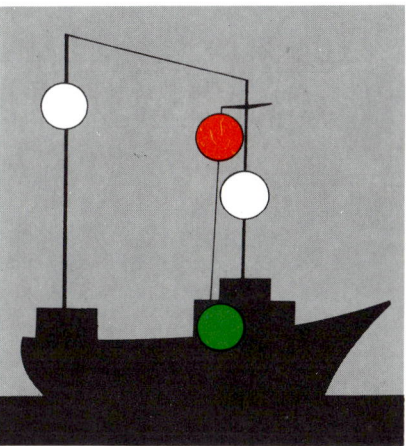

SeeSchStrO und SchiffO Ems Fahrregeln

Fragen 128, 129, 131, 132, 140, 141, 154, 160

Schallsignal geben!
(Hier: einen langen Ton)

Einhalten eines Fahrabstandes vom Ufer (Beispiel: 40 m)

Überholverbote

Alle Fahrzeuge   Schleppverbände

Verhalten im Fahrwasser

Die Fahrregeln der SeeSchStrO bzw. SchiffO Ems unterscheiden die Fahrzeuge nicht nach ihrer Antriebsart, so daß Segelfahrzeuge und Maschinenfahrzeuge grundsätzlich gleichgestellt sind. Doch dürfen **Fahrzeuge unter 20 m Länge und Segelfahrzeuge** die Durchfahrt der auf die Fahrrinne angewiesenen Fahrzeuge nicht behindern.

Das Verhalten im Fahrwasser wird im wesentlichen durch folgende Fahrregeln bestimmt:

● **Rechts fahren**

Im Fahrwasser muß so weit wie möglich rechts gefahren werden. Nur beim Überholen darf links gefahren werden.

Außerhalb des Fahrwassers ist so zu fahren, daß klar erkennbar ist, daß das Fahrwasser nicht benutzt wird; eine bestimmte Seite oder Fahrtrichtung braucht nicht eingehalten zu werden.

Ein Segelfahrzeug darf vom Rechtsfahrgebot abweichen, wenn es durch die Windrichtung gezwungen ist, möglichst hoch am Wind gegenan zu kreuzen und deshalb einen längeren Schlag auf der linken Fahrwasserseite machen muß. Doch darf die Yacht hierbei die durchgehende Schifffahrt nicht behindern.

● **Links überholen**

Grundsätzlich muß links überholt werden. Soweit die Umstände des Falles es erfordern, darf rechts überholt werden.

Die Umstände auf dichtbefahrenen Wasserstraßen erfordern es vielfach, daß Sportfahrzeuge aus Sicherheitsgründen rechts überholen.

Durch das Überholmanöver darf der Gegenverkehr nicht gefährdet werden.

Das Überholen ist verboten

– wenn das vorausfahrende Fahrzeug, das beim Überholen mitwirken muß, nicht das Schallsignal *„Ich bin mit dem Überholen einverstanden!"* (– · – ·) gegeben hat,

– in der Nähe von in Fahrt befindlichen, nicht frei fahrenden Fähren,

– an engen Stellen und in unübersichtlichen Krümmungen,

– vor und innerhalb von Schleusen sowie innerhalb der Schleusenvorhäfen und Zufahrten des Nord-Ostsee-Kanals mit Ausnahme von schwimmenden Geräten im Einsatz,

– an den durch die Tafel *„Überholverbot"* gekennzeichneten Stellen und Strecken.

● **Nach Stb ausweichen**

Beim Begegnen im Fahrwasser auf entgegengesetzten oder fast entgegengesetzten Kursen ist nach Stb auszuweichen.

Schiffsunfälle im Fahrwasser

Wird unser Fahrzeug im Fahrwasser manövrierunfähig, so sind wir verpflichtet, mit allen Mitteln das Fahrwasser zu räumen, damit die Schifffahrt nicht beeinträchtigt wird.

Ebenso müssen wir versuchen, das Fahrwasser möglichst schnell zu räumen, wenn für unser Fahrzeug die Gefahr des Sinkens besteht. Nach einer Kollision muß hierbei auch der Führer eines beteiligten schwimmfähig gebliebenen Fahrzeuges helfen.

Der Platz eines gesunkenen Bootes muß sofort behelfsmäßig gekennzeichnet und die Schiffahrtspolizeibehörde benachrichtigt werden.

SeeSchStrO und SchiffO Ems Vorfahrt- und Ausweichregeln

Fragen 125–127, 130, 146

Die SeeSchStrO bzw. SchiffO Ems enthält keine Ausweich- oder Vorfahrtregeln, die **außerhalb des Fahrwassers** gelten. Dort kommen also allein die bekannten Ausweichregeln der KVR (vgl. S. 82/83) zur Anwendung.

Vorfahrt im Fahrwasser

Doch ergänzt die SeeSchStrO diese Ausweichregeln und gibt den im **Fahrwasser** fahrenden Fahrzeugen **Vorfahrt** gegenüber Fahrzeugen, die
- in das Fahrwasser einlaufen,
- das Fahrwasser queren,
- im Fahrwasser drehen,
- ihre Anker- oder Liegeplätze verlassen.

Außerdem haben im Hauptfahrwasser fahrende Fahrzeuge Vorfahrt gegenüber aus einem einmündenden oder abzweigenden Fahrwasser kommenden Fahrzeugen.

Auch diese Vorfahrtregel gilt unabhängig von der Antriebsart der Fahrzeuge. Also muß beispielsweise ein das Fahrwasser querendes Segelboot die Vorfahrt einer im Fahrwasser laufenden Motoryacht beachten **(Abb. A).**

Die Vorfahrtregel erfaßt aber nicht alle denkbaren Kollisionsfälle innerhalb des Fahrwassers. So schweigen die Verordnungen, wenn zwei das Fahrwasser querende Fahrzeuge sich auf Kollisionskurs begegnen. Deshalb kommen in allen Fällen, die nicht von der obigen Vorfahrtregel erfaßt sind, die Ausweichregeln der KVR zur Anwendung. In **Abb. B** muß also die Motoryacht ausweichen.

Wir können allgemein sagen:
- *Außerhalb* des Fahrwassers kommen nur die Ausweichregeln der KVR zur Anwendung.
- *Innerhalb* des Fahrwassers gelten die Ausweichregeln der KVR und die Vorfahrtregeln der SeeSchStrO bzw. SchiffO Ems nebeneinander.

Begegnungsverbot an Engstellen

Vorfahrt an Engstellen

Nähern sich zwei Fahrzeuge einer Engstelle, die nicht mit Sicherheit genügend Raum für die gleichzeitige Durchfahrt gibt, oder einer durch die Tafel *„Begegnungsverbot an Engstellen"* gekennzeichneten Stelle des Fahrwassers, so hat Vorfahrt
- **in Tidengewässern und Gewässern mit Strömung:** das mit dem Strom fahrende Fahrzeug; bei Stromstillstand das Fahrzeug, das vorher gegen den Strom gefahren ist;
- **in tidenfreien Gewässern ohne Strömung:** das Fahrzeug, das grundsätzlich die Stb-Seite des Fahrwassers zu benutzen hat, also in aller Regel das einlaufende Fahrzeug.

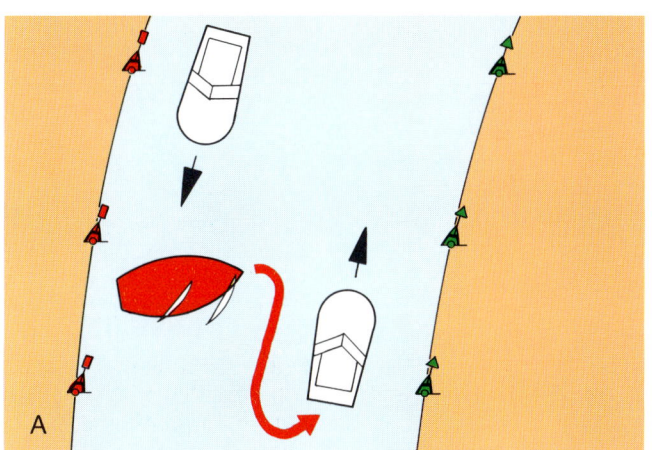

A

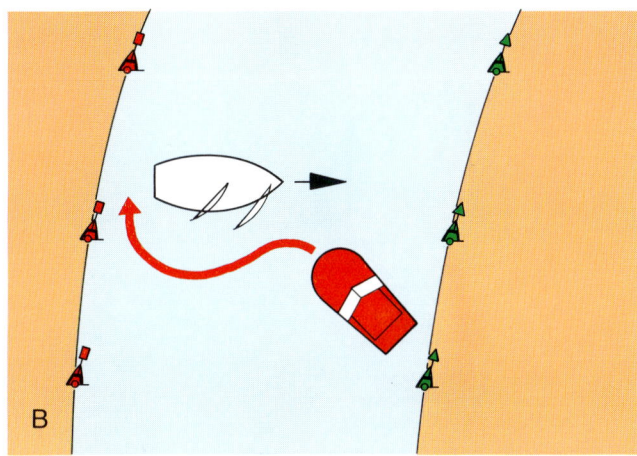

B

SeeSchStrO und SchiffO Ems Sperrung der Seeschiffahrtsstraße oder von Wasserflächen

Fragen 152, 157, 162–165, 169–172

Sperrung einer Seeschiffahrtsstraße

Die **dauernde** Sperrung der **gesamten** Seeschiffahrtsstraße wird gekennzeichnet
● nachts durch drei feste Lichter übereinander: Rot über Grün über Weiß,
● tags durch drei Signalkörper übereinander, oben ein schwarzer Ball, darunter zwei schwarze Kegel mit den Spitzen zueinander.

Wird nur *eine* **Teilstrecke** gesperrt, z. B. eine von mehreren Brückenöffnungen, so findet man
● eine rechteckige Tafel mit waagerechtem weißem Streifen.

Sperrung von Wasserflächen

Für militärische oder zivile Zwecke (z. B. Forschungsarbeiten, Vermessungen, hydrographische Untersuchungen) können Sperrgebiete festgelegt werden. Sie sind durch gelbe Tonnen mit einem — von oben gesehen — rechtwinkligen roten Kreuz begrenzt. Als Toppzeichen können sie ein gelbes liegendes Kreuz tragen. Leuchttonnen sind mit einem gelben Blz., Ubr. (2) oder Ubr. (3) befeuert.
Sperrgebiete dürfen von der allgemeinen Schiffahrt überhaupt nicht befahren werden.
Warngebiete dagegen sind für die allgemeine Schiffahrt frei, können aber zeitweise für die gesamte Schiffahrt gesperrt werden. Dann werden außerdem Tag- und Nachtsignale gesetzt, die der *Schiffahrtspolizeiverordnung über Sicherungsmaßnahmen für militärische Sperr-*

Schallsignal

▬▬ ▬▬ ▬▬
▬▬ ▬▬ ▬▬

Sperrung der Seeschiffahrtsstraße

---

und Warngebiete der Wasser- und Schiffahrtsdirektion (WSD) Nord entsprechen. Die Aushangstellen der *NfS* in den Häfen geben darüber Auskunft, um welche Sichtzeichen es sich jeweils handelt.

Sperrung von Badegebieten

Durch weiße Tonnen mit einem gelben Kreuz oder Stangen können **für Maschinenfahrzeuge** Wasserflächen wegen Badebetriebs gesperrt werden.

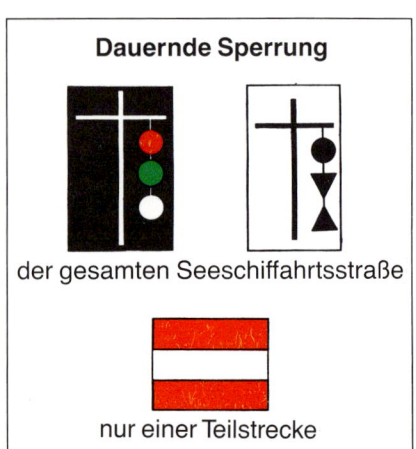

Dauernde Sperrung

der gesamten Seeschiffahrtsstraße

nur einer Teilstrecke

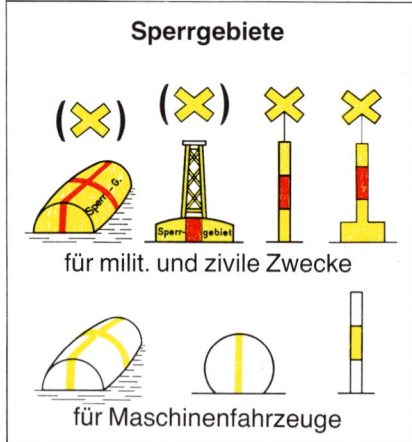

Sperrgebiete

für milit. und zivile Zwecke

für Maschinenfahrzeuge

Warngebiete und Warnstellen für militärische und zivile Zwecke

SeeSchStrO und SchiffO Ems Fahrgeschwindigkeit

Fragen 147–151, 153

Die Fahrgeschwindigkeit ist so einzurichten, daß das Fahrzeug jederzeit der Verkehrslage und der Beschaffenheit der Seeschiffahrtsstraße genügt und nötigenfalls **rechtzeitig gestoppt** werden kann.

Wird der Verkehr durch Sichtzeichen und bei verminderter Sicht zusätzlich durch Schallsignale geregelt, so ist die Geschwindigkeit so einzurichten, daß bei einer kurzfristigen Änderung der gezeigten Sichtzeichen oder des gegebenen Schallsignals das Fahrzeug **sofort gestoppt** werden kann.

Geschwindigkeitsverminderung

Die Fahrgeschwindigkeit ist rechtzeitig so weit zu vermindern, daß eine Gefährdung durch Sog oder Wellenschlag vermieden wird, insbesondere beim Vorbeifahren an

– Häfen, Schleusen, Sperrwerken,
– festliegenden Fähren,
– manövrierunfähigen und festgekommenen Fahrzeugen sowie an manövrierbehinderten Fahrzeugen im Sinn der KVR,
– schwimmenden Geräten und Anlagen,
– außergewöhnlichen Schwimmkörpern, die geschleppt werden, und
– an Stellen, die durch die Sichtzeichen *„Geschwindigkeitsbeschränkung wegen Gefährdung durch Sog und Wellenschlag"* oder die Flagge A des Internationalen Signalbuches (*„Ich habe Taucher unten; halten Sie bei langsamer Fahrt gut frei von mir!"*) gekennzeichnet sind.

Geschwindigkeitsbeschränkung

Eine bestimmte Höchstgeschwindigkeit darf nicht überschritten werden

– an den durch die Tafel *„Geschwindigkeitsbeschränkung"* gekennzeichneten Strecken; die angegebene Zahl setzt die zulässige Höchstgeschwindigkeit durch das Wasser in km/h fest, auf dem Nord-Ostsee-Kanal über Grund in km/h;
– vor Stellen mit erkennbarem Badebetrieb außerhalb des Fahrwassers in einem Abstand von weniger als 300 m vom Ufer; hier darf eine Höchstgeschwindigkeit von 8 km/h FdW nicht überschritten werden. Diese Strecken sind vielfach durch das Zeichen *„Geschwindigkeitsbeschränkung vor Stellen mit Badebetrieb"* gekennzeichnet.

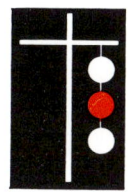 

Geschwindigkeit vermindern wegen einer schutzbedürftigen Anlage, Sog und Wellenschlag vermeiden

Geschwindigkeit vermindern wegen Taucharbeiten

Geschwindigkeitsbeschränkung auf 12 km/h

Geschwindigkeitsbeschränkung vor Stellen mit Badebetrieb auf 8 km/h FdW

SeeSchStrO und SchiffO Ems Anlegen Festmachen Ankern etc.

Fragen 120, 135–139, 156–159, 161, 176–179

Anlegen und Festmachen

Die Schiffahrt darf durch das Anlegen und Festmachen nicht beeinträchtigt werden. Doch hat die Schiffahrt Rücksicht zu nehmen und vorsichtig zu navigieren, sobald ein Fahrzeug mit dem Anlegemanöver begonnen hat.

Festgemachte Fahrzeuge, die nachts durch andere Lichtquellen nicht ausreichend und dauernd erkennbar sind, müssen

● ein weißes Rundumlicht mittschiffs an der Fahrwasserseite möglichst in Deckshöhe setzen.

Das Anlegen und Festmachen ist verboten

– an Sperrwerken, Strombauwerken, Leitwerken, Pegeln, festen und schwimmenden Schiffahrtszeichen,
– an abbrüchigen Stellen am Ufer,
– an engen Stellen und in unübersichtlichen Krümmungen,
– vor Hafeneinfahrten, an nicht für die Sportschiffahrt bestimmten Anlegestellen von Fahrgastschiffen und Fähren, an Schleusen und Sielen sowie in den Zufahrten zum Nord-Ostsee-Kanal,
– innerhalb von Fähr- und Brückenstrecken,
– an Stellen, die durch die Tafel *„Festmacheverbot"* oder die Tafel *„Liegeverbot"* gekennzeichnet sind. Das Liegeverbot gilt vom Ufer aus oder, mit einem Zusatz versehen, erst in einem bestimmten Abstand vom Ufer.

Ankern

Suchen wir einen geeigneten Platz zum Ankern, so spielen zunächst ein-

mal seemannschaftliche Überlegungen eine Rolle: Ist unser Platz gegen Wind und See geschützt? Bleibt er es auch, wenn sich das Wetter, wie wir vermuten, ändert? Oder besteht dann die Gefahr, daß wir auf Legerwall geraten, d. h. einem auflandigen Wind freigesetzt sind? Wird der Anker auf diesem Grund halten?

Darüber hinaus müssen wir die Vorschriften der SeeSchStrO berücksichtigen. Hierbei ist es selbstverständlich, daß wir den Ankerplatz so wählen, daß die Schiffahrt im Fahrwasser nicht beeinträchtigt werden kann. **Auf jeden Fall ist das Ankern verboten:**

– im Fahrwasser, ausgenommen auf Reeden und den von der Strom- und Schiffahrtspolizeibehörde bekanntgemachten Wasserflächen,
– an engen Stellen und in unübersichtlichen Krümmungen,
– in einem Umkreis von 300 m von schwimmenden Geräten, Wracks und sonstigen Schiffahrtshindernissen und Leitungstrassen sowie von Stellen, die durch die Sichtzeichen *„Warnstelle"* und *„Kabel und Rohrleitungen"* gekennzeichnet sind (Abb. S. 92 und 95),

---

Festmacheverbot

Liegeverbote

am Ufer

in einem Abstand vom Ufer
(Beispiel 30 m)

Fährstelle

für freifahrende Fähren

für nicht freifahrende Fähren

– bei verminderter Sicht in einem Abstand von weniger als 300 m von Hochspannungsleitungen,
– in einem Abstand von 100 m vor und hinter Sperrwerken,
– vor Hafeneinfahrten, Anlegestellen, Schleusen und Sielen sowie in den Zufahrten zum Nord-Ostsee-Kanal,
– innerhalb von Fähr- und Brückenstrecken sowie
– 300 m vor und hinter Ankerverbotszeichen,
– an Stellen und auf Wasserflächen, die von der Strom- und Schiffahrtspolizeibehörde bekanntgemacht sind.

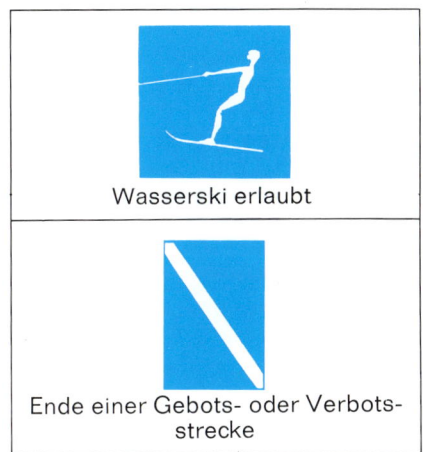

Wasserski erlaubt

Ende einer Gebots- oder Verbotsstrecke

Kennzeichnung besonderer Gebiete und Stellen

Ankerwache

Auf allen Fahrzeugen muß ständig Ankerwache gegangen werden, sofern sie in der Nähe des Fahrwassers oder auf einer Reede vor Anker liegen. Dies gilt nicht für Fahrzeuge unter 12 m Länge auf besonders bezeichneten Anker- und Liegeplätzen.

Schiffahrtsbehinderung

Eine außergewöhnliche Behinderung der Schiffahrt kann gekennzeichnet werden
● **nachts** durch drei Lichter übereinander: Rot über Rot über Grün,
● **tags** durch zwei schwarze Bälle übereinander und darunter einen schwarzen Kegel – Spitze unten.

Besondere Gebiete und Stellen

Besondere Gebiete und Stellen, z. B. Warngebiete und Fischereigründe, werden durch gelbe Schiffahrtszeichen gegebenenfalls mit einem gelben liegenden Kreuz als Toppzeichen gekennzeichnet. Ihre genaue Bedeutung kann der Seekarte entnommen und aus der Beschriftung der Zeichen erkannt werden.

Wasserski

● Innerhalb des Fahrwassers ist Wasserskilaufen verboten – es sei denn, eine Fläche ist durch eine blaue Tafel mit dem weißen Symbol eines Wasserskiläufers besonders gekennzeichnet.
● Außerhalb des Fahrwassers ist das Wasserskilaufen erlaubt – ausgenommen auf den von der Strom- und Schiffahrtspolizeibehörde bekanntgemachten Wasserflächen.

● Bei Nacht und bei verminderter Sicht darf kein Wasserski gelaufen werden.
Wasserskiläufer und ihre Zugboote haben allen anderen Fahrzeugen auszuweichen. Beim Begegnen mit anderen Fahrzeugen haben sich Wasserskiläufer im Kielwasser ihrer Zugboote zu halten.

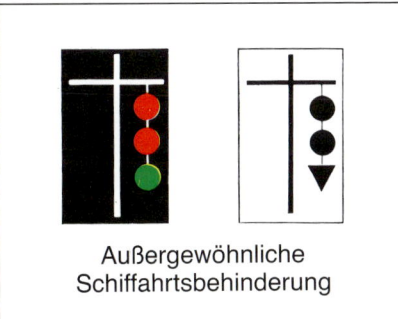

Außergewöhnliche Schiffahrtsbehinderung

Ankerverbote

Im Uferbereich
(gilt 300 m vor und hinter dem Zeichen bzw. der Verbindungslinie)

im Bereich von Leitungstrassen

(300 m beiderseits der Verbindungslinie)

SeeSchStrO und SchiffO Ems Brücken und Schleusen

Fragen 133, 134, 155, 173 – 175

Durchfahren von Brücken

Zwei quadratische, auf der Spitze stehende **rot-weiße Tafeln** begrenzen den **erlaubten Durchfahrtraum** innerhalb einer Brückenöffnung. Außerhalb der Tafeln darf diese Durchfahrt also nicht passiert werden, doch verbieten die Tafeln nicht das Durchfahren anderer Brückenöffnungen. Diese rot-weißen Tafeln gelten *nicht für Fahrzeuge unter 12 m Länge.* Eine bestimmte Brückendurchfahrt kann durch eine rechteckige rote Tafel mit waagerechtem weißem Streifen **für den gesamten Verkehr gesperrt** werden (vgl. S. 92).

Begegnen und Überholen während der Brückendurchfahrt ist nur gestattet, wenn das Fahrwasser mit Sicherheit genügend Raum für die gleichzeitige Durchfahrt beider Fahrzeuge gibt. Im übrigen müssen wir die Vorfahrtregel an Engstellen (vgl. S. 93) beachten.

Schleusen

Solange die Einfahrt einer Schleuse nicht freigegeben ist, müssen wir in ausreichender Entfernung anhalten. Manchmal finden wir eine quadratische Tafel mit rotem Rand und schwarzem Querstrich, die wir nicht überfahren dürfen. An den Leitwerken und Abweisedalben darf nicht festgemacht werden, an den Festmachedalben nur kurzfristig.

Die Fahrzeuge laufen in der Reihenfolge ihrer Ankunft in die Schleuse ein, doch sollten Sportfahrzeuge erst als letzte einfahren. Hierbei und beim Ausfahren sind folgende **Lichtsignale** zu beachten:

Durchfahrverbot
außerhalb der Markierungen
(gilt nicht für kleine Fahrzeuge)

Anhalten vor bewegl. Brücken, Sperrwerken u. Schleusen bis zur Freigabe der Durchfahrt

Die Anlage ist für die Schiffahrt dauernd gesperrt!

Anlage geschlossen. Durchfahren oder Einfahren verboten!

Einfahren! Gegenverkehr ist gesperrt!

SeeSchStrO und SchiffO Ems Schallsignale

Fragen 121 – 124

Das **Achtungssignal** ist zu geben, wenn die Verkehrslage es erfordert, insbesondere
- beim Einlaufen in andere Fahrwasser und Häfen,
- beim Auslaufen aus ihnen und aus Schleusen,
- beim Verlassen von Anker- und Liegeplätzen.

Das **Allgemeine Gefahr- und Warnsignal** ist zu geben, wenn
- ein Fahrzeug ein anderes Fahrzeug gefährdet oder
- durch ein anderes selbst gefährdet wird.

Das **Bleib-weg-Signal** wird gegeben, wenn bei Unfällen gefährliche Güter oder radioaktive Stoffe freizuwerden drohen oder Explosionsgefahr besteht.

Hören wir dieses Signal, müssen wir sofort den Gefahrenbereich verlassen sowie Feuer und Zündfunken wegen Explosionsgefahr vermeiden.

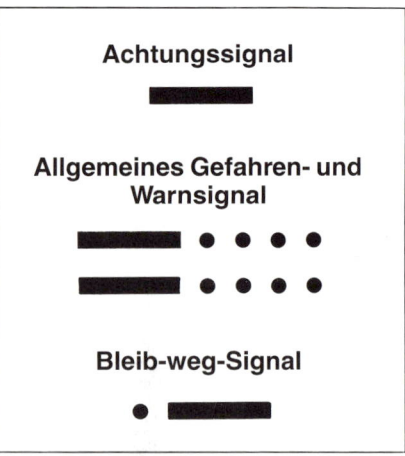

Achtungssignal

Allgemeines Gefahren- und Warnsignal

Bleib-weg-Signal

SeeSchStrO Der Nord-Ostsee-Kanal

Fragen 142–145

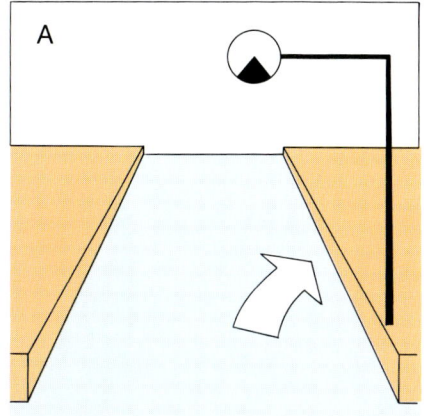

Auf dem Nord-Ostsee-Kanal (NOK) und seinen Zufahrten gelten auch für Sportfahrzeuge besondere Vorschriften. Sportfahrzeuge in diesem Bereich sind alle Wasserfahrzeuge, die ausschließlich Sport- und Vergnügungszwecken dienen.

Sie dürfen die Zufahrten und den Kanal nur zu Durchfahrtzwecken und ohne Lotsen nur von Sonnenaufgang bis Sonnenuntergang und nur bei sichtigem Wetter benutzen, es sei denn, sie haben ihre Liegeplätze im Zufahrtbereich.

Die Kanalfahrt muß so geplant sein, daß vor Sonnenuntergang eine zugelassene Liegestelle für Sportfahrzeuge erreicht werden kann. Nur wenn sich plötzlich die Sicht so sehr vermindert, daß die Weiterfahrt die Verkehrssicherheit gefährden würde, dürfen Sportfahrzeuge an geeigneter Stelle auf der Kanalstrecke oder in den Weichengebieten hinter den Dalben festmachen.

Das Segeln auf dem Kanal ist verboten, doch dürfen Sportfahrzeuge mit Maschinenantrieb zusätzlich Segel setzen. Die zulässige Höchstgeschwindigkeit beträgt 15 km/h über Grund.

Lichtsignale

In die Zufahrten sowie in die Schleusenvorhäfen und Schleusen des Nord-Ostsee-Kanals dürfen Sportfahrzeuge nur einfahren, wenn der Signalmast
● ein weißes unterbrochenes Licht zeigt **(Abb. A).**
Dieses Licht wird auf der Seite des Signalmastes gezeigt, auf der die Schleusenkammer liegt, für die die Einfahrt geregelt wird.

Werden an einem Weichensignalmast im NOK
● drei unterbrochene rote Lichter übereinander
gezeigt, so ist das Ausfahren aus dem Weichengebiet für alle Fahrzeuge verboten; die Weichengebietsgrenze darf nicht überfahren werden. In diesem Fall müssen wir möglichst hinter den in Fahrtrichtung rechts liegenden Dalben festmachen und die Aufhebung des Stopp-Signals abwarten.

Kurzgefaßt

1. Sportfahrzeuge ohne Lotsen dürfen den NOK nur von Sonnenaufgang bis Sonnenuntergang und nur bei sichtigem Wetter durchfahren.

2. Die Durchfahrt durch den NOK ist im Abschnitt „Ergänzende Vorschriften für den NOK" der SeeSchStrO und in der Bekanntmachung der WSD Nord zur SeeSchStrO geregelt.

3. Sportfahrzeuge ohne Lotsen dürfen in die Schleusen des NOK nur einfahren, wenn ein weißes unterbrochenes Licht gezeigt wird.

4. Werden an einem Weichensignalmast im NOK
● drei unterbrochene rote Lichter übereinander
gezeigt, so ist das Ausfahren aus dem Weichengebiet für alle Fahrzeuge verboten; die Weichengebietsgrenze darf nicht überfahren werden. In diesem Fall müssen wir möglichst hinter den in Fahrtrichtung rechts liegenden Dalben festmachen und die Aufhebung des Stopp-Signals abwarten.

3
Praktische Schiffsführung

Steuern bei Rückwärts- und Vorwärtsfahrt

Fragen 265, 266, 268–270, 279, 280, 283, 284

Die Ruderwirkung

Die Fahrtrichtung bestimmen wir mit dem Ruder. Sobald wir das vom Wasser beidseitig angeströmte Ruderblatt aus seiner Mittschiffsrichtung etwas nach Stb oder Bb schwenken, ändert sich auch der Kurs unseres Schiffes. Angenommen, wir legen (wie in **Abb. A**) Stb-Ruder, d. h. das Ruderblatt wird nach Stb gedreht, so bildet die angeströmte Stb-Fläche des Ruderblattes einen größeren Wasserwiderstand als die Bb-Fläche. Hierdurch wird das Heck unseres Fahrzeuges nach Bb weggeschoben und unser Bug nach Stb gedreht. Wir führen also eine Kursänderung nach Stb durch.

● Bei Vorausfahrt wird der Bug immer in die Richtung gelenkt, in die auch das Ruderblatt gelegt wurde.

Die Ruderwirkung bei Vorausfahrt wird dadurch erhöht, daß das Ruderblatt genau im Propellerstrom liegt. Bei Rückwärtsfahrt sieht die Sache ähnlich aus; nur ist jetzt der Fahrtstrom nach vorn gerichtet **(Abb. B)**.

● Bei Rückwärtsfahrt wird das Heck immer in die Richtung gelenkt, in die das Ruderblatt gelegt wurde.

Es ist klar, daß jedes Ruderlegen auch eine Bremswirkung nach sich zieht. Im übrigen hat es wenig Sinn, bei Vorwärtsfahrt das Ruder stärker als 40° einzuschlagen.

Sog und Wellenschlag

Zwei Dinge müssen wir beim Steuern und Manövrieren in engen Gewässern und beim Begegnen und Überholen großer Fahrzeuge beachten:

● Sogwirkung bringt Kollisionsgefahr.
● Wellenbildung bringt Kentergefahr.

Beim **Überholen und Begegnen** passieren wir die Bug- bzw. Heckwelle des anderen Fahrzeugs möglichst in einem rechten Winkel. Sonst besteht Kentergefahr!

Außerdem dürfen wir nicht zu nahe an das andere Fahrzeug heranfah-

ren. Denn zwischen beiden Bordwänden bildet sich ein Unterdruck und somit ein Sog, da dort das Wasser beschleunigt strömt. Durch diesen Sog können kleine Fahrzeuge an große Schiffe herangezogen werden! **Also: Zügig, in ausreichendem Abstand und nur bei übersichtlicher Verkehrslage überholen; beim Begegnen genügend Abstand halten.** Der gleiche Effekt tritt in **engen Gewässern** auf, wenn wir mit hoher Geschwindigkeit zu nahe ans Ufer kommen. Dort müssen wir auf jeden Fall langsam fahren, um Wellenschlag und Beschädigungen der Uferbefestigungen und festgemachter Boote zu vermeiden! In flachen Gewässern manövrieren alle Motorboote träge und steuern schlecht, da sich das Heck absenkt (Grundsog!).

Die Derivation

Wenn wir mit unserem Boot einen Bogen fahren, so wird – wie wir eben gesehen haben – das Heck nach außen weggedrückt. Man kann bei einem Stb-Bogen sagen, daß das Heck nach Bb ausschwingt und das Boot in einem Anstellwinkel auf dem Kursbogen entlangrutscht (vgl. **Abb.**

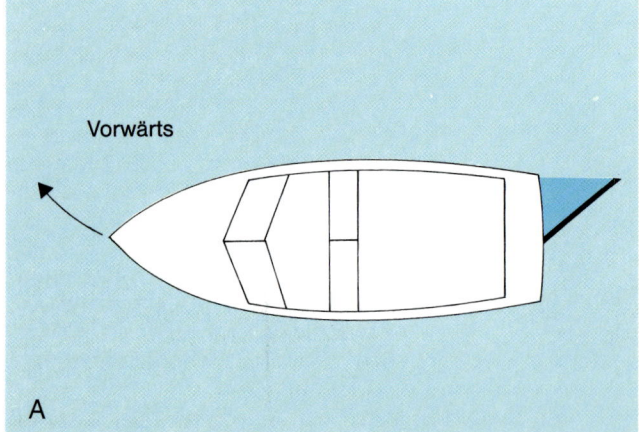

Vorwärts

A

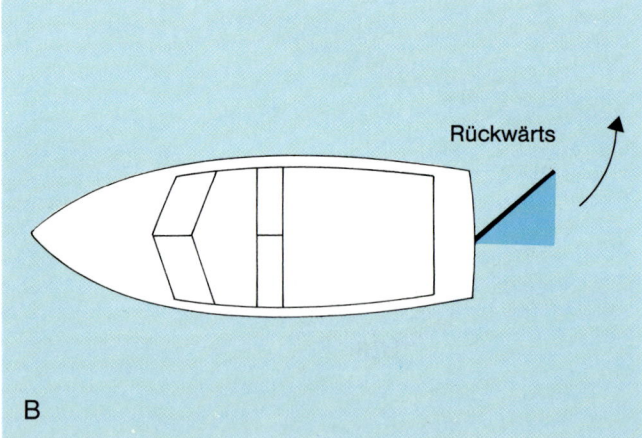

Rückwärts

B

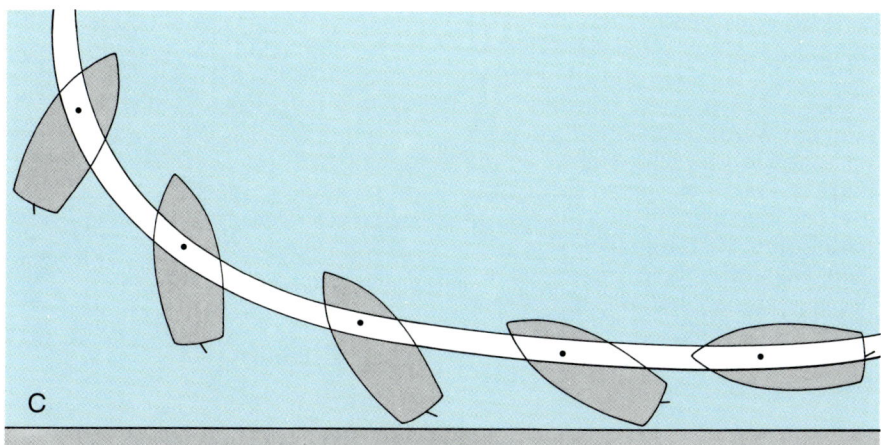

C

Unser Boot erhält vom Propeller nicht nur einen Vorwärtsstoß, sondern am Heck auch einen geringen seitlichen Drall — so, als ob der Propeller wie ein Rad auf dem Boden entlangliefe. Dieser Radeffekt wirkt vor allem bei Rückwärtsfahrt.

● Mit einer rechtsgängigen Schraube dreht das Heck bei Rückwärtsfahrt deutlich nach Bb.

Boote mit rechtsgängigen Schrauben legen deshalb besser mit der Bb-Seite an. Denn der Radeffekt zieht das Heck beim Abstoppen mit dem Rückwärtsgang an die Pier.

C). Die Längsachse unseres Schiffes ist also immer etwas mehr einwärts gerichtet, als es durch den Kreisbogen notwendig wäre. Diesen Winkel zwischen der Schiffslängsachse und dem Kursbogen nennt man *Derivationswinkel.*

In engen Häfen kann die Derivation unangenehme Folgen haben: Legen wir beim Entlanglaufen an einer Pier zu stark Ruder, so kann das Heck unseres Bootes kollidieren. Als Faustregel können wir uns merken, daß der Drehpunkt, um den sich das Boot schräg stellt, etwa im vorderen Drittel der Schiffslänge liegt.

Der Radeffekt

Die meisten Propeller sind *rechtsgängig,* d. h. sie drehen bei Vorwärtsfahrt von achtern aus gesehen rechtsherum und bei Rückwärtsfahrt linksherum, vgl. **Abb. D und E!**

● Eine rechtsgängige Schraube dreht im Vorwärtsgang, von hinten gesehen, rechtsherum, eine linksgängige nach links.

Neben dem reinen Vorschub, den uns jeder Propeller liefert, können wir noch den *Radeffekt* beobachten:

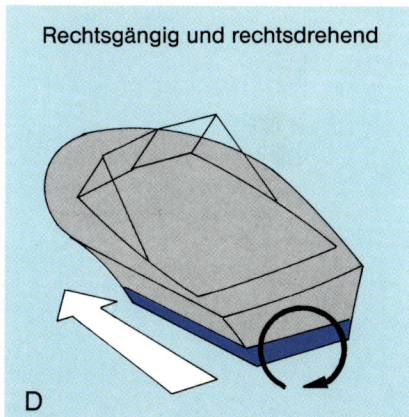

Rechtsgängig und rechtsdrehend

D

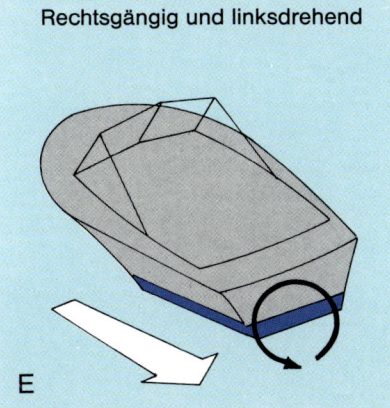

Rechtsgängig und linksdrehend

E

Manöver I

Fragen 267, 277, 278

Abbremsen

Um Getriebeschäden zu vermeiden, dürfen wir niemals aus voller Fahrt voraus in volle Fahrt zurück schalten; zudem läuft hierbei die Yacht aus dem Ruder.

Wenden auf engem Raum (Abb. A)

Das Manöver wird bei langsamer Fahrt mit Stb-Ruder eingeleitet. Auch beim anschließenden Rückwärtsstoßen wird das Ruder nicht umgelegt, da es bei dieser geringen Fahrt keine Wirkung zeigt. Hier zieht allein der Radeffekt das Boot nach Bb. So wird ohne Änderung der Ruderlage mehrmals voraus- und zurückgestoßen.
Bei einem Linksbogen ist wesentlich mehr Raum erforderlich, da der Radeffekt entgegenwirkt.

Eine überraschend starke Bremswirkung können wir bereits erzielen, wenn wir das Gas zurücknehmen, wobei wir eine Weile mit dem Auskuppeln warten: Allein der langsam mitlaufende Propeller bremst oft genügend stark — auf jeden Fall stärker als der ausgekuppelte und frei im Fahrtstrom mitdrehende Propeller. Den Rückwärtsgang benötigen wir nur bei ganz langsamer Fahrt oder im äußersten Notfall.

Wind- und Stromeinfluß

Wind und Strom, aber auch Seegang, Sog und Wassertiefe können den Kurs und die Fahrt unserer Yacht beachtlich beeinflussen. Wir müssen diese Einflüsse vor allem bei An- und Ablegemanövern berücksichtigen. Generell gilt, daß *gegen* den Wind bzw. Strom das An- und Ablegen leichter ist als *mit* Strom oder Wind. Wirken beide — Wind und Strom — zugleich aus verschiedenen Richtungen, so hat meist der Strom stärkere Wirkung auf unsere Yacht, so daß wir bei den Manövern vor allem den Strom zu berücksichtigen haben. Dies gilt in erster Linie für Verdrängeryachten!

Moderne Gleitboote mit hohem Freibord, Aufbauten und geringem Tiefgang richten sich jedoch oft schon bei mittleren Windstärken nach der Richtung des Windes. Eine generelle Regelung läßt sich also nicht aufstellen; im konkreten Einzelfall muß sich zeigen, wer von beiden, Wind oder Strom, stärker wirkt.

Rückwärtsfahrt

Motorboote können bei Rückwärtsfahrt mit dem Ruder kaum auf Kurs gehalten werden, da die Wirkung des Propellerstromes fehlt. Lange Fahrten achteraus scheiden deshalb von vornherein aus. Bei allen Manövern kann jedoch der *Radeffekt* (vgl. S. 101) bei Achterausfahrt voll ausgenutzt werden. Wir sollten deshalb unbedingt wissen, ob unser Boot mit einer rechtsgängigen oder linksgängigen Schraube ausgerüstet ist.
Bei der folgenden Beschreibung der Manöver gehen wir vom rechtsgängigen Propeller aus; er ist auch am meisten verbreitet. Bei linksgängigen Schrauben ist spiegelbildlich zu manövrieren.

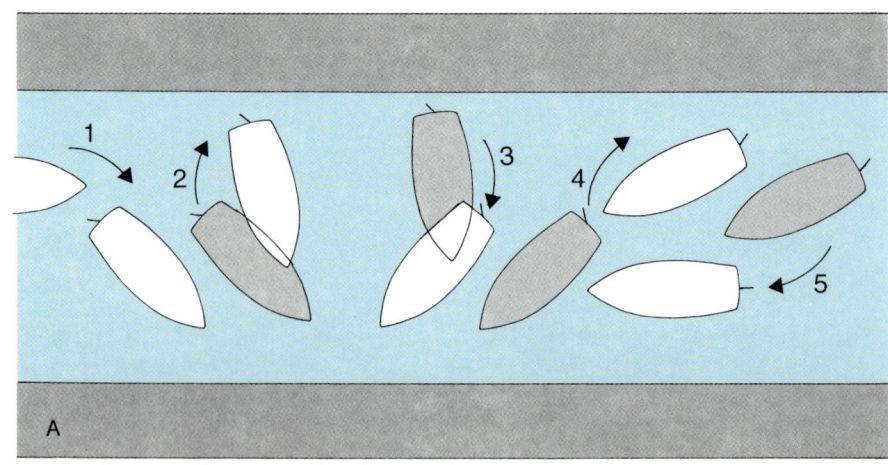

A

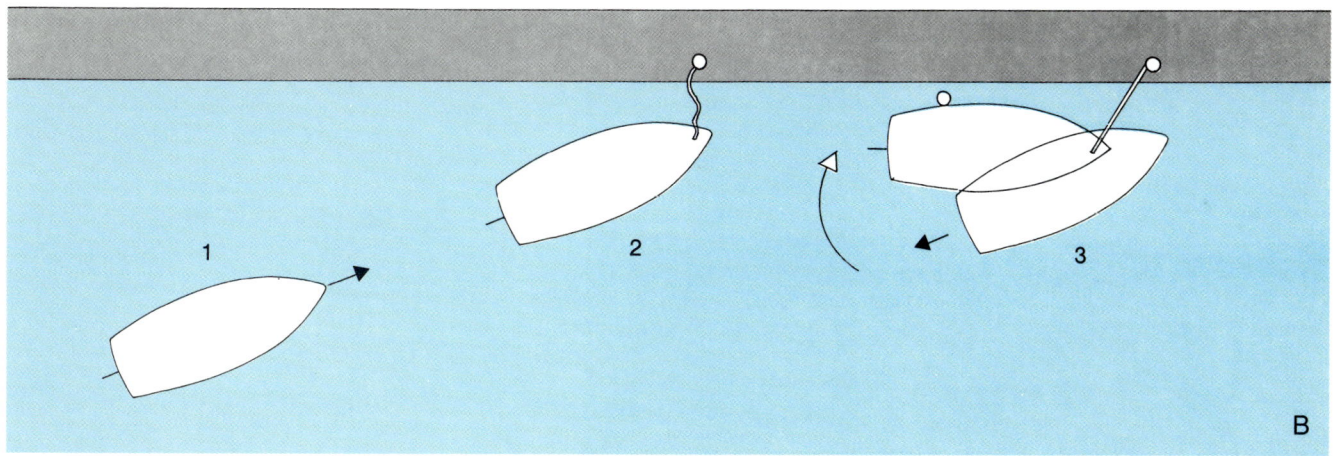

Längsseits anlegen an Bb (Abb. B)

Die Anlegestelle wird mit langsamer Fahrt und in einem spitzen Winkel *von etwa 20° so angelaufen, daß wir am Poller fast keine Fahrt voraus mehr machen. Sobald die Vorleine übergegeben und festgemacht ist,* *wird das Heck mit langsamer Rückwärtsfahrt durch den Radeffekt nach Bb gezogen.*
Fender ausbringen!

Längsseits anlegen an Stb (Abb. C)

Wiederum wird bei langsamer Fahrt die Anlegestelle in einem spitzen Winkel angelaufen. Doch müssen wir *am Poller noch etwas Fahrt voraus haben. Hier wird Bb-Ruder gelegt und zugleich die Vorleine lang übergegeben und belegt. Die Vorleine soll als Spring wirken und muß deshalb etwas gefiert werden. Durch die Vorwärtsfahrt, das Bb-Ruder und die Spring wird das Heck an die Pier geschoben („Eindampfen in die Spring"). Fender ausbringen!*

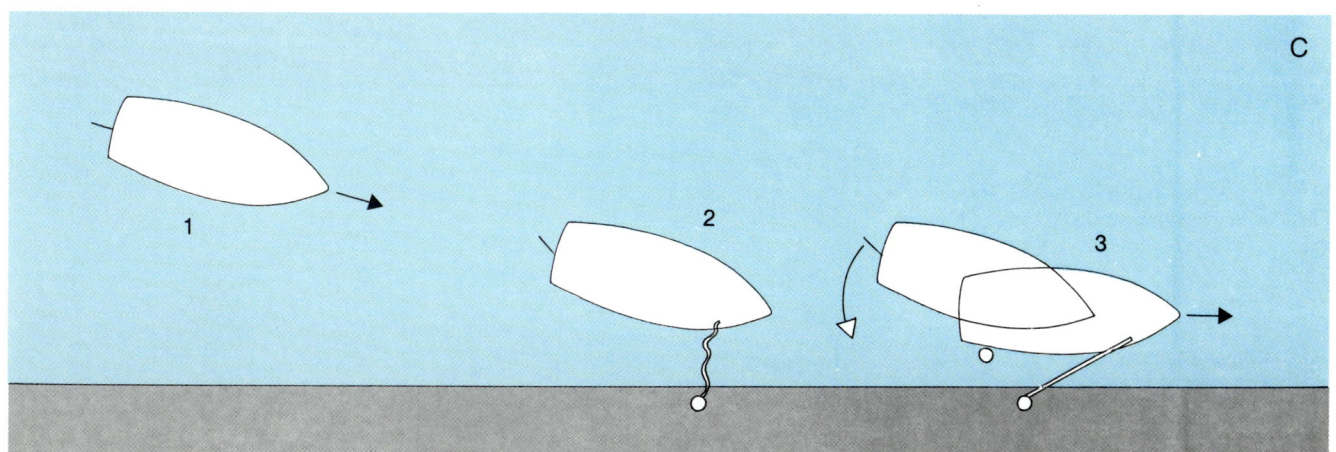

Manöver II

Fragen 281, 282

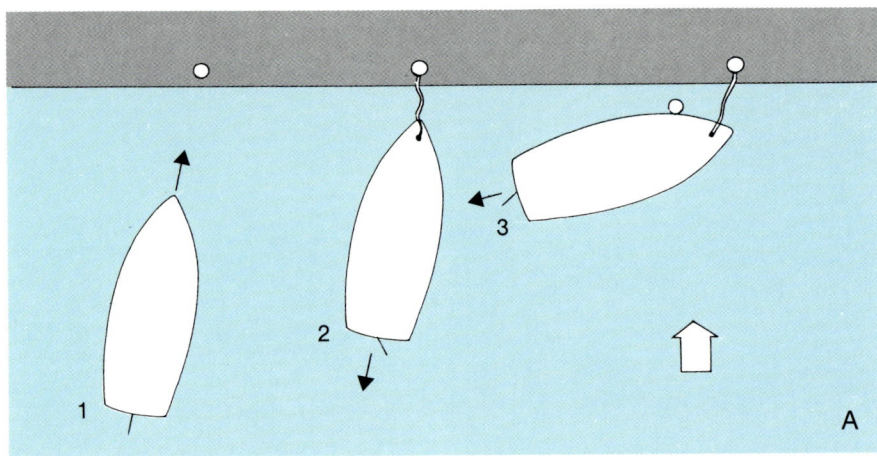

Anlegen bei auflandigem Wind oder Strom (Abb. A)

Damit unser Boot nicht gegen die Pier gedrückt wird, laufen wir in steilem Winkel (etwa 60° bis 70°) an und stoppen kurz vor dem Steg mit Rückwärtsfahrt ab, um die Vorleine überzugeben. Dann ziehen wir das Heck mit langsamer Rückwärtsfahrt und ablandiger Ruderstellung an den Steg heran.
Bei starkem Wind legen wir besser mit der Stb-Seite an, um mit dem Radeffekt den Wind auszugleichen.

Ablegen bei ablandigem oder vorlichem Wind oder Strom (Abb. B)

Wir geben die Vorleine frei und fieren zugleich die Achterleine. So wird das Boot langsam von der Pier weggedrückt. Erst dann wird ablandiges Ruder gelegt und Fahrt voraus aufgenommen. Auf diese Weise vermeiden wir eine Kollision des Hecks mit dem Steg.
Achte beim Einholen der Achterleine auf die Schraube!

Ablegen bei auflandigem oder achterlichem Wind oder Strom (Abb. C)

Dieses Manöver ist schwieriger, da es leicht zu einer Kollision des Hecks mit der Pier kommen kann. Deshalb wird das Heck durch Vorwärtsfahrt und auflandiges Ruder bei kurzer Vorleine vom Steg weggedrückt („Eindampfen in die Spring"). Fender nicht vergessen! Dann können wir das Boot mit Rückwärtsfahrt und ablandigem Ruder von der Pier wegziehen.

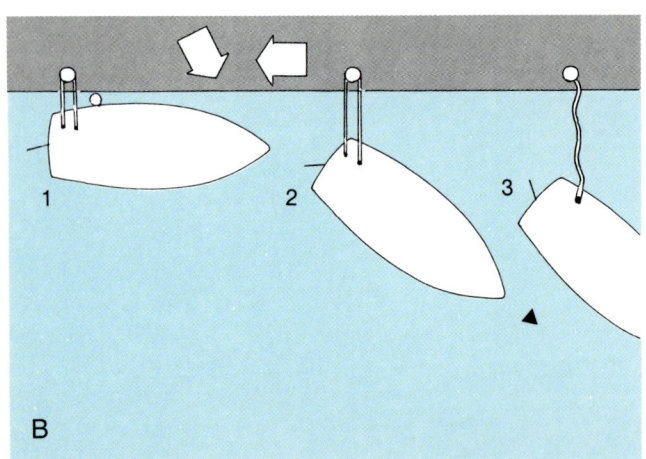

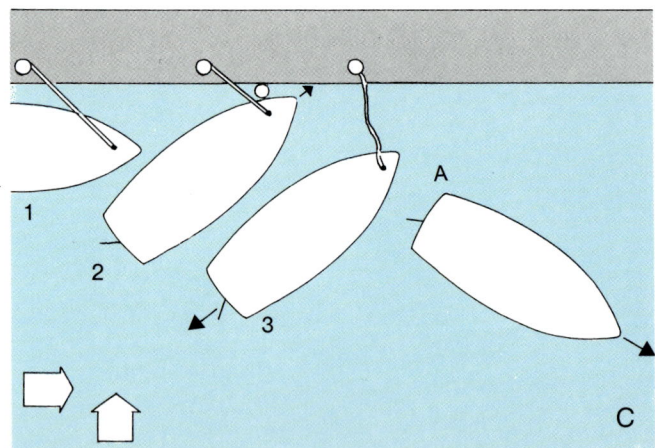

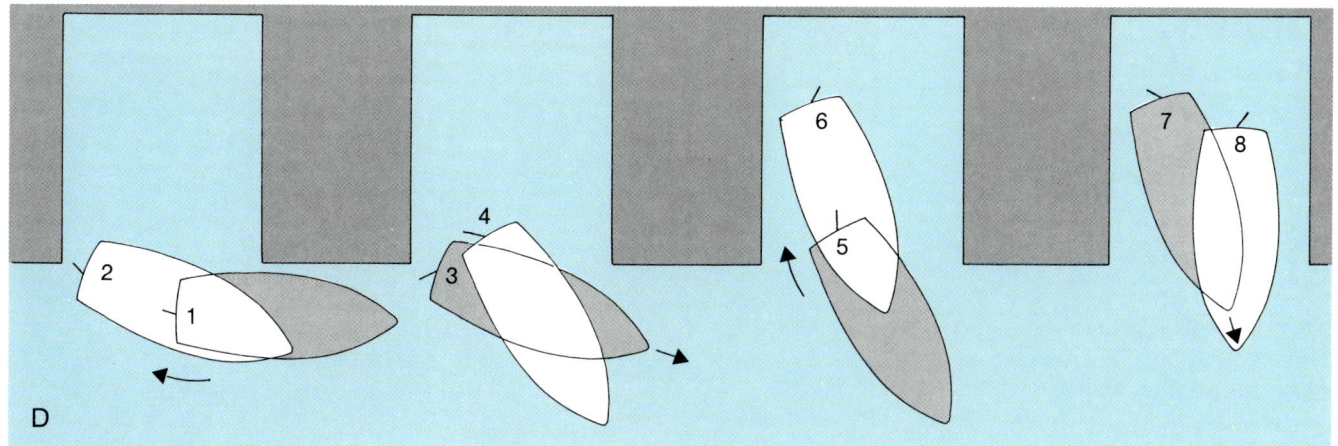

Rückwärts in eine enge Box manövrieren (Abb. D)

Wir laufen langsam parallel an die Box heran und legen bei geringer *Rückwärtsfahrt Bb-Ruder. Auch hier zieht uns der Radeffekt nach Bb herum. Dann wieder langsam voraus bei Stb-Ruder. Diesen Vorgang wiederholen wir so lange, bis wir um 90°* *gedreht haben. Wir führen dieses Manöver auch aus, wenn wir vor Buganker an eine Pier gehen.*

Längsseits festmachen (Abb. E)

Beim Festmachen ist darauf zu achten, daß das Fahrzeug sicher liegt und sich nicht losreißen kann. Hierbei sind Wind, Strom und Wasserstandsänderungen zu berücksichtigen.
Verlassen wir das festgemachte Boot für längere Zeit, so müssen wir *alle Seeventile schließen, den Hauptschalter des Bordnetzes ausschalten und so festmachen, daß die Masten nebeneinander liegender Boote gegeneinander versetzt sind und nicht bei Schwell beschädigt werden können.*
Man macht eine Yacht mit folgenden Leinen fest:

- Vorleine
- Achterleine
- Vorspring
- Achterspring

Die beiden Springs verhindern die Vorwärts- und Rückwärtsbewegungen des Bootes. Auf großen Yachten wird vorn und achtern noch je eine Querleine gelegt.

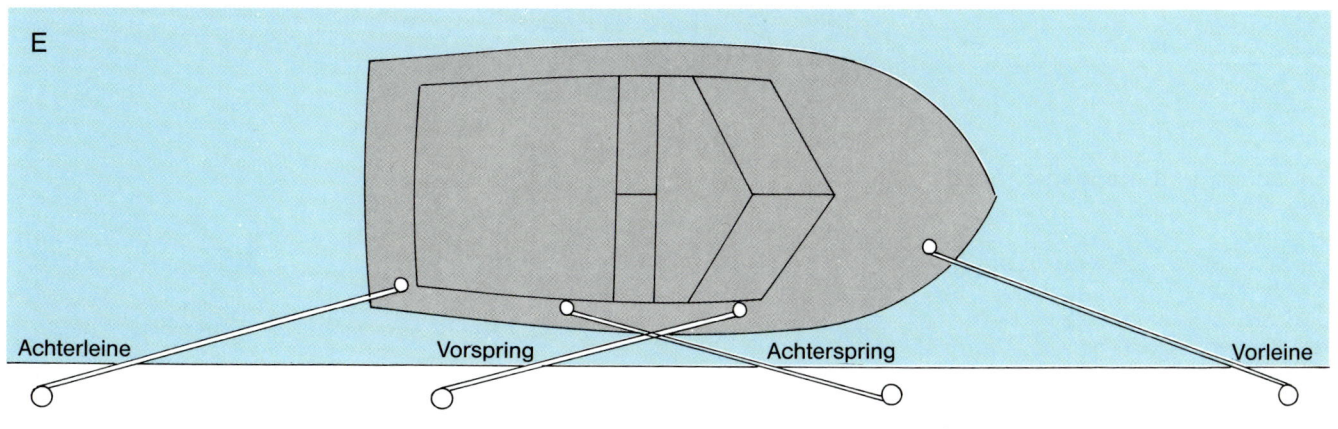

Achterleine Vorspring Achterspring Vorleine

Knoten

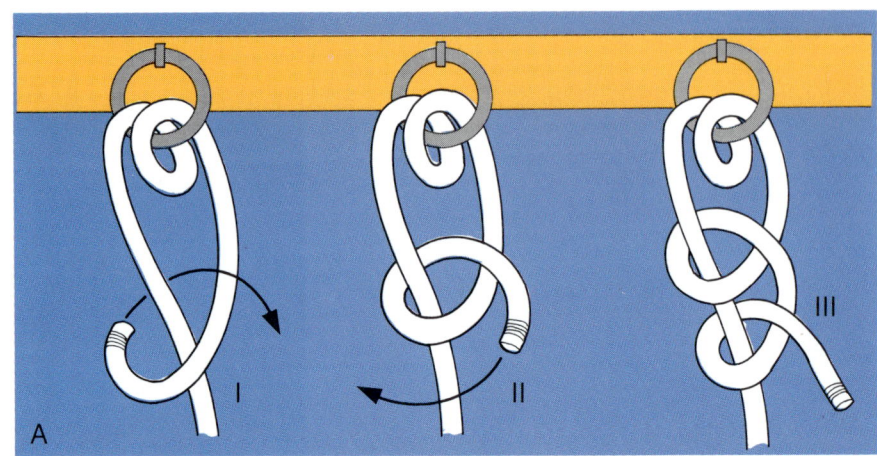

1¹/₂ Rundtörn mit 2 halben Schlägen (A)

Eine oft gebrauchte Kombination zum kurzzeitigen Festmachen, wenn nicht viel Kraft auf das Ende kommt. Oft genügen auch allein die 2 halben Schläge.

Achtknoten (B)

Ein Stopperknoten, der das Ausrauschen eines Endes durch einen Block oder ein Auge verhindert. Er läßt sich auch nach starker Belastung durch Schieben leicht lösen.

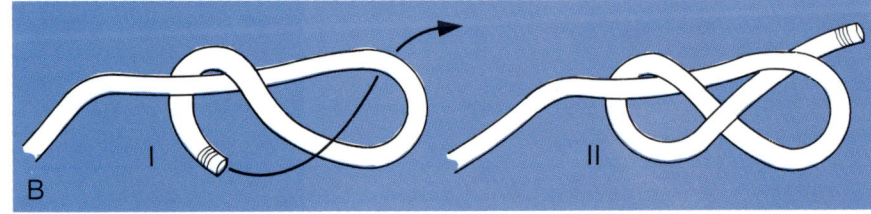

Kreuzknoten (C)

Er dient der Verbindung zweier gleich starker Enden. Er muß symmetrisch sein, d. h. die Parten jedes Tampen müssen nebeneinander und auf derselben Seite aus der Bucht des anderen Tampen laufen.

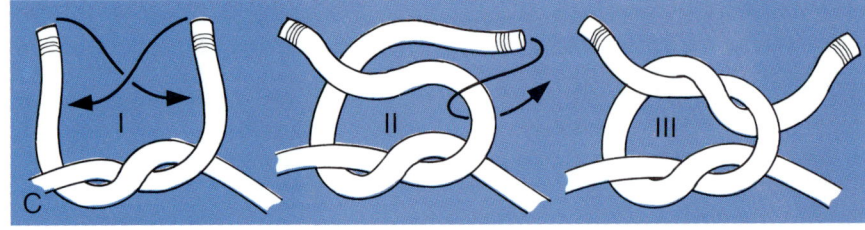

Einfacher und doppelter Schotstek (D)

Beide Knoten verbinden zwei ungleich starke Tampen, wobei das dünnere Ende immer durch die Bucht des dickeren gesteckt wird. Ist das eine Ende wesentlich dünner, so verwende immer den doppelten Schotstek!

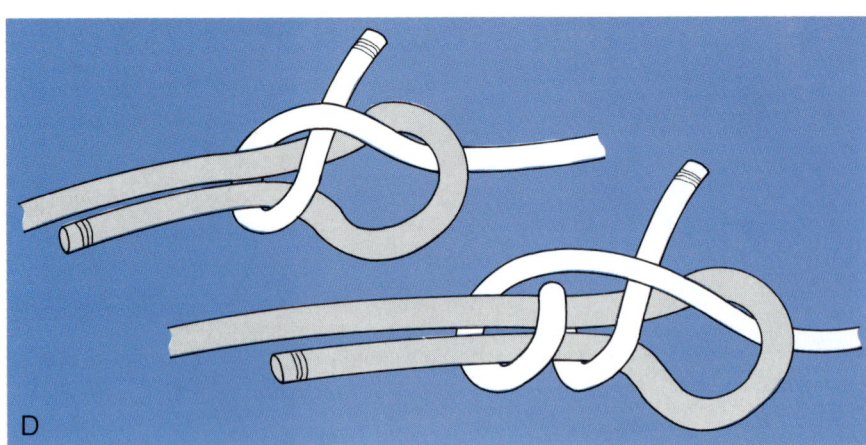

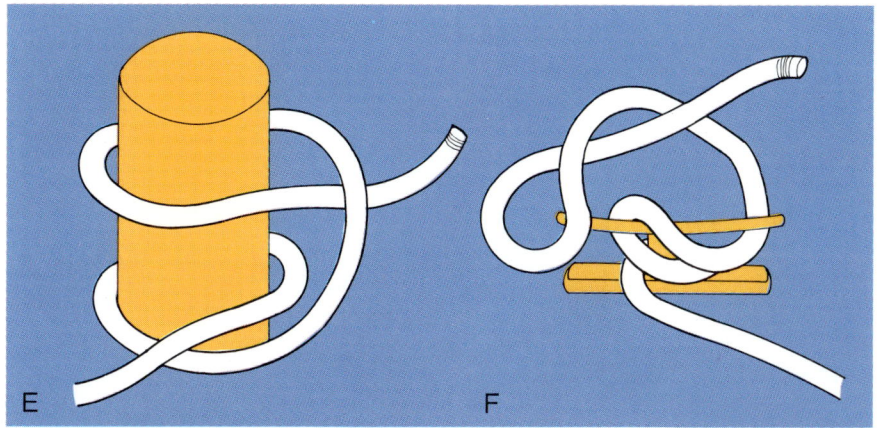

Webeleinstek (E)

Er wird zum Belegen kleiner Boote an Pollern verwendet: Man legt einfach zwei Augen übereinander, doch kann er auch gesteckt werden.

Belegen auf einer Klampe (F)

Zunächst legen wir einen Rundtörn, dann mehrere Kreuzschläge und zuletzt einen Kopfschlag, der sich durch Zug bekneift.
Der erste Rundtörn darf sich nicht selbst bekneifen, damit das Ende auch auf Zug freigegeben werden kann.

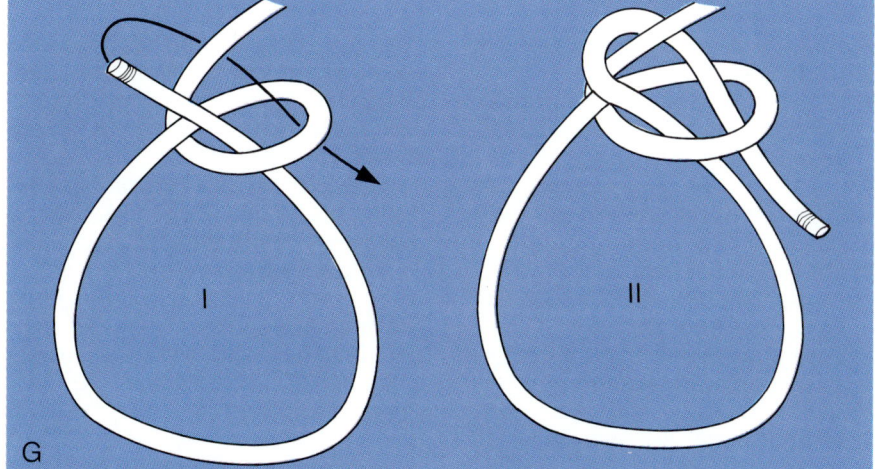

Einfacher Palstek (G)

Er zieht sich bei Belastung nicht zu und dient deshalb zum Überwerfen über Poller oder Pfähle. Man verwendet den einfachen Palstek auch zum Festmachen an Ringen.

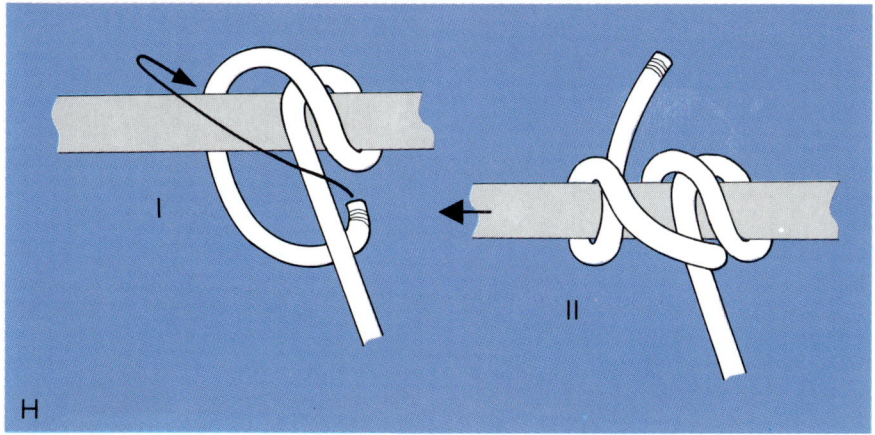

Stopperstek (H)

Mit ihm steckt man einen Tampen an ein laufendes Ende, z. B. die Vorleine auf eine Schlepptrosse. Er hält nur, solange Kraft in der dargestellten Zugrichtung auf der holenden Part steht.

Ankern

Fragen 274–276

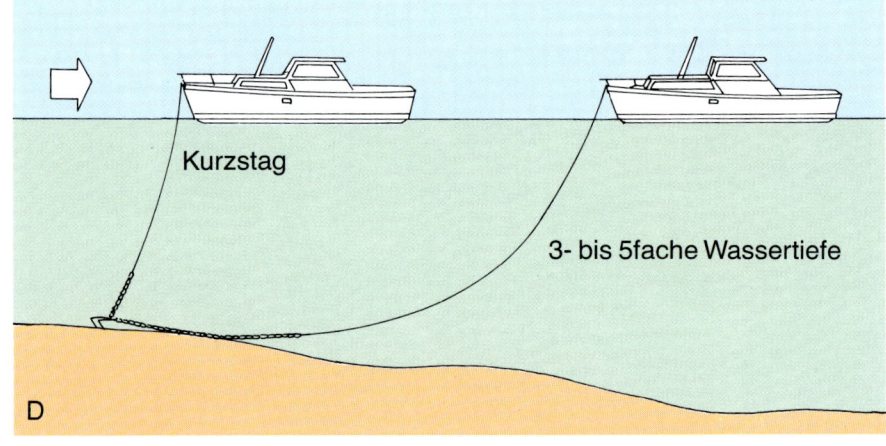

Kurzstag

3- bis 5fache Wassertiefe

D

Wie wirkt der Anker?

Im Küstenbereich müssen wir unbedingt einen Anker an Bord haben. Seine Größe und sein Gewicht hängen von der Größe unseres Bootes ab. Wie hält der Anker? Ein *Stockanker* besteht aus den die beiden *Hände* tragenden *Flunken*, dem *Schaft* und dem dazu quer liegenden *Stock* **(A)**. Da der Stock länger ist als die von den Flunken gebildete Sehne, fällt der Anker immer so, daß der Stock parallel zum Boden liegt. Verstärkt sich jetzt der Zug, so gräbt sich eine Flunke immer tiefer und fester in den Grund ein.

● Entscheidend ist, daß der Zug der Kette am Anker möglichst parallel zum Boden wirkt.

Um sicher vor Anker zu liegen, darf deshalb die Kette oder Trosse nicht zu kurz sein.

● Die Länge der Leine soll etwa der 3- bis 5fachen Wassertiefe entsprechen **(Abb. D)**.

Im Zweifel sollte eher mehr als zu wenig Kette gesteckt werden.

Warum verwendet man gern eine Kette oder einen Kettenvorlauf statt einer Leine? Auf Grund des Eigengewichts hängt eine Kette stärker zum Boden hin durch, so daß der Zug am Anker etwa horizontal angreift. Hinzu kommt bei starker Belastung eine Art Federeffekt, da die durchhängende Kette ruckartiges Ziehen der Yacht ausgleicht, ohne daß dadurch der Anker stark belastet wird.

Neben dem Stockanker gibt es eine Reihe anderer Anker:
den *Draggen* und die *Patentanker,* z. B. den *Danforth-Anker* **(B)** und *Pflugscharanker* **(C)**.

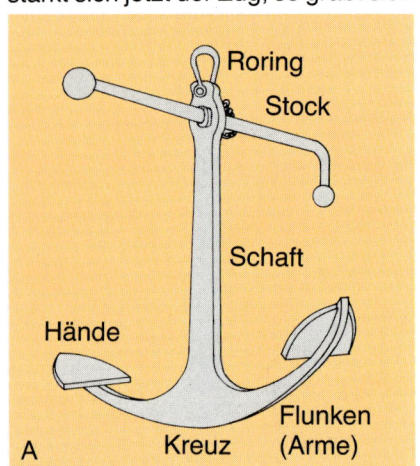

Roring

Stock

Schaft

Hände

Kreuz

Flunken (Arme)

A

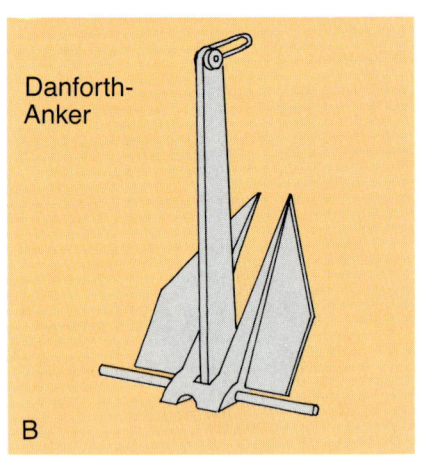

Danforth-Anker

B

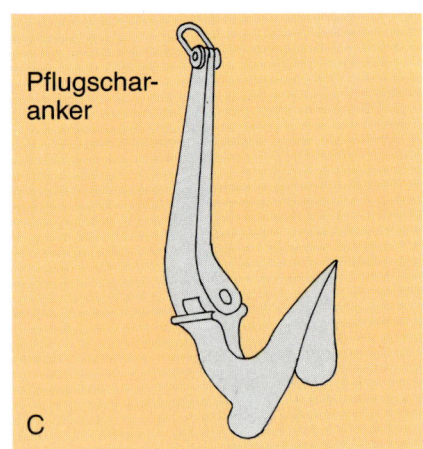

Pflugscharanker

C

Das Ankermanöver

- Wähle den richtigen Ankerplatz, d. h. eine gegen Wind und See-gang geschützte Stelle – auch wenn der Wind drehen sollte!
  Hält der Ankergrund? Geeignet sind fester Sand, Ton oder Lehm, weniger geeignet dagegen Fels oder stark verkrauteter Boden.
- Lege den Anker, die Kette und Trosse auf Deck so bereit, daß sie beim Überbordgehen ohne Wuling klarlaufen.
- Bringe das Boot über dem Anker-platz zum Stillstand! Bei Wind wird unser Boot mit dem Bug in den Wind gedreht.
- Kommando „Anker fallen": Man läßt den Anker am Bug senkrecht ins Wasser gleiten, ohne die Kette in ihrer gesamten Länge ausrau-schen zu lassen. Sie würde sich sonst auf den Anker legen und ein Ausbrechen bei Beanspruchung garantieren.
- Bei Wind lassen wir uns langsam achteraus treiben und geben Me-ter für Meter die Trosse nach, bei Flaute langsame Rückwärtsfahrt. Die Länge der Leine entspricht etwa der 3- bis 5fachen Wasser-tiefe.
- Hält unser Anker? Durch Deck-peilungen (vgl. S. 56) quer zur Schiffsrichtung können wir fest-stellen, ob unser Anker hält oder langsam über den Boden slippt. Deckpeilungen notieren, damit sie jederzeit überprüfbar sind!
  Wird der Anker stark belastet, so können wir mit der Hand auf der Ankertrosse ein unregelmäßiges Rucken spüren, sobald der Anker slippt.
- Manöver „Anker auf": Bevor wir den Anker ausbrechen, muß un-ser Schiff fahrbereit sein, d. h. die Maschine muß laufen.

Schleppen

Fragen 271–273

Fällt unsere Maschine oder Ruderan-lage aus, müssen wir uns abschlep-pen lassen. Einige Grundregeln sind zu beachten:
- Da der Zug der Schlepptrosse sehr stark ist, kann er meist nicht von einer Klampe oder einem klei-nen Poller allein aufgefangen werden. Wir verteilen deshalb die Kräfte so weit wie möglich durch eine Hahnepot auf mehrere Pol-ler. Auf Segelyachten ist oft der Mast der geeignete Festmache-punkt.
- Halte dich möglichst nur kurzzeitig in der Fluchtlinie der belasteten Schleppleine auf! Sie kann bre-chen und dich mit peitschenarti-ger Gewalt verletzen.
- Ruckartiges Steifkommen der Schleppleine vermeiden.
- Die Schleppgeschwindigkeit darf nicht größer sein als die Ge-schwindigkeit, die der Anhang frei-fahrend bei Verdrängerfahrt errei-chen kann.

- Die Länge der Schleppleine muß dem Seegang entsprechen:
  Bei ruhiger See genügt eine kür-zere Schleppleine, bei stärkerem Seegang benötigt man minde-stens das Zwei- oder Dreifache der Wellenlänge. Hierbei ist die Länge genau so abzustimmen, daß beide Schiffe – Schlepper und geschlepptes Fahrzeug – sich gleichzeitig in der gleichen Wellenphase befinden. Ist die ei-ne Yacht gerade auf dem Wellen-kamm, so muß auch die andere auf dem Kamm liegen.
- In engen Fahrwassern (Schleu-sen) kann *Längsseitsschleppen* von Vorteil sein (vgl. Abb. E). Dann werden beide Boote durch Vor- und Achterspring starr mit-einander verbunden, um eine fe-ste Einheit zu bilden. Genügend Fender zwischen die Boote brin-gen! Um die Manövrierfähigkeit zu erhöhen, soll **das Heck der schleppenden Yacht achterli-cher liegen als das Heck der geschleppten Yacht.**

Achte immer darauf, daß die Schleppleine nicht in die Schraube gerät!

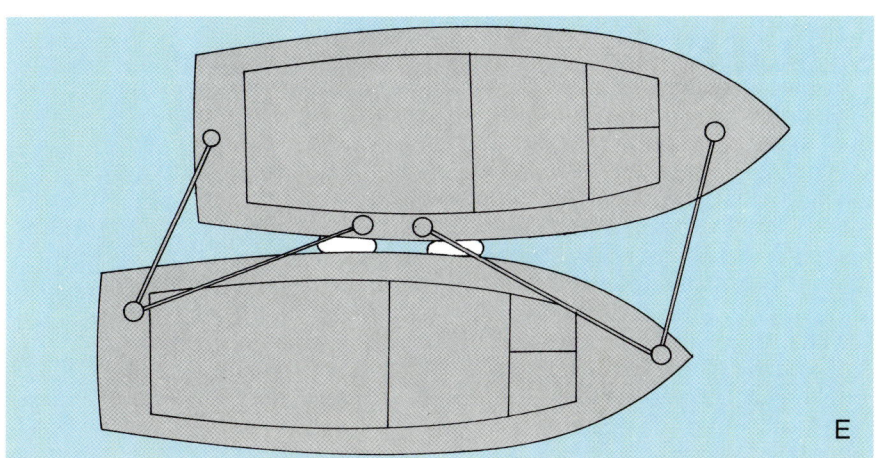

E

Verhalten im Sturm

Fragen 285, 310–312, 314

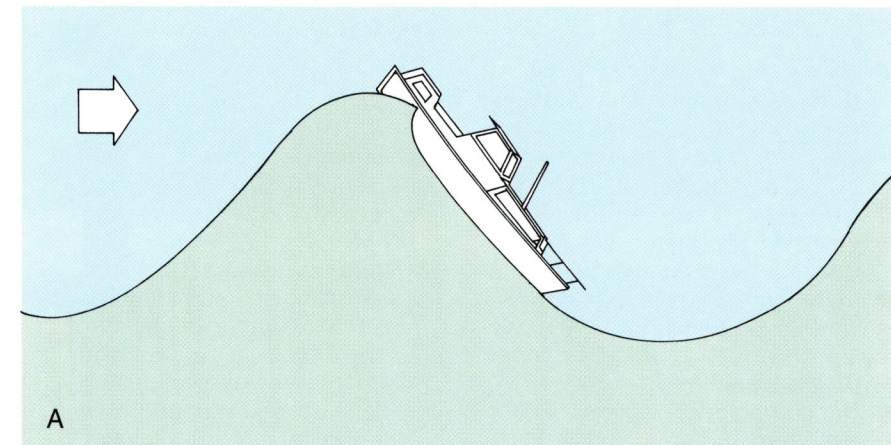

A

Auch wenn wir nicht mit schwerem Wetter rechnen, prüfen wir routinemäßig **vor jedem Auslaufen:**
- Sind die Rettungsmittel in Ordnung?
- Ist genügend Trinkwasser, Treibstoff und Öl an Bord?
- Was sagt der Wetterbericht?

Unterwegs beobachten wir laufend die Wetterentwicklung (Wind, See, Wolken, Barometer) und hören regelmäßig den Wetterbericht.

Sollten wir trotzdem in Starkwind oder Sturm geraten, so besteht kein Grund, den Kopf zu verlieren. Denn schweres Wetter wird sicherer auf offener See als im unmittelbaren Küstenbereich überstanden. Wir treffen dann **folgende Vorbereitungen:**
- Aufklaren: Festzurren aller losen Gegenstände.
- Luken und Bullaugen schließen.
- Rettungswesten und Sicherheitsgurte anlegen.
- Schiffsort bestimmen.
- Evtl. Schutzhafen anlaufen.

Eine Motoryacht läuft bei starkem Seegang am sichersten langsam gegen die See an, so daß der Bug leicht über die Welle steigen kann. Stampft das Schiff und nimmt es viel Wasser über, so muß die Welle in einem spitzen Winkel angefahren werden. Auch gegen die See macht das Boot Raum nach Luv gut. Man läuft etwa 5–6 kn über Grund.

Das Ablaufen vor dem Sturm *(Lenzen)* ist für Motoryachten problemati-

scher als für Segelyachten. Sie laufen schnell aus dem Ruder und liegen quer zur See oder gehen kopfüber, wenn sie zu schnell sind **(Abb. A).** Erst eine Fahrt von etwa 3 kn verringert dieses Risiko.

Ist die Maschine ausgefallen und haben wir wenig Raum nach Lee, so kann ein über den Bug ausgebrachter *Treibanker* **(Abb. B)** die Yacht vor dem Querschlagen und Abtreiben schützen. Allerdings hält er eine Yacht meist nur bei mittleren Windstärken im Wind. Bei Starkwind und Sturm bricht sie seitlich aus und liegt

quer zur See, was ja gerade vermieden werden soll.

Und nach dem Sturm: Haben uns schlechtes Wetter oder andere Umstände länger als vorgesehen aufgehalten, so sollten wir umgehend unsere Angehörigen verständigen, um aufwendige Suchaktionen zu vermeiden.

Müssen wir aber annehmen, daß eine Suchaktion nach uns ausgelöst wurde, müssen wir die Seenotleitung Bremen der Deutschen Gesellschaft zur Rettung Schiffbrüchiger und Angehörige benachrichtigen.

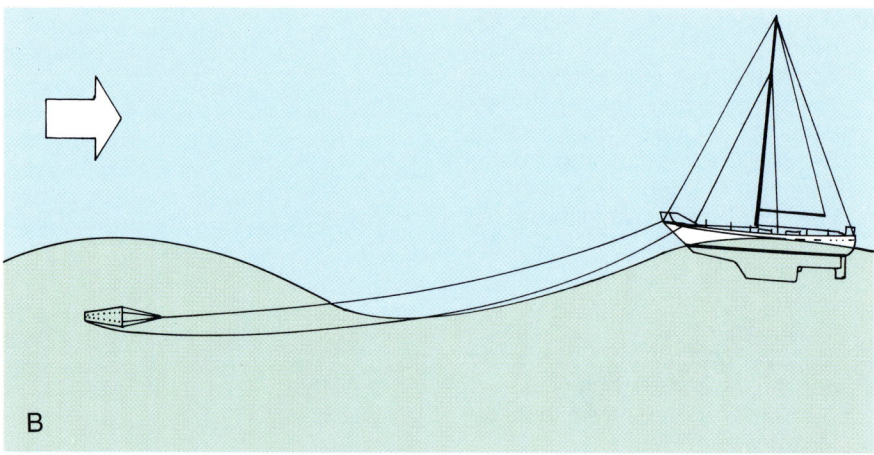

B

Mann über Bord

Fragen 328, 329

Sobald ein Mann über Bord gegangen ist, wird gerufen: „Mann über Bord an Bb/Stb!" Zugleich wird das Gas weggenommen, der Propeller ausgekuppelt und so Ruder gelegt, daß das Heck vom Mann im Wasser abgedreht wird.
Also: Stb-Ruder, wenn der Mann an Stb, und Bb-Ruder, wenn er an Bb über Bord gegangen ist.
Die weiteren Maßnahmen sind:

1. Rettungsboje nachwerfen

Die in der Nähe des Steuermanns aufgehängte Rettungsboje mit Nachtlicht und Leine wird so schnell wie möglich nachgeworfen. Der Mann darf hierbei nicht getroffen werden.

2. Mann beobachten

Zugleich werden alle Mann an Deck gerufen und einer von ihnen beauftragt, nichts anderes zu tun, als ständig den Mann im Wasser zu beobachten. Bereits bei geringem Seegang verlieren wir ihn sonst schnell aus den Augen.

3. Manöver fahren

Eine **Motoryacht** bringen wir auf kleinstem Wendekreis (Radeffekt ausnutzen) auf Gegenkurs. Zuletzt wird das Boot einige Meter in Luv vom Mann im Wasser gestoppt und der Propeller ausgekuppelt. Nun treibt der Wind das Boot langsam auf den Mann zu **(Abb. C)**.
Eine **Segelyacht** kann beim Mann-über-Bord-Manöver nicht ausschließlich auf ihren Hilfsmotor vertrauen; meist wird die Maschine das unter Segeln durchgeführte Manöver nur unterstützen können.
Der Mann im Wasser kann durch eine Wende oder Halse wieder erreicht werden. Doch bringt jede Halse bei schwerem Wetter ein erhebliches Risiko für das Rigg mit sich. Dann ist auf jeden Fall die Wende bzw. Q-Wende vorzuziehen **(Abb. D)**.
Das Manöver wird mit einem *Nahe-zu-Aufschießer* abgeschlossen, d. h. die Yacht läuft nicht gegen den Wind aus, sondern in einem spitzen Winkel zum Wind.

4. Mann übernehmen

In unmittelbarer Nähe zum Mann darf keinesfalls die Schraube mitdrehen; der Propeller muß ausgekuppelt sein. Manche Schrauben drehen auch im Leerlauf langsam mit; dann muß die Maschine abgestellt werden, sobald eine Verbindung zum Mann besteht. Den Mann bei hochbordigen Yachten aufzunehmen kann schwieriger sein, als ihn im Seegang zu finden. Er wird nicht zu nahe am stampfenden Bug oder Heck übergenommen. Er könnte erschlagen werden! Sobald der Mann erreicht ist, wird er mit einer Leine gesichert. Eine Badeleiter oder Trittschlingen erleichtern das Anbordkommen. Ist der Mann schon sehr geschwächt, muß er — notfalls durch einen Helfer, der kurzzeitig ins Wasser geht — mit einer Talje, auf Segelbooten mit dem Großbaum und der Großschot, an Bord gehievt werden.

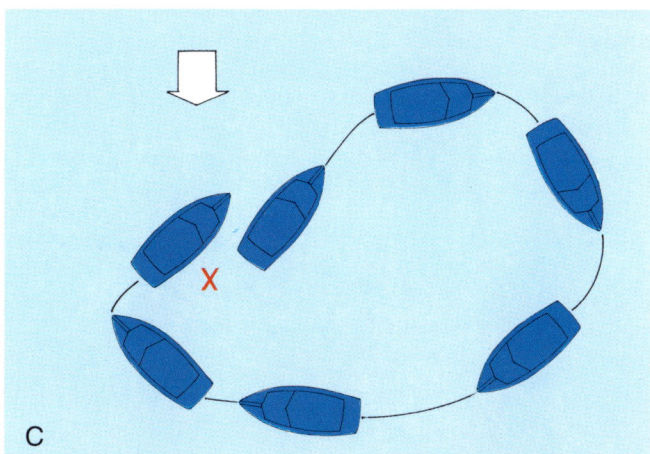

C

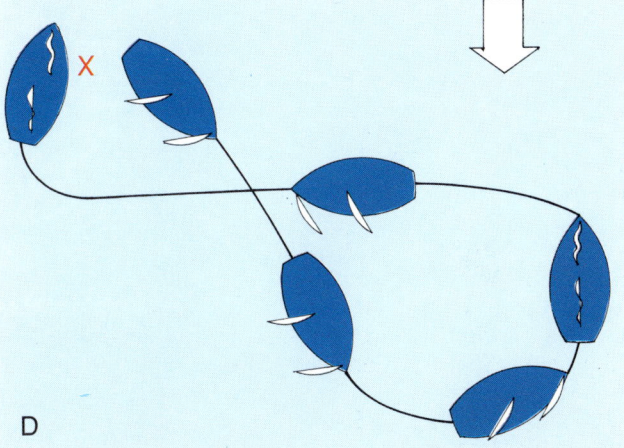

D

Abbergen durch Hubschrauber

Frage 342

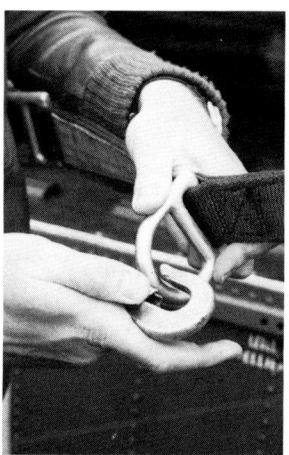

In den Anliegerstaaten von Nord- und Ostsee besteht ein umfangreiches System zur Rettung aus Seenot durch Hubschrauber. Diese sogenannten SAR-Hubschrauber *(search and rescue)* werden auch für Sportboote tätig. Wie verhalten wir uns, wenn von unserer Yacht ein Mann abgeborgen werden soll?

Wir laufen mit konstanter Fahrt in einem spitzen Winkel von etwa 20° bis 30° zum Wind — auf gar keinen Fall vor dem Wind! Segelyachten bergen die Segel und laufen möglichst unter Motor. Je schneller wir sind, desto geringer ist die Wirkung des Rotorstrahls *(downwash)*, der vollen 9 Windstärken entspricht.

Das Abbergen erfolgt durch einen Windenläufer, der vom Hubschrauber herabgelassen wird und sich nicht an Stagen oder Antennen verfangen darf. Keine feste Verbindung zwischen Windenläufer und Boot herstellen! Stagen usw. möglichst entfernen!

Die verletzte oder kranke Person wird vom Heck der Yacht abgeborgen. Auf Segelyachten besteht aber auch dort die Gefahr, daß sich die Rettungsschlinge im Rigg verheddert; dann ist das Abbergen von einem weit achteraus nachgeschleppten Dingi günstiger.

Die Zeichnungen unten zeigen, wie die Rettungsschlinge richtig angelegt wird: Sie wird über den Kopf und unter die Arme geführt, so daß sie unmittelbar unter den Achseln anliegt. Jetzt die Sicherungsschlaufe zum Körper ziehen (Skizze b)! Beim Abheben nicht die Arme heben! Manchmal kommt die Rettungsschlinge nicht schlaufenförmig, sondern geöffnet (vgl. Fotoreihe oben). Dann wird sie hoch unter den Achseln durchgeführt und geschlossen.

112

Anlegen von Rettungswesten
Sicherheitsgurt

Anlegen von Rettungswesten (Fotoreihe unten)

Aufblasbare Rettungswesten werden in unaufgeblasenem Zustand getragen – was die Beweglichkeit und somit die Sicherheit bei der Arbeit an Bord beträchtlich erhöht. Erst im Ernstfall blasen sie sich selbsttätig auf. Eine solche automatische Rettungsweste kann auf drei Arten aufgeblasen werden:

- **Automatisch** mit einer Preßgas-Patrone, sobald sie ins Wasser eintaucht – also auch dann, wenn ihr Träger beim Überbordgehen ohnmächtig wird.

- **Durch Handauslösung** der Preßgas-Patrone, falls die Automatik versagen sollte: Man zieht kräftig am Handauslöseknopf.

- **Durch Mundaufblasen,** falls auch diese Handauslösung versagen sollte.

Beim Anlegen der Rettungsweste (Fotoreihe unten) muß beachtet werden, daß die Luftkammer vor der Brust liegt, denn nur dann ist die Weste ohnmachtssicher (vgl. S. 114).

Sobald sie über den Kopf gezogen ist, wird der Gurt geschlossen und festgezurrt. Auf der linken Seite erkennt man deutlich den Handauslöseknopf.

Sicherheitsgurt

Die beiden Fotos oben zeigen einen richtig angelegten *Sicherheitsgurt.* In ihn wird auf der Brust die mit dem Schiff verbundene Sicherheitsleine so eingepickt, daß sie sich etwa auf Achselhöhlen-Höhe befindet.

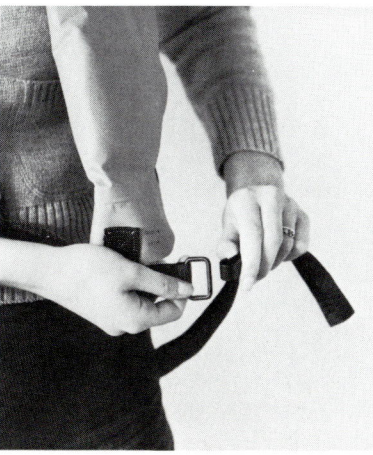

Die Ausrüstung

Fragen 319, 320

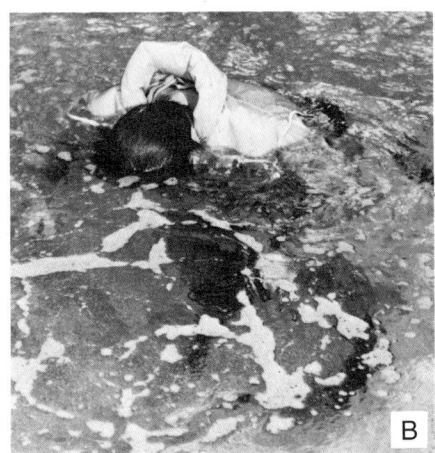

Der Ausrüstungsumfang hängt wesentlich von der Größe unseres Bootes und dem Verwendungszweck ab. Soll ein gedecktes Fahrzeug im Küstenbereich hinreichend ausgerüstet sein, so wird man kaum auf die folgenden Gegenstände verzichten können. Doch kann ein offenes Boot, das nur tagsüber und ausschließlich bei günstigen Wetterbedingungen gefahren werden soll, sicher auf einige Dinge verzichten – jedoch keinesfalls auf die Sicherheitsausrüstung.

Navigatorische Ausrüstung

- *Steuerkompaß,* möglichst fest eingebaut,
- eventuell *Zweitkompaß,* am günstigsten als *Peilkompaß,*
- *Seekarten* und *nautische Literatur* (korrigiert),
- *Handlot* oder *Echolot,*
- *Log* oder *Speedometer,*
- *Fernglas,*
- *Radioempfänger,* zum Aufnehmen von Wetterberichten,
- *Positionslaternen* und *Tagzeichen* gemäß SeeSchStrO und KVR.

Seemännische Ausrüstung

- *Bilgepumpe,* am besten eine Membranpumpe, die wenig störanfällig ist und schnell repariert werden kann,

- *Handpumpe,* die tragbar und von der ersten Pumpe unabhängig ist,
- *2 Anker,* der eine mit Kette, der andere mit mindestens 5 m Kettenvorlauf und Trosse,
- *Feuerlöscher:* ABC-Pulverlöscher,
- *Riemen* oder *Paddel,*
- *Taschenlampe,*
- *Treibanker,*
- *Radarreflektor,*
- *Signallampe,* zum Morsen geeignet und spritzwassergeschützt,
- *Nebelhorn,*
- *Radarreflektor,* und zwar bei Motoryachten in Sechserstellung, bei Segelyachten in Yachtstellung angebracht,
- *Proviant und Wasser,* auch dann, wenn nur eine kurze Fahrt geplant ist,
- *Erste-Hilfe-Ausrüstung,*
- *Ersatzteile,*
- festes oder aufblasbares *Beiboot* (evtl. Rettungsinsel).

Sicherheitsausrüstung

Eine Sicherheitsausrüstung erhöht nur so lange die Sicherheit der Mannschaft, wie sie funktionsfähig ist. Alle Rettungsgeräte müssen deshalb in regelmäßigen Abständen auf ihre Einsatzbereitschaft überprüft werden. Wir dürfen uns auf keinen Fall verleiten lassen, wie es leider recht oft vorkommt, das regelmäßige Durchchecken der Ausrüstung deshalb zu unterlassen, weil wir auf ihren Einsatz bisher nicht angewiesen waren. Im übrigen sollte sich jeder Skipper und Yachteigner vor Augen halten, daß falsches Sparen an der Sicherheitsausrüstung u. U. mit dem Leben eines Crewmitgliedes bezahlt werden muß.

Folgende Ausrüstungsgegenstände sind für die Sicherheit einer Mannschaft unbedingt erforderlich:

– **Rettungswesten** für jedes Besatzungsmitglied. Sie müssen den allgemeinen Sicherheitsrichtlinien entsprechen, ohnmachtssicher und mit einfachen Signalmitteln ausgestattet sein. Eine ohnmachtssichere Rettungsweste trägt eine erschöpfte oder bewußtlose Person so im Wasser, daß Mund und Nase über Wasser bleiben. Damit dies gewährleistet ist, muß der Auftriebsschwerpunkt auf der Brust und zusätzlich ein aufblasbarer Halskragen vorhanden sein. Die Verteilung von Halsauftrieb zu Brustauftrieb sollte etwa 30 % zu 70 % betragen.

Alle seit 1988 für die Sportschiffahrt hergestellten Rettungswesten müssen der DIN-Norm 7929 entsprechen, die eine ohnmachtssichere Schwimmlage gewährleistet.

Die Rettungsweste wird in unaufgeblasenem Zustand getragen und im Ernstfall entweder automatisch oder durch Handauslösung mit CO_2-Preßgas-Patronen aufgeblasen. Rettungswesten nach DIN 7928 sind nur nach Handauslösung ohnmachtssicher. Kinder und Nichtschwimmer sollten stets Rettungswesten tragen. An jeder Weste sollte eine Doppeltonpfeife befestigt sein. In **Abb. A** erkennt man eine ohnmachtssichere Weste, in **Abb. B** die Wirkung eines zu geringen Brustauftriebes.

– **Sicherheitsgurt** für jedes Crewmitglied. Er muß bei schwerem Wetter neben der Rettungsweste unbedingt angelegt werden, um möglichst die Verbindung zum Schiff im Fall des Überbordgehens zu erhalten. Um wirkungsvoll zu sein, sollte der Sicherheitsgurt möglichst hoch, etwa auf Achselhöhlen-Höhe getragen werden, damit der Träger nicht unter Wasser gedrückt wird.

Zum Einhängen der Sicherheitsleine sind auf manchen Yachten vom Vorschiff zum Cockpit durchgehende Drahtstropps montiert. Hänge dich möglichst kurz und nie in den Durchzügen der Seereling ein!

– **Rettungsboje** als Nachfolger für den längst antiquierten Rettungsring. Sie sollte mit einer schwimmbaren automatischen Rettungsleuchte verbunden sein, die im Einsatz regelmäßig zu blinken beginnt. Eine an der Boje befestigte schwimmbare Perlonleine erleichtert das Aufnehmen beim Rettungsmanöver, da sie in

ihrer ganzen Länge nach Lee abtreibt. Weder die Rettungsboje noch das Licht oder die Leine dürfen fest mit der Yacht verbunden sein, damit sie schnell vom Rudergänger über Bord gegeben werden können.

– **Rettungsinsel** für die gesamte Mannschaft, falls längere freie Distanzen durchsegelt werden. Sie bläst sich beim Überbordwerfen selbsttätig auf. Die Außenmaße der Container sind in den letzten Jahren immer geringer geworden, so daß sie auch auf kleineren Yachten mitgeführt werden kann. Sie sollte mindestens zwei getrennte Luftkammern haben und so an Deck gefahren werden, daß sie notfalls sofort eingesetzt werden kann. In jeder Insel sind meist notdürftiges Reparaturzeug, Notproviant und Süßwasser enthalten. Beachte den Überprüfungstermin!

– **Notsignale:** Rotfeuer, Sternsignale, Fallschirmraketen, Signalraketen und Handfackeln. Achte auf das aufgedruckte Verfalldatum! Außerdem ein Signalstift.

Im Ernstfall müssen die Raketen mit Bedacht abgefeuert werden, denn sie sind bei klarer Sicht kaum weiter als etwa 20 sm auszumachen. Sie sollten immer in Zweiergruppen mit einer dazwischen liegenden kurzen Pause abgefeuert werden, damit ein Beobachter sich nicht getäuscht glaubt.

– **Seenotfunksender:** Für die Sportschiffahrt entwickelte Seenotfunksender zur Kennzeichnung der Seenotposition (mit und ohne Sprechfunk) ermöglichen die

– Alarmierung von Küsten- und Seefunkstellen,

– Positionsermittlung des in Not befindlichen Fahrzeugs durch Funkpeilung,

– Zielansteuerung des in Not befindlichen Fahrzeugs.

Außerdem gibt es UKW-Notfunkgeräte, die auf den Not- und Rettungsfrequenzen der Luftfahrt (121,5 und 243 MHz) arbeiten, die allerdings nicht von Küstenfunkstellen und Schiffen empfangen werden.

CB-Funkgeräte im 27 MHz-Band stellen allenfalls eine Zusatzausrüstung dar, da sie nicht kontinuierlich abgehört werden.

Kurzgefaßt

1. Zur Sicherheitsausrüstung eines Sportbootes im Küstenbereich gehören immer
● eine Rettungsweste pro Mannschaftsmitglied (muß mindestens alle 2 Jahre gewartet werden),
● Rettungsring bzw. -boje,
● Feuerlöscher,
● Notsignale,
● Handpumpe bzw. Ösfaß,
● eventuell Sicherheitsgurte,
● eventuell eine Rettungsinsel.

2. Notsignale müssen sinnvoll eingesetzt werden:
● Schieße nur dann Leuchtsignale, wenn die Möglichkeit besteht, daß du gesehen wirst!
● Verschieße nicht den gesamten Vorrat an Leuchtkugeln auf einmal!
Die Anwendung aller Notsignale ist nur dann statthaft, wenn Gefahr für die Mannschaft oder das Schiff besteht, die nicht mit Bordmitteln beseitigt werden kann.

Tanken
Feuer an Bord
Kollision

Fragen 313, 315–318, 321–327

Tanken

Brennstoffdämpfe haben zwei unangenehme Eigenschaften: Sie sind leicht entzündbar und schwerer als Luft. Da beim Betanken Brennstoffdämpfe frei werden – sie werden aus dem Tank entweder durch das Einfülloch oder den Tankatmer außenbords verdrängt –, müssen wir be achten:

- Motor abstellen!
- Alle offenen Feuer aus! (Rauchverbot).
- Keine elektrischen Schalter betätigen!
- Vor und während des Tankens alle nicht betroffenen Räume verschließen, nach dem Tanken alle Räume lüften.
- Bei Vergaserkraftstoff zur Vermeidung elektrostatischer Entladung die auf den Einfüllstutzen gelegte Zapfpistole mit bloßen Händen berühren.
- Verschütteten Sprit sofort aufwischen.

Nach dem Tanken und vor dem Start lassen wir den Ventilator etwa 5 Minuten laufen. Dies gilt im Prinzip für jeden Start: Bevor wir den Motor in Betrieb setzen, lassen wir die Gebläseentlüftung etwa 1 bis 2 Minuten laufen.

Flüssiggas an Bord

Auch das nahezu geruchlose Flüssiggas ist schwerer als Luft und sammelt sich, wenn es ausläuft, in der Bilge. Deshalb müssen Gasbehälter außerhalb der Kajüte gelagert werden, möglichst in einem eigenen Schapp mit einer kleinen Durchführung nach außenbords, damit entweichendes Gas abfließen kann. Ein Flüssiggaskocher sollte auf jeden Fall eine einwandfreie Zündsicherung haben. Darüber hinaus empfiehlt sich der Einbau eines Gasdetektors.

Vor Inbetriebnahme einer Flüssiggasanlage prüfen wir, ob alle Leitungen und Anschlüsse dicht sind; nach dem Betrieb schließen wir alle vorhandenen Absperrventile.

Auch beim **Aufladen des Bleiakkus** bilden sich explosionsgefährliche Gase. Wir müssen deshalb beim Laden und danach den Batterieraum ausreichend belüften.

Der Feuerlöscher

Der mit **ABC-Pulver** gefüllte **Trokkenlöscher** ist geeignet für feste, flüssige und unter Druck austretende gasförmige Stoffe sowie für Brände in Gegenwart hoher elektrischer Spannungen (bis 1000 V). Der ABC-Trockenlöscher ist deshalb ein Standardfeuerlöscher und sollte unbedingt auf jeder kleinen Motoryacht mitgeführt werden, auch wenn er für Benzin- oder Ölbrände weniger geeignet ist.

Hierfür verwenden wir auf größeren Yachten zusätzlich einen **Schaumlöscher.** Dieser kann zwar auch bei Feststoffbränden eingesetzt werden, doch Vorsicht beim Gebrauch in der Kajüte: Oft ist der von ihm angerichtete Schaden an der Inneneinrichtung größer als der reine Feuerschaden. **Bei einem Brand in der elektrischen Anlage dürfen wir Schaum und Wasser nicht einsetzen.**

Beachte: Jeder Feuerlöscher muß regelmäßig alle 2 Jahre überprüft werden, auch dann, wenn er nicht eingesetzt wurde!

Bei Feuer an Bord:
- Luftzufuhr (Durchzug) stoppen!
- Feuerlöscher erst unmittelbar am Brandherd einsetzen!
- Feuer von unten bekämpfen!

Und wenn es am Motor brennt:
- Kraftstoffzufuhr abstellen und Motor mit möglichst hoher Drehzahl weiterlaufen lassen.
- Bei leicht zugänglichen Motoren Brandstelle mit Löschdecke oder nasser Wolldecke abdecken oder Brand mit Pulverlöscher bekämpfen.
- Bei schwer zugänglichen Motoren in geschlossenen Motorräumen Lüftungsöffnungen verschließen und Löschmittel aus Pulverlöscher durch Spalt am Zugang in den Raum eingeben.

Kollision

Das Verhalten nach einem Zusammenstoß auf See wird von der SeeSchStrO, der *Verordnung über die Sicherung der Seefahrt* und dem *Seeunfalluntersuchungsgesetz* geregelt:

Die allgemeine Pflicht zur gegenseitigen Hilfeleistung erstreckt sich auch auf den Fall eines Zusammenstoßes auf See, gleichgültig, wie die Schuldfrage der Kollision zu beurteilen ist. Erst wenn sich die Schiffsführer überzeugt haben, daß weitere Hilfe nicht notwendig ist, dürfen sie ihre Fahrt fortsetzen.

Zuvor müssen jedoch die Namen der beteiligten Schiffe, ihr Heimathafen sowie ihr Abgangs- und Bestimmungshafen ausgetauscht werden.

Trage auf jeden Fall den genauen Hergang der Kollision und alle im Zusammenhang mit ihr getroffenen Maßnahmen ins Logbuch ein!

Kleine Wetterkunde

Fragen 286–294

A

Der Luftdruck

Wir müssen wissen, daß zu gleicher Zeit an verschiedenen Orten der Erde unterschiedliche Luftdruckverhältnisse herrschen. Dies ist die Ursache für eine Reihe von Wettererscheinungen, wie für die Stärke des Windes oder den Grad der Bewölkung.
● Der Luftdruck wird in der Meteorologie in *Hektopascal* (hPa) gemessen.
Der mittlere Luftdruck auf Meereshöhe beträgt 1013 hPa.

Die Isobaren

Stellt man eine Art Momentaufnahme der Luftdruckverteilung her, so erhält man eine sogenannte *synoptische Wetterkarte:* Hier sind alle Orte gleichen Luftdrucks durch dünne Linien, die Isobaren, miteinander verbunden.

● *Isobaren* sind (in der Wetterkarte eingezeichnete) Linien gleichen Luftdruckes.
Aus einer Isobarenkarte sind die Stärke und Richtung des Windes ablesbar: Für die *Windstärke* ist nicht die absolute Höhe des Luftdruckes entscheidend, sondern das jeweilige Druckgefälle. Je größer der Druckunterschied zwischen zwei Orten ist, desto stärkerer Wind weht:
● Eng verlaufende Isobaren weisen auf starken Wind hin.
Die *Windrichtung* weicht etwa um 15° vom Isobarenverlauf ab. Also:

● Der Wind strömt auf der nördlichen Halbkugel spiralenförmig im Uhrzeigersinn aus dem Hoch heraus und gegen den Uhrzeigersinn in ein Tief hinein **(Abb. B).**
So können wir aus der Windrichtung auf die Lage von hohem und tiefem Druck schließen: Laufen wir mit einer Yacht vor dem Wind, so liegt der tiefe Druck immer etwas vorlicher als Bb querab, der hohe Druck immer etwas achterlicher als Stb querab.
Hochdruckkern und Tiefdruckkern werden in der Wetterkarte mit einem *H* und einem *T* gekennzeichnet.

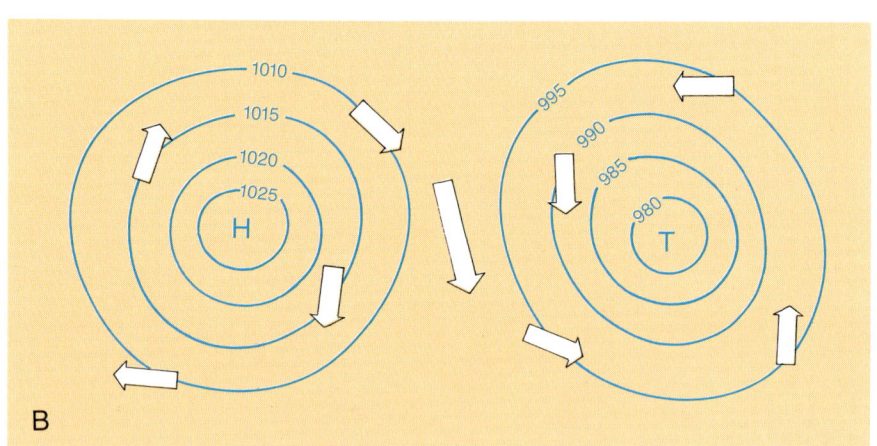

B

Wetter und Luftdruckschwankungen

Luftdruckschwankungen können wir mit einem Barometer, besser mit einem Barographen **(Abb. A)** beobachten.
● Rasche Änderung des Luftdrucks bedeutet eine instabile Wetterlage, d. h. wir müssen mit schneller Wetteränderung rechnen.
● Rasches Fallen des Luftdrucks kündigt meist eine wesentliche Wetterverschlechterung an, insbesondere starken Wind.
● Fällt der Luftdruck um mehr als 1 hPa/h, so müssen wir mit sturmstarken Winden rechnen.

Die Beaufort-Skala

Windstärken werden in *Beaufort* gemessen. Sie sind in der unten wiedergegebenen Tabelle ablesbar. In der Wetterkarte wird zur Kennzeichnung des Windes ein Pfeil verwendet, der 3 Informationen enthält:
● Die *Windrichtung* geht aus der Richtung des Pfeiles hervor.
● Die *Windstärke* erkennt man an der Anzahl der angefügten Federn: 1 Feder = 2 Windstärken Bft, ½ Feder = 1 Windstärke Bft.
● Der *Bedeckungsgrad* ergibt sich aus der Schwärzung des Kreises.

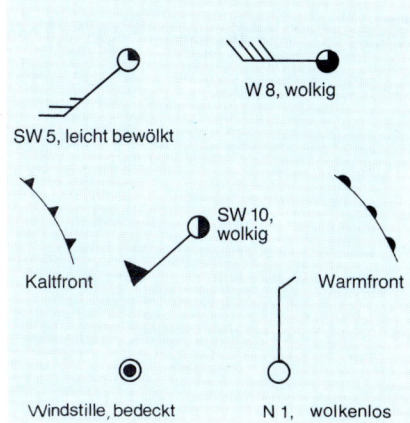

SW 5, leicht bewölkt — W 8, wolkig — Kaltfront — SW 10, wolkig — Warmfront — Windstille, bedeckt — N 1, wolkenlos

Windstärken- und Seegangskala

Windstärke Beaufort	m/s	km/h	kn	Seegang Petersen	Bezeichnung des Seegangs
0 = still	< 0,2	< 1	< 1	0	glatte See
1 = sehr leicht	0,3 – 1,5	1 – 5	1 – 3	1	sehr ruhige See
2 = leicht	1,6 – 3,3	6 – 11	4 – 6	2	ruhige See
3 = schwach	3,4 – 5,4	12 – 19	7 – 10		
4 = mäßig	5,5 – 7,9	20 – 28	11 – 15	3	leicht bewegte See
5 = frisch	8 – 10,7	29 – 38	16 – 21	4	mäßig bewegte See
6 = stark	10,8 – 13,8	39 – 49	22 – 27	5	ziemlich grobe See
7 = steif	13,9 – 17,1	50 – 61	28 – 33	6	grobe See
8 = stürmisch	17,2 – 20,7	62 – 74	34 – 40	7	hohe See
9 = Sturm	20,8 – 24,4	75 – 88	41 – 47		
10 = schwerer Sturm	24,5 – 28,4	89 – 102	48 – 55	8	sehr hohe See
11 = orkanartiger Sturm	28,5 – 32,6	103 – 117	56 – 63	9	äußerst schwere See
12 = Orkan	> 32,7	> 118	> 64		

Kurzgefaßt

1. Die *Beaufort-Skala* gibt die Windstärken von 0 – 12 an sowie ihre Auswirkungen an Land und auf See.
2. Der Luftdruck wird in *Hektopascal* (hPa) gemessen.
3. Luftdruckschwankungen geben Hinweise auf die Wetterentwicklung:
● Rasche Luftdruckänderung bedeutet eine instabile Wetterlage, d. h. wir müssen mit schneller Wetteränderung rechnen.
● Rasches Fallen des Luftdrucks kündigt eine wesentliche Wetterverschlechterung an, insbesondere starken Wind.
● Fällt der Luftdruck um mehr als 1 hPa pro Stunde, müssen wir mit sturmstarken Winden rechnen.
4. Die in Wetterkarten um ein Hoch oder Tief herum abgebildeten Linien sind *Isobaren*, d. h. Linien, die Orte gleichen Luftdrucks miteinander verbinden.

Thermische Winde Gewitter

Fragen 298, 299, 307–309

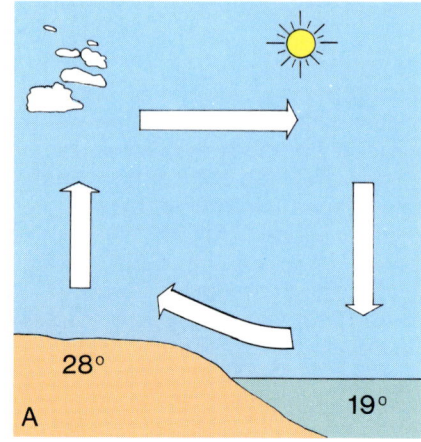

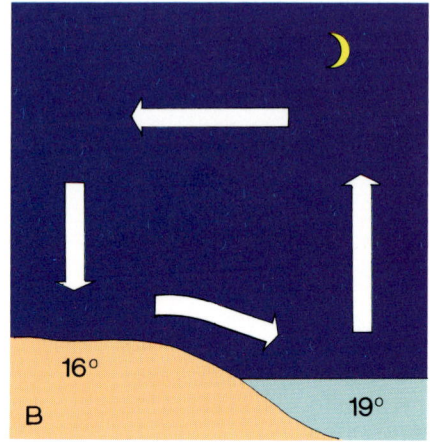

Bei sommerlich schönem Wetter haben wir oft Windstille. Doch können wir an der Küste lokale thermische Winde beobachten, die regelmäßig dem Tagesablauf folgen, den Seewind und den Landwind.

Seewind

Unter der gleichmäßig warmen Sonneneinstrahlung erwärmen sich Land und Wasser unterschiedlich stark. Vormittags wird die Erde stärker erwärmt als das Wasser, so daß die über dem Land liegende Luft sich ausdehnt und aufsteigt **(Abb. A)**. Dort bildet sich ein thermisches Tief. Über dem Wasser dagegen bleibt die Luft relativ kühl. Dieser geringe Luftdruckunterschied wird durch den auflandigen Seewind ausgeglichen.

ISSN 0343–9836   Nr. 2155

Bundesamt für Seeschiffahrt und Hydrographie

Jachtfunkdienst

Nord- und Ostsee

1991

Ungenehmigter Nachdruck, auch auszugsweise, verboten

Herstellung: Bundesamt für Seeschiffahrt und Hydrographie.
Bernhard-Nocht-Straße 78, 2000 Hamburg 36

● Seewind ist ein örtlich auftretender auflandiger Wind, der nachmittags seine größte Stärke erreicht und nachts wieder abflaut.

Landwind

Am späten Nachmittag können wir den entgegengesetzten Vorgang beobachten: Die Erde und die darüberliegende Luft beginnen sich rascher abzukühlen als das Wasser. So bildet sich dort ein thermisches Hoch und über dem Wasser ein thermisches Tief. Der nun ablandig wehende Landwind gleicht diesen Druckunterschied aus **(Abb. B)**.

● Landwind ist ein örtlich auftretender ablandiger Wind von geringer Stärke, der meist am späten Nachmittag beginnt und nachts weht.

Gewitter

Gewitter können Böen bis Orkanstärke, Winddrehungen, starke Regenfälle mit erheblich verminderter Sicht, Hagelschlag und Blitzschlag mitsichbringen. Sie entwickeln sich meist nachmittags, und oft können wir sie schon lange zuvor an der drückenden Schwüle und diesigen Luft erkennen.

Es bilden sich turmartige, mächtige Haufenwolken, die bis zu 10 km hoch werden können. Der oben weiße und manchmal amboßförmig abgeflachte Teil der Wolke besteht aus Eispartikeln; den unteren Teil bildet eine dunkel- bis schwarzgraue Böenwalze. Meist nimmt der Wind beim Herannahen der Wolke bis zur Flaute ab, um anschließend in die inzwischen bedrohlich nahe Wolkenfront hineinzuwehen. Mit einem auf Mittelwelle geschalteten Rundfunkgerät kann man schon lange vor dem Gewitter starke Störgeräusche empfangen. Spätestens jetzt sollten wir die Segel stark reffen oder besser ganz bergen — wenn wir nicht vorher einen Hafen oder Landschutz aufsuchen konnten. Da wir im Gewitter mit orkanstarken Böen und raschen Winddrehungen rechnen müssen, sollten wir rechtzeitig alle Maßnahmen ergreifen, die wir auch im schweren Sturm anwenden, insbesondere Rettungswesten und Sicherheitsgurte anlegen. Funkanlagen sind abzuschalten, Metallteile möglichst nicht zu berühren. In den bald auftretenden dichten Regenschauern müssen wir mit stark verminderter Sicht rechnen, weshalb es vorteilhaft ist, vor dem Gewitter nochmals den Schiffsort zu bestimmen.

Wetterfunk und Sturmwarndienst

Fragen 295–297, 300–306

Der Seewetterbericht

Führen wir im Küstenbereich ein Sportboot, so sollten wir mehrmals täglich den Wetterbericht abhören. Ein Radioapparat, und sei es nur ein kleiner Transistorempfänger, gehört deshalb unbedingt an Bord einer seegehenden Yacht.

Wir müssen unterscheiden zwischen dem
● allgemeinen Wetterbericht und
● dem speziellen *Seewetterbericht.*

Die üblichen Wetterberichte können wir bekanntlich über Rundfunk und Fernsehen, die Zeitung und den Fernsprechansagedienst der Deutschen Bundespost Telekom erhalten. Sie geben über die allgemeine Wetterlage hinreichend Auskunft, doch enthält der Seewetterbericht für unsere Zwecke geeignetere Informationen, wie z. B. Stationsmeldungen und Windstärkenangaben. Außerdem wird er im allgemeinen so langsam durchgegeben, daß wir ihn mitschreiben und anschließend in einem Wetterkartenvordruck zeichnerisch auswerten können.

Der Küstenfunk

Den Seewetterbericht können wir empfangen bzw. erhalten
● durch die Küstenfunkstellen,
● teilweise auch über Rundfunkstationen im Mittelwellenbereich,
● durch den Fernsprechansagedienst oder
● durch Anschlag in einigen Häfen.

Die Küstenfunkstellen senden nicht im Mittelwellenbereich, sondern auf der sogenannten *Grenzwelle,* die im Frequenzbereich von etwa 1600 bis 4000 kHz liegt. Hier wird ein Teil des Sprechfunkes für die Küstenschiffahrt abgewickelt. Wir können deshalb die Sendungen des Küstenfunkes mit einem gewöhnlichen Empfänger meistens nicht hören, sondern benötigen einen über den Mittelwellenbereich hinausreichenden Empfänger.

NF Band III: Wetterfunk

Angaben über die Sendezeiten, Frequenzen und Vorhersagegebiete der von allen Küstenfunkstellen und auch von den Rundfunkstationen ausgestrahlten Seewetterberichte finden wir im Band III des *Nautischen Funkdienstes (NF)* oder seinen regionalen Auszügen, dem *Sprechfunk für Küstenschiffahrt* und dem *Jachtfunkdienst* (vgl. S. 35).

Sturmwarndienst

Der Küstenfunk gibt auch die von den meteorologischen Stationen ausgegebenen Starkwind- und Sturmwarnungen durch.
● Von *Starkwind* spricht man bei Windstärke 6 und 7.
● *Sturm* heißt 8 Bft und mehr.

Sturmwarnungen werden im Zusammenhang mit dem regelmäßigen Seewetterbericht ausgestrahlt, aber auch, sobald die Warnung von der Wetterwarte bei der Küstenfunkstelle eingeht und während der international festgelegten Funkstillen.

Kurzgefaßt

1. Wetterberichte erhalten wir über:
● Rundfunk, Fernsehen und Zeitung
● den Fernsprechansagedienst der Post
● den Deutschen Wetterdienst (Seewetteramt)
● die Küstenfunkstellen

2. Starkwindwarnung wird für 6 und 7 Bft, Sturmwarnung für 8 Bft und mehr gegeben.

3. Rechtdrehender Wind dreht in seiner Richtung rechtsherum, also im Uhrzeigersinn, z. B. von Südwest auf West.
Rückdrehender Wind dreht in seiner Richtung linksherum, also entgegen dem Uhrzeigersinn, z. B. von Südost nach Ost.

4. Langsam ziehende Tiefs haben eine Zuggeschwindigkeit von 5 bis 10 kn, normal ziehende Tiefs von 15 bis 20 kn, rasch ziehende Tiefs von 20 bis 40 kn.

5. Im amtlichen Wetterbericht werden vielfach die Windbezeichnungen der Beaufort-Skala verwendet (vgl. S. 119). Man spricht also von schwachem, mäßigem oder frischem Wind und meint Windstärke 3, Windstärke 4 und Windstärke 5.

6. Unter „schwerem Sturm", „orkanartigem Sturm" und „Orkan" versteht man Windstärke 10, 11 bzw. 12.

Natur- und Umweltschutz

Fragen 223, 224

Beim Befahren von **Naturschutzgebieten und Nationalparken** gilt:

● Pflanzen- und Tierwelt nicht mehr als unvermeidbar beeinträchtigen oder stören.

● Befahrensregelungen (örtliche Befahrensverbote, zeitliche Befahrensbeschränkungen, festgesetzte Höchstgeschwindigkeiten und dergl.) beachten.

Die Lebensmöglichkeiten der Pflanzen- und Tierwelt in Gewässern und Feuchtgebieten können wir bewahren und fördern, indem wir uns umweltbewußt verhalten und insbesondere die **„Zehn goldenen Regeln für das Verhalten von Wassersportlern in der Natur"** beachten. Diese wurden von den Wassersportverbänden und dem Deutschen Naturschutzring erarbeitet.

Im einzelnen lauten sie:

1 Meiden Sie das Einfahren in Röhrichtbestände, Schilfgürtel und in alle sonstigen dicht und unübersichtlich bewachsenen Uferpartien. Meiden Sie darüber hinaus Kies-, Sand- und Schlammbänke (Rast- und Aufenthaltsplatz von Vögeln) sowie Ufergehölze.

Meiden Sie auch seichte Gewässer (Laichgebiete), insbesondere solche mit Wasserpflanzen.

2 Halten Sie einen ausreichenden Mindestabstand zu Röhrichtbeständen, Schilfgürteln und anderen unübersichtlich bewachsenen Uferpartien sowie Ufergehölzen – auf breiten Flüssen etwa 30 bis 50 Meter. Halten Sie einen ausreichenden Mindestabstand zu Vogelansammlungen auf dem Wasser – wenn möglich mehr als 100 Meter.

3 Befolgen Sie in Naturschutzgebieten unbedingt die geltenden Vorschriften. Häufig ist Wassersport in Naturschutzgebieten ganzjährig, zumindest zeitweise, völlig untersagt oder nur unter ganz bestimmten Bedingungen möglich.

4 Nehmen Sie in *„Feuchtgebieten von internationaler Bedeutung"* bei der Ausübung von Wassersport besondere Rücksicht. Diese Gebiete dienen als Lebensstätte seltener Tier- und Pflanzenarten und sind daher besonders schutzwürdig.

5 Benutzen Sie beim Landen die dafür vorgesehenen Plätze oder solche Stellen, an denen sichtbar kein Schaden angerichtet werden kann.

6 Nähern Sie sich auch von Land her nicht Schilfgürteln und der sonstigen dichten Ufervegetation, um nicht in den Lebensraum von Vögeln, Fischen, Kleintieren und Pflanzen einzudringen und diese zu gefährden.

7 Laufen Sie im Bereich der Watten keine Seehundbänke an, um die Tiere nicht zu stören oder zu vertreiben. Halten Sie mindesten 300 bis 500 Meter Abstand zu Seehundliegeplätzen und Vogelansammlungen.

8 Beobachten und fotografieren Sie Tiere möglichst nur aus der Ferne.

9 Helfen Sie, das Wasser sauber zu halten. Abfälle gehören nicht ins Wasser.

10 Machen Sie sich diese Regeln zu eigen, informieren Sie sich vor Ihren Fahrten über die für Ihr Fahrtgebiet bestehenden Bestimmungen. Sorgen Sie dafür, daß diese Kenntnisse und Ihr eigenes vorbildliches Verhalten gegenüber der Umwelt auch an die Jugend und vor allem an nichtorganisierte Wassersportler weitergegeben werden.

4
Frage+Antwort

Zeichenerklärung

Darstellung der Lichter

 Rundumlicht

 Festes Licht, sichtbar über einen begrenzten Horizontbogen

 Festes Licht, sichtbar über einen begrenzten Horizontbogen, vom Beobachter abgekehrte Richtung

 Funkellicht, sichtbar über den ganzen Horizont

 Festes Licht, sichtbar über drei begrenzte Horizontbögen

Darstellung der Schallsignale

 1 langer Ton

 1 kurzer Ton

 Glockenschlag

 Rasches Läuten der Glocke

Rasches Schlagen des Gongs

Hinweis O   1 Punkt erreichbar
         O O   2 Punkte erreichbar
         O O O   3 Punkte erreichbar

Darstellung der Kennungen

Funkelfeuer mit dauerndem Funkel

Schnelles Funkelfeuer mit dauerndem schnellem Funkel

Funkelfeuer mit Gruppen von 3 Funkeln

Schnelles Funkelfeuer mit Gruppen von 3 schnellen Funkeln

Funkelfeuer mit Gruppen von 6 Funkeln und 1 Blink

Schnelles Funkelfeuer mit Gruppen von 6 schnellen Funkeln und 1 Blink

Funkelfeuer mit Gruppen von 9 Funkeln

Schnelles Funkelfeuer mit Gruppen von 9 schnellen Funkeln

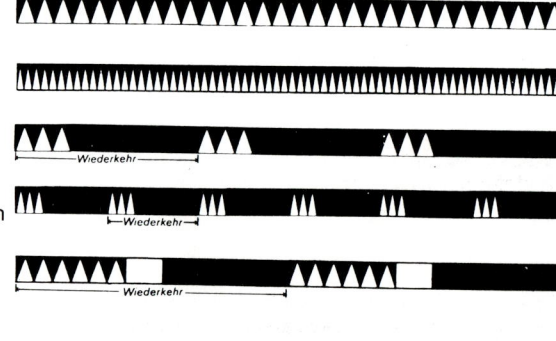
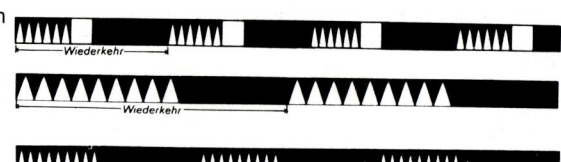

Gesetzeskunde

Allgemeines

1 OOO
Welche drei gesetzlichen Bestimmungen regeln den Verkehr auf den Seeschiffahrtsstraßen?

1. Die Kollisionsverhütungsregeln (KVR).
2. Die Seeschiffahrtsstraßen-Ordnung (SeeSchStrO).
3. Die Schiffahrtsordnung Emsmündung.

2 OOO
Wo gelten die nachfolgend aufgeführten Verkehrsvorschriften:
1. Kollisionsverhütungsregeln (KVR),
2. Seeschiffahrtsstraßen-Ordnung (SeeSchStrO),
3. Schiffahrtsordnung Emsmündung?

1. Auf der Hohen See und auf den mit dieser zusammenhängenden, von Seeschiffen befahrbaren Gewässern.
2. Auf den deutschen Seeschiffahrtsstraßen.
3. Im Mündungsgebiet der Ems und auf der Leda.

3 OO
Welche Vorschrift gilt, wenn eine Bestimmung der Seeschiffahrtsstraßen-Ordnung bzw. der Schiffahrtsordnung Emsmündung mit den Kollisionsverhütungsregeln im Widerspruch steht?

Die Vorschrift der Seeschiffahrtsstraßen-Ordnung bzw. der Schiffahrtsordnung Emsmündung.

4 O
Wer ist auf einem Fahrzeug für die Befolgung der Verkehrsvorschriften verantwortlich?

Der Fahrzeugführer oder dessen Vertreter.

5 OO
Was ist zu tun, wenn vor Antritt der Fahrt nicht feststeht, wer Fahrzeugführer ist?

Wenn nicht feststeht, wer Fahrzeugführer ist und wenn mehrere Personen zum Führen eines Fahrzeuges berechtigt sind, dann haben sie vor Antritt der Fahrt zu bestimmen, wer verantwortlicher Fahrzeugführer ist.

6 O
Wie hat sich ein Fahrzeugführer zu verhalten, der infolge des Genusses alkoholischer Getränke oder anderer berauschender Mittel in der sicheren Führung des Fahrzeuges behindert ist?

Er darf das Fahrzeug nicht führen.

7 OOO
Welche Sicherheitsmaßnahmen sollte der Fahrzeugführer vor Fahrtantritt zum Schutze und für die Sicherheit der Personen an Bord treffen?

Der Fahrzeugführer hat die Besatzungsmitglieder und Gäste
1. über die Sicherheitsvorkehrungen an Bord zu unterrichten,
2. in die Handhabung der Rettungsmittel einzuweisen,
3. auf geeignete Maßnahmen gegen das Überbordfallen hinzuweisen.

8 OO
Wann ist ein Fahrzeug in Fahrt?

Wenn es weder vor Anker liegt noch an Land festgemacht ist noch auf Grund sitzt.

9 O
Wie lang ist die Dauer eines kurzen Tones (●)?

Etwa 1 Sekunde.

10 O
Wie lang ist die Dauer eines langen Tones (▬)?

Etwa 4 bis 6 Sekunden.

11 O O
Was verstehen Sie unter dem Begriff „Manöver des letzten Augenblicks"?

Ausweichmanöver des Kurshalters, wenn ein Zusammenstoß durch Manöver des Ausweichpflichtigen allein nicht mehr vermieden werden kann.

12 O O O
Wann gelten Sie als Überholer?

Wenn ich mich einem anderen Fahrzeug aus einer Richtung von mehr als 22,5 Grad achterlicher als querab (Bereich des Hecklichtes) nähere. Im Zweifelsfalle habe ich mich als Überholer zu betrachten.

13 O O
Was verstehen Sie unter dem Begriff „manövrierunfähiges Fahrzeug"?

Ein Fahrzeug, das wegen außergewöhnlicher Umstände nicht wie vorgeschrieben manövrieren und daher einem anderen Fahrzeug nicht ausweichen kann.

14 O O
Was verstehen Sie unter dem Begriff „manövrierbehindertes Fahrzeug"?

Ein Fahrzeug, das durch die Art seines Einsatzes behindert ist, so wie vorgeschrieben zu manövrieren, und daher einem anderen Fahrzeug nicht ausweichen kann.

15 O O
Was verstehen Sie unter dem Begriff „verminderte Sicht"?

Sichteinschränkung durch Nebel, dickes Wetter, Schneefall, heftige Regengüsse oder ähnliche Umstände.

16 O O O
Welche Maßnahmen müssen Sie bei verminderter Sicht treffen?

1. Es muß mit sicherer Geschwindigkeit gefahren werden.
2. Es müssen Nebelsignale gegeben werden.
3. Es müssen Positionslichter eingeschaltet werden.
4. Es muß Ausguck gegangen werden.

17 O
Wann gilt ein Fahrzeug unter Segel als Maschinenfahrzeug?

Wenn es unter Segel gleichzeitig mit Maschinenkraft fährt.

18 O
Welche Seite wird als Luv-, welche als Leeseite bezeichnet?

Die dem Wind zugekehrte Seite wird als Luvseite, die dem Wind abgekehrte Seite als Leeseite bezeichnet.

19 O
Wann müssen Sie Positionslaternen an Bord haben?

Sie müssen ständig mitgeführt werden.

20 OO
Wann müssen die Lichter von Fahrzeugen geführt oder gezeigt werden?

Von Sonnenuntergang bis Sonnenaufgang sowie bei verminderter Sicht.

21 O
Welcher Zeitraum gilt als „am Tage"?

Von Sonnenaufgang bis Sonnenuntergang.

22 O
Welcher Zeitraum gilt als „bei Nacht"?

Von Sonnenuntergang bis Sonnenaufgang.

23 O
Was sind Positionslaternen?

Es sind Laternen, die zur Lichterführung nach den KVR und der SeeSchStrO verwendet werden müssen.

24 OO
Welche Vorschriften regeln die Ausrüstung, Anordnung und Anbringung der Positionslaternen auf Fahrzeugen?

1. Die KVR.
2. Die SeeschStrO.
3. Die Schiffahrtsordnung Emsmündung.

25 O
Was für Laternen dürfen Sie nur als Positionslaternen verwenden?

Nur solche Laternen, deren Baumuster vom Bundesamt für Seeschiffahrt und Hydrographie (BSH) bzw. vom ehemaligen Deutschen Hydrographischen Institut (DHI) zur Verwendung auf der Hohen See oder auf Seeschiffahrtsstraßen zugelassen sind.

26 OOO
Was verstehen Sie unter dem Begriff „Verkehrstrennungsgebiet"?

Es sind Schiffahrtswege, die durch Trennlinien oder Trennzonen in Einbahnwege geteilt sind und jeweils nur in Verkehrsrichtung rechts befahren werden dürfen.

27 OO
Was verstehen Sie unter dem Begriff „in Sicht befindlich"?

Wenn jedes Fahrzeug vom anderen optisch wahrgenommen werden kann.

28 OOO
Wie haben Sie allgemein Ihre Geschwindigkeit einzurichten?

Ich muß stets mit einer Geschwindigkeit fahren, die es erlaubt, durch geeignete und wirksame Maßnahmen einen Zusammenstoß zu vermeiden, und die es ermöglicht, daß ich unter den gegebenen Verhältnissen mein Fahrzeug auf einer angemessenen Strecke aufstoppen kann (sog. sichere Geschwindigkeit).

29 O
Was ist bei der Benutzung von Laternen, Leuchten und Scheinwerfern zu beachten?

Sie dürfen nicht blenden und dadurch die Schiffahrt gefährden oder behindern.

Kollisionsverhütungsregeln (KVR)

30   O O O
Sie sehen folgendes Fahrzeug:

Was ist das für ein Fahrzeug?

Maschinenfahrzeug in Fahrt von weniger als 50 Meter Länge.

31   O O O
Sie sehen folgendes Fahrzeug:

Was ist das für ein Fahrzeug?

Maschinenfahrzeug in Fahrt von 50 und mehr Meter Länge.

32   O O O
Sie sehen folgenden Schleppverband:

1. Was ist das für ein Schleppverband?

1. Schleppverband in Fahrt von 200 Meter Länge oder weniger.

2. Was bedeutet es, wenn das schleppende Fahrzeug zusätzlich drei Rundumlichter senkrecht übereinander — das obere und untere rot, das mittlere weiß — führt?

2. Der Schleppverband kann nicht vom Kurs abweichen.

33 O O O
Sie sehen folgenden Schleppverband:

1. Was ist das für ein Schleppverband?

1. Schleppverband in Fahrt von mehr als 200 Meter Länge.

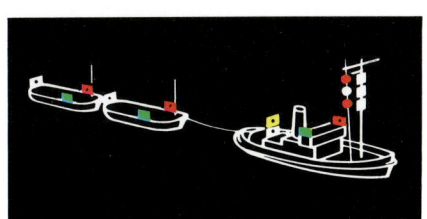

2. Was bedeutet es, wenn das schleppende Fahrzeug zusätzlich drei Rundumlichter senkrecht übereinander — das obere und untere rot, das mittlere weiß — führt?

2. Der Schleppverband kann nicht vom Kurs abweichen.

34 O O
Welche Lichter führen geschleppte Fahrzeuge?

Seitenlichter rot und grün und ein weißes Hecklicht.

35 O O
Was bedeutet es, wenn jedes Fahrzeug eines Schleppverbandes einen schwarzen Rhombus führt?

Schleppverband mit einem Anhang von mehr als 200 Meter Länge.

36 O O
Sie sehen folgendes Fahrzeug:

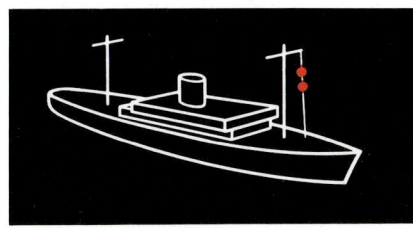

Was ist das für ein Fahrzeug?

Ein manövrierunfähiges Fahrzeug ohne Fahrt durchs Wasser.

37 O O
Sie sehen folgendes Fahrzeug:

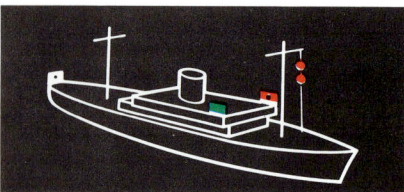

Was ist das für ein Fahrzeug?

Ein manövrierunfähiges Fahrzeug mit Fahrt durchs Wasser.

38 O O
Sie sehen folgendes Fahrzeug:

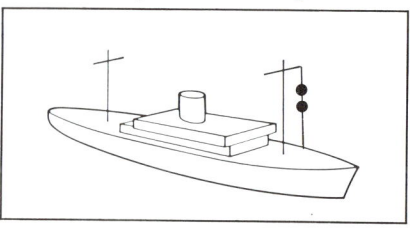

Was ist das für ein Fahrzeug?

Ein manövrierunfähiges Fahrzeug.

39 O O
Welche Signalkörper haben Sie zu führen, wenn Ihr Fahrzeug von 12 und mehr Meter Länge manövrierunfähig ist?

Zwei schwarze Bälle senkrecht übereinander.

40 O O O
Welche Lichter haben Sie zu führen, wenn Ihr Fahrzeug von 12 und mehr Meter Länge manövrierunfähig ist?

1. Zwei rote Rundumlichter senkrecht übereinander.
2. Mit Fahrt durchs Wasser zwei rote Rundumlichter senkrecht übereinander und zusätzlich die Seitenlichter und das Hecklicht.

41 O O
Sie sehen folgendes Fahrzeug:

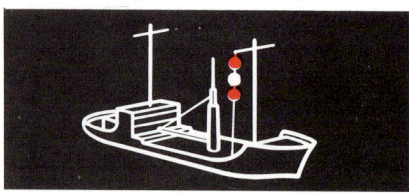

Was ist das für ein Fahrzeug?

Ein manövrierbehindertes Fahrzeug ohne Fahrt durchs Wasser.

42 O O
Sie sehen folgendes Fahrzeug:

Was ist das für ein Fahrzeug?

Ein manövrierbehindertes Fahrzeug mit Fahrt durchs Wasser von 50 und mehr Meter Länge.

43 O O
Sie sehen folgendes Fahrzeug:

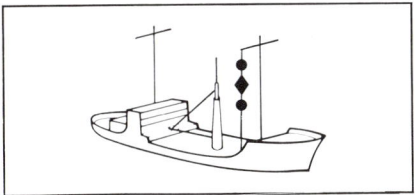

Was ist das für ein Fahrzeug?

Ein manövrierbehindertes Fahrzeug.

44 O O O
Sie sehen folgendes Fahrzeug:

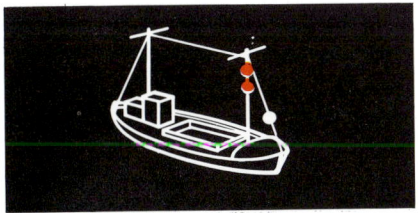

Was ist das für ein Fahrzeug?

Ein Grundsitzer von weniger als 50 Meter Länge.

45 O O
Sie sehen folgendes Fahrzeug:

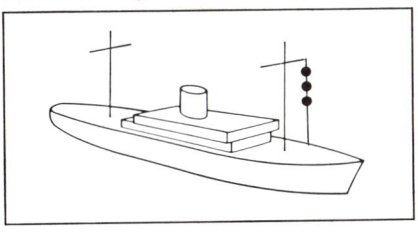

Was ist das für ein Fahrzeug?

Ein Grundsitzer.

46 O O O
Sie sehen folgendes Fahrzeug:

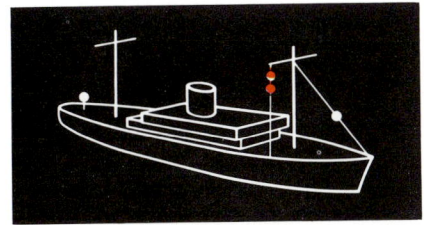

Was ist das für ein Fahrzeug?

Ein Grundsitzer von 50 und mehr Meter Länge.

47 O O
Sie sehen folgendes Fahrzeug:

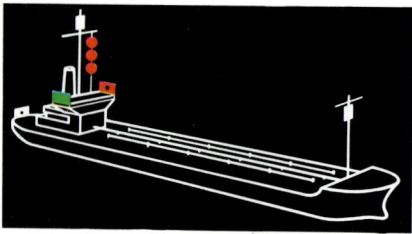

Was ist das für ein Fahrzeug?

Ein tiefgangbehindertes Fahrzeug von 50 und mehr Meter Länge in Fahrt.

48 O O
Sie sehen folgendes Fahrzeug:

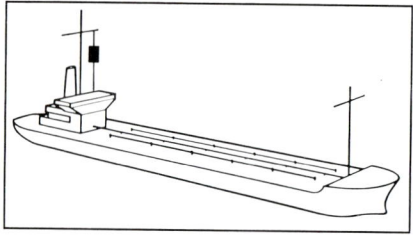

Was ist das für ein Fahrzeug?

Ein tiefgangbehindertes Fahrzeug.

49 O O O
Sie sehen folgendes Fahrzeug:

Was ist das für ein Fahrzeug?

Ein fischender Trawler (Fischereifahrzeug) bei Fahrt durchs Wasser von 50 und mehr Meter Länge.

50 O O
Sie sehen folgendes Fahrzeug:

Was ist das für ein Fahrzeug?

Ein fischendes Fahrzeug, das nicht trawlt (z. B. Treibnetzfischer), ohne Fahrt durchs Wasser.

51 O O O
Sie sehen folgendes Fahrzeug:

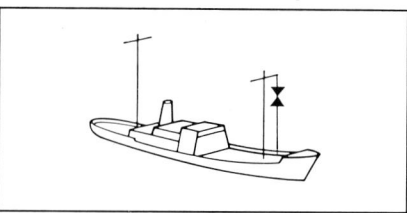

Was ist das für ein Fahrzeug?

Ein fischendes Fahrzeug.

52 O O O
Sie sehen folgendes Fahrzeug:

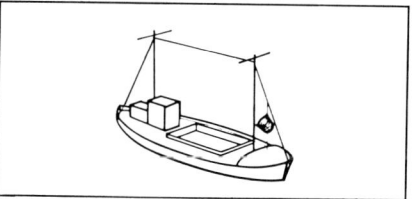

Was ist das für ein Fahrzeug?

Ein fischendes Fahrzeug von weniger als 20 Meter Länge.

53 O O
Welche Fahrzeuge führen nur Seitenlichter rot und grün und ein weißes Hecklicht?

Segler, Ruderboote und geschleppte Fahrzeuge.

54 O
Was für eine Laterne kann ein Segelfahrzeug von weniger als 20 Meter Länge anstelle der Seitenlichter und des Hecklichtes führen?

Eine Dreifarbenlaterne.

55 O O
Welche Lichter darf ein Fahrzeug unter Ruder führen oder zeigen?

Es darf die Seitenlichter und das Hecklicht führen. Andernfalls ist ein weißes Licht gebrauchsfertig zur Hand zu halten, das rechtzeitig gezeigt werden muß, um einen Zusammenstoß zu verhüten.

56 O O
Welchen Signalkörper muß ein Fahrzeug unter Segel, das gleichzeitig mit Maschinenkraft fährt, führen?

Einen schwarzen Kegel, Spitze unten.

57 O O O
Welche Lichter kann bzw. muß ein Maschinenfahrzeug in Fahrt von weniger als 7 Meter Länge, dessen Höchstgeschwindigkeit 7 Knoten nicht übersteigt, führen?

Tragen Sie die Lichter unter Angabe der Farben und Sichtwinkel ein, geben Sie an, in welcher Mindesthöhe das Topp- oder Rundumlicht über den Seitenlaternen geführt werden muß und geben Sie ferner an, welche Erleichterung anstelle der beiden Seitenlaternen zulässig ist.

1. kann:

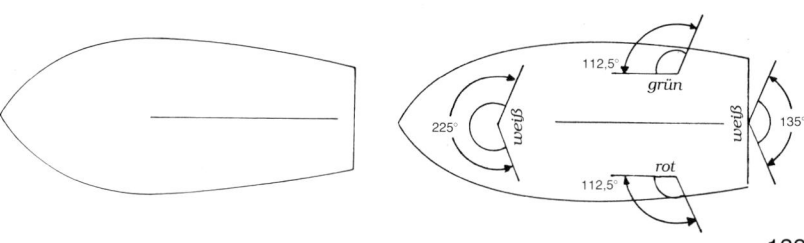

2. muß, soweit möglich:

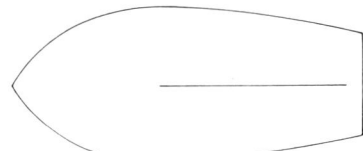

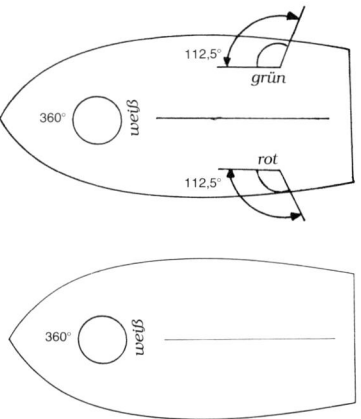

3. muß mindestens:

Das Topp- oder Rundumlicht muß mindestens 1 m höher als die Seitenlaternen geführt werden.
An Stelle der beiden Seitenlaternen kann eine Zweifarbenlaterne geführt werden.

58 O O O
Welche Lichter kann bzw. muß ein Maschinenfahrzeug in Fahrt von weniger als 12 Meter Länge führen?

Tragen Sie die Lichter unter Angabe der Farben und Sichtwinkel ein, geben Sie an, in welcher Mindesthöhe das Topp- oder Rundumlicht über den Seitenlaternen geführt werden muß und geben Sie ferner an, welche Erleichterung anstelle der beiden Seitenlaternen zulässig ist.

1. kann:

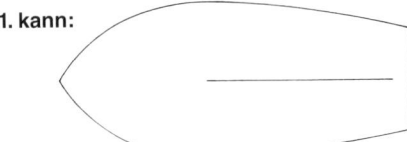

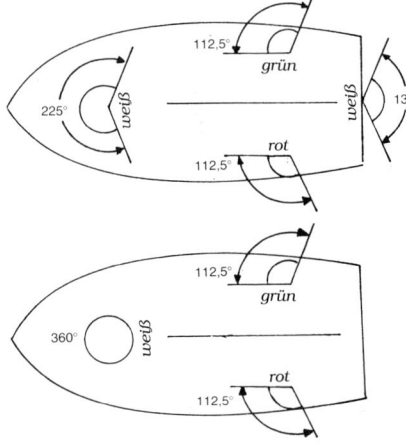

2. muß mindestens:

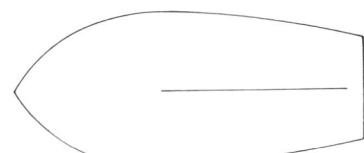

Das Topp- oder Rundumlicht muß mindestens 1 m höher als die Seitenlaternen geführt werden.
An Stelle der beiden Seitenlaternen kann eine Zweifarbenlaterne geführt werden.

59 O O O
Welche Lichter muß ein Maschinenfahrzeug in Fahrt von 12 und mehr, jedoch weniger als 20 Meter Länge führen?

Tragen Sie die Lichter unter Angabe der Farben und Sichtwinkel ein, geben Sie an, in welcher Mindesthöhe das Topplicht über dem Schandekkel geführt werden muß und geben Sie ferner an, welche Erleichterung anstelle der beiden Seitenlaternen zulässig ist.

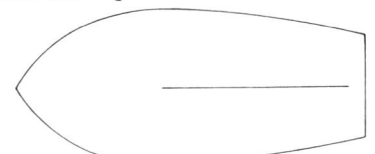

Höhe des Topplichtes über dem Schandeckel: mindestens 2,50 m.
An Stelle der beiden Seitenlaternen kann eine Zweifarbenlaterne geführt werden.

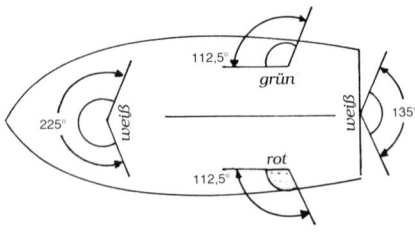

60 O O O
Welche Lichter muß ein Maschinenfahrzeug in Fahrt von 20 und mehr, jedoch weniger als 50 Meter Länge führen?

Tragen Sie die Lichter unter Angabe der Farben und Sichtwinkel ein und geben Sie ferner die Mindesthöhe des Topplichtes über dem Schiffskörper an.

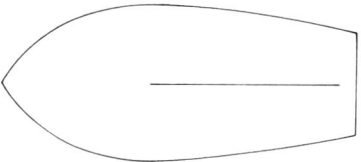

Höhe des Topplichtes über dem Schiffskörper mindestens 6 Meter oder in einer der Breite des Fahrzeugs mindestens gleichkommenden Höhe, es braucht jedoch nicht höher als 12 Meter angebracht zu sein.

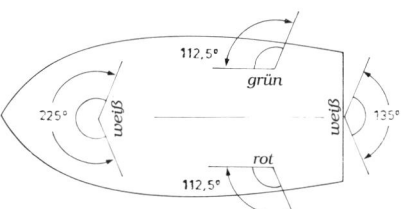

61 O O
Was für ein Licht muß ein Ankerlieger von weniger als 50 Meter Länge führen?

Ein weißes Rundumlicht.

62 O O
Sie sehen folgendes Fahrzeug:

Was ist das für ein Fahrzeug?

Ein vor Anker liegendes Fahrzeug von 50 und mehr Meter Länge.

63 O O
Was für einen Signalkörper muß ein Ankerlieger führen?

Einen schwarzen Ball.

64 O O
Sie hören bei verminderter Sicht mindestens alle zwei Minuten einen langen Ton mit der Pfeife (▬).
Welches Fahrzeug gibt dieses Signal?

Ein Maschinenfahrzeug, das Fahrt durchs Wasser macht.

65 O O
Sie hören bei verminderter Sicht mindestens alle zwei Minuten zwei aufeinanderfolgende lange Töne mit der Pfeife (▬ ▬).
Welches Fahrzeug gibt dieses Signal?

Ein Maschinenfahrzeug in Fahrt, das seine Maschine gestoppt hat und keine Fahrt durchs Wasser macht.

66 ◉ ◉ ◉
Sie hören bei verminderter Sicht mindestens alle zwei Minuten drei aufeinanderfolgende Töne mit der Pfeife, und zwar lang, kurz, kurz (▬ ● ●).
Welche Fahrzeuge geben dieses Signal?

1. Ein manövrierunfähiges Fahrzeug in Fahrt.
2. Ein manövrierbehindertes Fahrzeug in Fahrt oder vor Anker.
3. Ein tiefgangbehindertes Fahrzeug in Fahrt.
4. Ein Segelfahrzeug in Fahrt.
5. Ein schleppendes oder schiebendes Fahrzeug in Fahrt.
6. Ein fischendes Fahrzeug in Fahrt oder vor Anker.

67 OO
Sie hören bei verminderter Sicht mindestens alle zwei Minuten drei aufeinanderfolgende Töne mit der Pfeife, und zwar lang, kurz, kurz (━ ● ●), und im Anschluß daran vier aufeinanderfolgende Töne mit der Pfeife, und zwar lang, kurz, kurz, kurz (━ ● ● ●).
Welche Fahrzeuge geben dieses Signal?

Ein geschlepptes Fahrzeug oder das letzte bemannte Fahrzeug eines Schleppverbandes in Fahrt.

68 OO
Was für ein Schallsignal muß ein Segelfahrzeug von 12 und mehr Meter Länge bei verminderter Sicht geben?

Mindestens alle zwei Minuten drei aufeinanderfolgende Töne mit der Pfeife, und zwar lang, kurz, kurz (━ ● ●).

69 OO
Welches Schallsignal muß ein Fahrzeug von weniger als 12 Meter Länge bei verminderter Sicht geben, wenn es die sonst vorgeschriebenen Schallsignale nicht geben kann?

Mindestens alle zwei Minuten ein kräftiges Schallsignal, das mit den vorgeschriebenen nicht verwechselt werden kann.

70 OO
Sie hören bei verminderter Sicht mindestens jede Minute 5 Sekunden lang rasches Läuten der Glocke:

5 s

Welches Fahrzeug gibt dieses Signal?

Ein Fahrzeug vor Anker von weniger als 100 Meter Länge.

71 OO
Sie hören bei verminderter Sicht jede Minute etwa 5 Sekunden lang rasches Läuten der Glocke und unmittelbar danach ungefähr 5 Sekunden lang rasch den Gong schlagen.

5 s   5 s

Welches Fahrzeug gibt dieses Signal?

Ein Fahrzeug vor Anker von 100 und mehr Meter Länge.

72 OO
Welches zusätzliche Schallsignal darf jeder Ankerlieger bei verminderter Sicht geben, um einem sich nähernden Fahrzeug seinen Standort anzuzeigen?

Kurz, lang, kurz (● ━ ●).

73 OOO
Wie haben Sie Ihre Fahrweise bei verminderter Sicht aufgrund seemännischer Sorgfaltspflicht einzurichten?

1. Das Fahrwasser verlassen.
2. Wenn dies nicht möglich ist, im Fahrwasser äußerst rechts halten.
3. Möglichst Flachwassergebiet aufsuchen und ankern.

74 ○○○
Welche Sicherheitsmaßnahmen treffen Sie an Bord aufgrund der seemännischen Sorgfaltspflicht neben den in den Kollisionsverhütungsregeln vorgeschriebenen Verhaltensmaßregeln bei verminderter Sicht?

1. Radarreflektor aufheißen, falls nicht fest angebracht. Fahrzeug ohne Radarreflektor möglichst in eine waagerechte Schwimmlage bringen.
2. Alle Navigationsanlagen, z. B. Radar, Echolot, sorgfältig gebrauchen.
3. In einem Revier mit Landradarberatung die Radarberatung über UKW-Sprechfunk mithören.

75 ○○○
Wann besteht die Möglichkeit der Gefahr eines Zusammenstoßes?

Wenn die Fahrzeuge sich einander nähern und die Peilung zu dem anderen Fahrzeug sich nicht oder nur unwesentlich verändert. Im Zweifelsfalle ist die Gefahr als bestehend anzunehmen.

76 ○○○
Zwei Segelfahrzeuge nähern sich auf der hohen See oder außerhalb des Fahrwassers so, daß die Möglichkeit der Gefahr eines Zusammenstoßes besteht.
Welches Fahrzeug muß dem anderen ausweichen, wenn sie den Wind nicht von derselben Seite haben?

Es muß dasjenige Fahrzeug ausweichen, das den Wind von Backbord hat.

77 ○○○
Zwei Segelfahrzeuge nähern sich auf der hohen See oder außerhalb des Fahrwassers so, daß die Möglichkeit der Gefahr eines Zusammenstoßes besteht.
Welches Fahrzeug muß dem anderen ausweichen, wenn sie den Wind von derselben Seite haben?

Es muß das luvwärtige Fahrzeug dem leewärtigen Fahrzeug ausweichen.

78 ○○○
Wie hat sich ein Segelfahrzeug auf der hohen See oder außerhalb des Fahrwassers zu verhalten, wenn es mit dem Wind von Backbord ein Segelfahrzeug in Luv sichtet und nicht mit Sicherheit feststellen kann, ob das andere Fahrzeug den Wind von Backbord oder von Steuerbord hat, und die Möglichkeit der Gefahr eines Zusammenstoßes besteht?

Es muß ausweichen.

79 ○○
Wie müssen sich zwei Maschinenfahrzeuge verhalten, die sich einander auf entgegengesetzten oder fast entgegengesetzten Kursen nähern, um die Möglichkeit der Gefahr eines Zusammenstoßes zu vermeiden?

Jedes Fahrzeug muß seinen Kurs nach Steuerbord ändern.

80 ○○
Welches von zwei Maschinenfahrzeugen, deren Kurse einander so kreuzen, daß die Möglichkeit der Gefahr eines Zusammenstoßes besteht, ist ausweichpflichtig?

Dasjenige Fahrzeug muß ausweichen, welches das andere an seiner Steuerbordseite hat.

81 ○
Wie hat sich ein Maschinenfahrzeug auf der hohen See oder außerhalb des Fahrwassers gegenüber einem Segelfahrzeug zu verhalten, wenn die Möglichkeit der Gefahr eines Zusammenstoßes besteht?

Das Maschinenfahrzeug muß ausweichen.

82 O

Wie hat sich ein Maschinenfahrzeug auf der Hohen See oder außerhalb des Fahrwassers gegenüber einem manövrierunfähigen Fahrzeug zu verhalten, wenn die Möglichkeit der Gefahr eines Zusammenstoßes besteht?

Das Maschinenfahrzeug muß ausweichen.

83 O

Wie hat sich ein Maschinenfahrzeug auf der Hohen See oder außerhalb des Fahrwassers gegenüber einem manövrierbehinderten Fahrzeug zu verhalten, wenn die Möglichkeit der Gefahr eines Zusammenstoßes besteht?

Das Maschinenfahrzeug muß ausweichen.

84 O

Wie hat sich ein Maschinenfahrzeug auf der Hohen See oder außerhalb des Fahrwassers gegenüber einem fischenden Fahrzeug zu verhalten, wenn die Möglichkeit der Gefahr eines Zusammenstoßes besteht?

Das Maschinenfahrzeug muß ausweichen.

85 O

Wie hat sich ein Segelfahrzeug auf der Hohen See oder außerhalb des Fahrwassers gegenüber einem manövrierunfähigen Fahrzeug zu verhalten, wenn die Möglichkeit der Gefahr eines Zusammenstoßes besteht?

Das Segelfahrzeug muß ausweichen.

86 O

Wie hat sich ein Segelfahrzeug auf der Hohen See oder außerhalb des Fahrwassers gegenüber einem manövrierbehinderten Fahrzeug zu verhalten, wenn die Möglichkeit der Gefahr eines Zusammenstoßes besteht?

Das Segelfahrzeug muß ausweichen.

87 O

Wie hat sich ein Segelfahrzeug auf der Hohen See oder außerhalb des Fahrwassers gegenüber einem fischenden Fahrzeug zu verhalten, wenn die Möglichkeit der Gefahr eines Zusammenstoßes besteht?

Das Segelfahrzeug muß ausweichen.

88 O O

Sie sehen folgendes Fahrzeug:

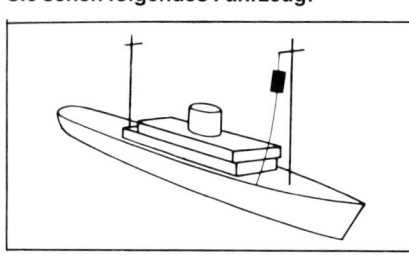

Wie verhalten Sie sich gegenüber diesem Fahrzeug?

Ich darf die sichere Durchfahrt des Fahrzeuges nicht behindern.

89 O O
Sie sehen folgendes Fahrzeug:

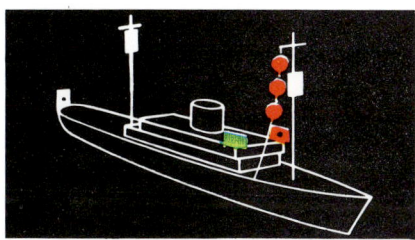

Wie verhalten Sie sich gegenüber diesem Fahrzeug?

Ich darf die sichere Durchfahrt des Fahrzeuges nicht behindern.

90 O O
Wie verhalten Sie sich gegenüber einem ausweichpflichtigen Fahrzeug?

Kurs und Geschwindigkeit sind beizubehalten.

91 O O
Wie müssen die Ausweichmanöver durchgeführt werden?

Ausweichmanöver müssen rechtzeitig und entschlossen durchgeführt werden.

92 O
Wie hat sich ein überholendes Fahrzeug zu verhalten?

Das überholende Fahrzeug hat auszuweichen.

93 O O O
Wie haben Sie sich zu verhalten, wenn Sie vorlicher als querab das Nebelsignal eines anderen Fahrzeuges hören?

Ich muß meine Fahrt auf das für die Erhaltung der Steuerfähigkeit geringstmögliche Maß verringern. Erforderlichenfalls ist jegliche Fahrt wegzunehmen und in jedem Fall mit äußerster Vorsicht zu manövrieren, bis die Gefahr eines Zusammenstoßes vorüber ist.

94 O O O
Wie verhalten Sie sich als Kurshalter, wenn Sie feststellen, daß ein anderes Fahrzeug seiner Ausweichpflicht nicht nachkommt?

Ich behalte zunächst Kurs und Geschwindigkeit bei und gebe mindestens 5 kurze Töne. Im letzten Augenblick muß ich so manövrieren, daß ein Zusammenstoß vermieden wird.

95 O
Welche Bedeutung hat folgendes von Maschinenfahrzeugen gegebene Schallsignal: ein kurzer Ton (●)?

Kursänderung nach Steuerbord.

96 O
Welche Bedeutung hat folgendes von Maschinenfahrzeugen gegebene Schallsignal: zwei kurze Töne (● ●)?

Kursänderung nach Backbord.

97 O
Welche Bedeutung hat folgendes von Maschinenfahrzeugen gegebene Schallsignal: drei kurze Töne (● ● ●)?

Antrieb läuft rückwärts.

98 O
Welche Bedeutung hat folgendes Schallsignal: mindestens fünf kurze, rasch aufeinanderfolgende Töne (● ● ● ● ●)?

Ein Ausweichpflichtiger wird auf seine Ausweichpflicht aufmerksam gemacht.

99 O O O
Wie müssen Sie in Verkehrstrennungsgebieten fahren?

1. Der allgemeinen Verkehrsrichtung der Einbahnwege folgen und außer bei Ausweichmanövern keine Kursänderung von mehr als 10° zur allgemeinen Verkehrsrichtung vornehmen.
2. Klar Abstand von den Trennlinien und Trennzonen halten.
3. Das Ein- und Auslaufen sollte nach Möglichkeit nur an den Enden erfolgen; bei seitlichem Ein- oder Auslaufen hat dies in möglichst kleinem Winkel (max. 10°) zu erfolgen.

100 O O O
Was ist hinsichtlich des Querens der Einbahnwege von Verkehrstrennungsgebieten zu beachten?

1. Das Queren ist möglichst zu vermeiden.
2. Falls gequert werden muß, hat dies möglichst mit der Kielrichtung im rechten Winkel zur allgemeinen Verkehrsrichtung zu erfolgen (max. 10° Abweichung).
3. Die Kielrichtung des querenden Fahrzeugs muß auch dann einen rechten Winkel zur allgemeinen Verkehrsrichtung bilden, wenn das Fahrzeug durch Wind und Strom versetzt wird.

101 O O O
Sie fahren in einem Verkehrstrennungsgebiet auf dem Einbahnweg in der allgemeinen Verkehrsrichtung.
1. Nach welchen Regeln müssen Sie in diesem Bereich fahren und ausweichen?
2. Wie haben Sie sich als Maschinenfahrzeug in einem Einbahnweg gegenüber einem Maschinenfahrzeug zu verhalten, das den Einbahnweg von Steuerbord kommend quert, wenn die Möglichkeit der Gefahr eines Zusammenstoßes besteht?
3. Wie haben Sie sich als Segelfahrzeug beim Queren eines Verkehrstrennungsgebietes gegenüber einem Maschinenfahrzeug zu verhalten, das auf einem Einbahnweg in der allgemeinen Verkehrsrichtung fährt?

1. Nach den Kollisionsverhütungsregeln.
2. Ich muß ausweichen.
3. Ich darf die sichere Durchfahrt eines Maschinenfahrzeuges auf dem Einbahnweg nicht behindern.

102 O O
Wie hat sich ein Fahrzeug von weniger als 20 Meter Länge oder ein Segelfahrzeug in Verkehrstrennungsgebieten zu verhalten?

Es darf die sichere Durchfahrt eines dem Einbahnwege folgenden Maschinenfahrzeuges nicht behindern.

103 O O O
Sie sehen folgendes Fahrzeug:

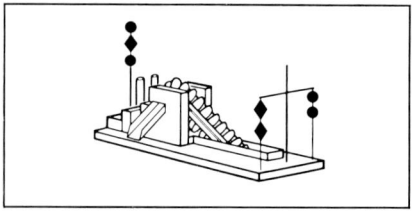

1. Was ist das für ein Fahrzeug?

2. Wie müssen Sie an diesem Fahrzeug vorbeifahren?

1. Ein manövrierbehindertes Fahrzeug, das baggert oder Unterwasserarbeiten ausführt und dabei die Schiffahrt behindert.
2. An der Seite, an der sich zwei schwarze Rhomben senkrecht übereinander angeordnet befinden.

140

104   O O O
Sie sehen folgendes Fahrzeug im Fahrwasser:

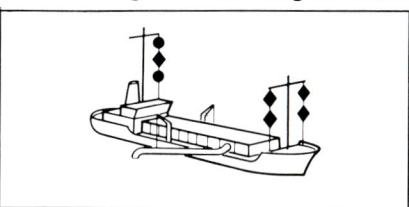

1. Was ist das für ein Fahrzeug?

2. Wie müssen Sie an diesem Fahrzeug vorbeifahren?

1. Ein manövrierbehindertes Fahrzeug, das baggert oder Unterwasserarbeiten ausführt und dabei die Schiffahrt behindert.
2. An der Seite, die in Fahrtrichtung rechts liegt.

105   O O O
Sie sehen folgendes Fahrzeug:

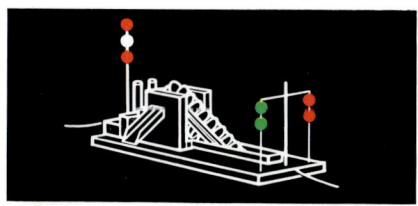

1. Was ist das für ein Fahrzeug?

2. Wie müssen Sie an diesem Fahrzeug vorbeifahren?

1. Ein manövrierbehindertes Fahrzeug, das baggert oder Unterwasserarbeiten ausführt und dabei die Schiffahrt behindert.
2. An der Seite, an der sich 2 grüne Rundumlichter senkrecht übereinander angeordnet
befinden.

106   O O O
Sie sehen folgendes Fahrzeug im Fahrwasser:

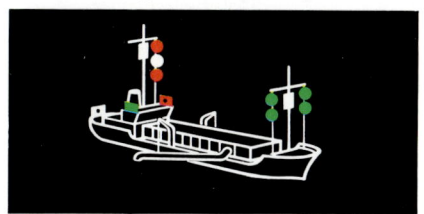

1. Was ist das für ein Fahrzeug?

2. Wie müssen Sie an diesem Fahrzeug vorbeifahren?

1. Ein manövrierbehindertes Fahrzeug mit Fahrt durchs Wasser von 50 und mehr Meter
Länge, das baggert oder Unterwasserarbeiten ausführt und dabei die Schiffahrt behindert.
2. An der Seite, die in Fahrtrichtung rechts liegt.

107   O
Sie sehen auf einem Fahrzeug folgende Flagge:

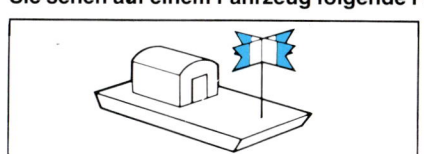

Was bedeutet dieses Signal?

Taucherarbeiten.

Seeschiffahrtsstraßen-Ordnung (SeeSchStrO)

108 ○○
Wo können örtliche Sondervorschriften zusätzlich zur Seeschiffahrtsstraßen-Ordnung (SeeSchStrO) festgelegt sein?

In den Bekanntmachungen der Wasser- und Schiffahrtsdirektionen.

109 ○○○
Wie lautet die Grundregel der Verordnung zu den Kollisionsverhütungsregeln (KVR), der Seeschiffahrtsstraßen-Ordnung (SeeSchStrO) und Verordnung zur Einführung der Schiffahrtsordnung Emsmündung über das Verhalten im Verkehr?

1. Sicherheit und Leichtigkeit des Verkehrs müssen gewährleistet sein.
2. Kein Anderer darf geschädigt, gefährdet oder unnötig behindert oder belästigt werden.
3. Vorsichtsmaßnahmen beachten, die Seemannsbrauch oder besondere Umstände erfordern.

110 ○
Sie sehen folgendes Fahrzeug:

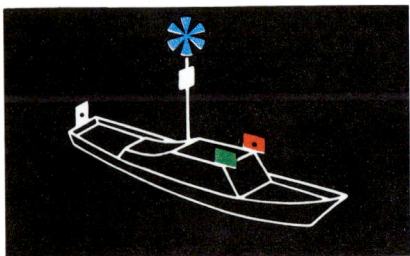

Was ist das für ein Fahrzeug?

Fahrzeug des öffentlichen Dienstes bei Erfüllung polizeilicher Aufgaben.

111 ○
Sie sehen Leuchtkugeln mit weißen Sternen. Was bedeutet dieses Signal?

Ausreichend Abstand halten wegen militärischer Übungen von Fahrzeugen der Bundeswehr und des Bundesgrenzschutzes.

112 ○○○
Was sind Fahrwasser im Sinne der Seeschiffahrtsstraßen-Ordnung (SeeSchStrO) und der Schiffahrtsordnung Emsmündung?

Wasserflächen, die
1. durch Schiffahrtszeichen begrenzt oder gekennzeichnet sind oder,
2. soweit nicht begrenzt oder gekennzeichnet, aber für die durchgehende Schiffahrt bestimmt sind.

113 ○
Welches ist – außer in Wattgebieten – die Steuerbordseite eines Fahrwassers?

Es ist die Seite, die ein von See kommendes Schiff an seiner Steuerbordseite hat.

114 ○○
Sie sehen folgendes Fahrzeug:

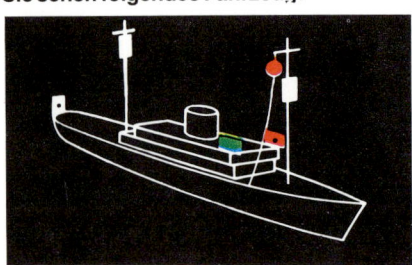

Was ist das für ein Fahrzeug?

Ein Fahrzeug in Fahrt von 50 und mehr Meter Länge, das bestimmte gefährliche Güter befördert, oder ein nicht entgaster Tanker.

115 O O
Sie sehen folgendes Fahrzeug:

Was ist das für ein Fahrzeug?

Ein Fahrzeug, das bestimmte gefährliche Güter befördert, oder ein nicht entgaster Tanker.

116 O O O
Welche Lichter muß ein Fahrzeug unter Segel von weniger als 12 Meter Länge oder ein Fahrzeug unter Ruder auf der Seeschiffahrtsstraße führen, wenn es die nach den Kollisionsverhütungsregeln (KVR) vorgeschriebenen Lichter nicht führen kann?

Ein weißes Rundumlicht.

117 O O O
Wie muß sich ein Maschinenfahrzeug von weniger als 7 Meter Länge auf Seeschiffahrtsstraßen verhalten, wenn es die nach den Kollisionsverhütungsregeln (KVR) vorgeschriebenen Lichter nicht führen kann?

Es darf in der Zeit, in der die Lichterführung vorgeschrieben ist, nicht fahren, es sei denn, daß ein Notstand vorliegt.

118 O O O
Wie muß sich ein Fahrzeug unter Segel von weniger als 12 Meter Länge oder unter Ruder auf Seeschiffahrtsstraßen verhalten, wenn es nicht mindestens ein weißes Rundumlicht führen kann?

Es darf in der Zeit, in der die Lichterführung vorgeschrieben ist, nicht fahren, es sei denn, daß ein Notstand vorliegt.

119 O O O
Wie muß sich ein Fahrzeug auf Seeschiffahrtsstraßen bei einem Notstand verhalten, wenn es die vorgeschriebenen Lichter nicht führen kann?

Es ist eine elektrische Leuchte oder eine Laterne mit einem weißen Licht ständig gebrauchsfertig mitzuführen und rechtzeitig zu zeigen, um einen Zusammenstoß zu verhüten.

120 O
Was für ein Licht müssen Sie auf einem Sportboot setzen, wenn Sie festgemacht haben und keine ausreichende Beleuchtung vom Ufer her vorhanden ist?

Ein festes weißes Licht mittschiffs an der Fahrwasserseite.

121 O
Welches Schallsignal müssen Sie, wenn es die Verkehrslage erfordert, beim Einlaufen in andere Fahrwasser und Häfen und beim Auslaufen aus ihnen geben?

Einen langen Ton.

122 O O
Sie hören folgendes Schallsignal:
(▬ ● ● ● ●)
(▬ ● ● ● ●)
2 Gruppen von je einem langen und vier kurzen Tönen.
Was bedeutet dieses Schallsignal?

Allgemeines Gefahren- und Warnsignal.

123 O O
Wann ist das „Allgemeine Gefahren- und Warnsignal" zu geben?

Wenn ein Fahrzeug ein anderes Fahrzeug gefährdet oder durch dieses selbst gefährdet wird.

124 O O O
Sie hören in jeder Minute mindestens fünfmal hintereinander mit jeweils 2 Sekunden Zwischenpause einen kurzen und einen langen Ton.
(● ▬ ● ▬ ● ▬ ● ▬ ● ▬ 2 s
  ● ▬ ● ▬ ● ▬ ● ▬ ● ▬ usw.)
1. Was bedeutet dieses Schallsignal?
2. Wie haben Sie sich zu verhalten?

1. Bleib-weg, Gefahr durch bestimmte gefährliche Güter.
2. Sofort den Gefahrenbereich verlassen, Feuer und Zündfunken möglichst vermeiden (Explosionsgefahr).

125 O O O
Wie haben sich die Fahrzeuge zu verhalten, die
1. in das Fahrwasser einlaufen,
2. das Fahrwasser queren,
3. im Fahrwasser drehen,
4. ihre Anker- und Liegeplätze verlassen?

Sie haben die Vorfahrt der im Fahrwasser fahrenden Fahrzeuge zu beachten.

126 O O
Was haben Sie beim Drehen im Fahrwasser zu beachten?

Die übrigen im Fahrwasser fahrenden Fahrzeuge haben Vorfahrt und dürfen nicht gefährdet oder behindert werden.

127 O O
Was haben Sie beim Queren des Fahrwassers zu beachten?

Die im Fahrwasser fahrenden Fahrzeuge haben Vorfahrt und dürfen nicht gefährdet oder behindert werden.

128 O
Wo muß im Fahrwasser grundsätzlich gefahren werden?

So weit wie möglich rechts.

129 O
Was muß ein Fahrzeug, das außerhalb des Fahrwassers fährt, durch seine Fahrweise klar erkennen lassen?

Es muß klar erkennbar sein, daß das Fahrwasser nicht benutzt wird.

130 O
Nach welchen Regeln muß außerhalb des Fahrwassers ausgewichen werden?

Nach den Kollisionsverhütungsregeln (KVR).

131 O O O
Wo ist das Überholen verboten?

1. In der Nähe von in Fahrt befindlichen nicht freifahrenden Fähren.
2. An Engstellen.
3. In unübersichtlichen Krümmungen.
4. In Schleusenbereichen.
5. An Stellen und innerhalb von Strecken, die durch Überholverbotszeichen gekennzeichnet sind.

132 O
Sie sehen folgendes Sichtzeichen:

Was bedeutet dieses Sichtzeichen?

Überholverbot für alle Fahrzeuge.

133 O
Wo muß ein wartepflichtiges Fahrzeug vor einer Brücke, einem Sperrwerk oder einer Schleuse anhalten?

Das wartepflichtige Fahrzeug muß in ausreichender Entfernung oder, wenn ein Halteschild vorhanden ist, vor diesem anhalten.

134 O
Wo darf ein wartepflichtiges Fahrzeug vor einer Brücke, einem Sperrwerk oder einer Schleuse nicht festmachen?

Es darf nicht festmachen an den Leitwerken und Abweisedalben.

135 O O
Wo darf Wasserski gelaufen werden?

1. Außerhalb des Fahrwassers, aber nicht auf Flächen, auf denen es von der Schiffahrtspolizeibehörde durch Bekanntmachung verboten ist.
2. Im Fahrwasser nur in Bereichen, die durch die blaue Tafel mit dem weißen Symbol eines Wasserskiläufers bezeichnet sind, oder in den besonders bekanntgemachten Abschnitten.

136 O
Wann darf kein Wasserski gelaufen werden?

Bei Nacht und bei verminderter Sicht.

137 O O
Wie haben sich Wasserskiläufer und ihre Zugboote zu verhalten?

Sie haben allen anderen Fahrzeugen auszuweichen. Beim Begegnen mit anderen Fahrzeugen haben sich die Wasserskiläufer im Kielwasser ihrer Zugboote zu halten.

138 O O O
Wo ist Ankern verboten?

Insbesondere:
1. Im Fahrwasser.
2. An engen Stellen und unübersichtlichen Krümmungen.
3. Im Umkreis von 300 Meter von schwimmenden Geräten, Wracks und anderen Schiffahrtshindernissen, von Kabeltonnen sowie von Stellen für militärische und zivile Zwecke.
4. Vor Hafeneinfahrten, Anlegestellen, Schleusen und Sielen sowie in den Zufahrten des NOK.
5. Innerhalb von Fähr- und Brückenstrecken.
6. 300 Meter vor und hinter Ankerverbotszeichen.

139   O O O
Wo dürfen Sie mit Ihrem Fahrzeug nicht anlegen bzw. nicht festmachen?

Insbesondere:
1. An Sperrwerken, Strombauwerken, Leitwerken, Pegeln, festen und schwimmenden Schiffahrtszeichen.
2. An engen Stellen und in unübersichtlichen Krümmungen.
3. Vor Hafeneinfahrten und an Anlegestellen, die nicht für Sportboote bestimmt sind.
4. Innerhalb von Fähr- und Brückenstrecken.
5. An Stellen, die durch die Sichtzeichen „Festmache- und Liegeverbot" gekennzeichnet sind.

140   O
Wie versuchen Sie eine Beeinträchtigung der Schiffahrt zu vermeiden, wenn für Ihr Fahrzeug die Gefahr des Sinkens besteht?

Das Fahrzeug ist so weit wie möglich aus dem Fahrwasser zu bringen.

141   O
Wie haben Sie die Schiffahrt zu warnen, wenn Ihr Fahrzeug gesunken ist?

Stelle des gesunkenen Fahrzeuges behelfsmäßig kennzeichnen und die Schiffahrtspolizeibehörde benachrichtigen.

142   O
Während welcher Zeit dürfen Sportfahrzeuge ohne Lotsen den Nord-Ostsee-Kanal durchfahren?

Von Sonnenaufgang bis Sonnenuntergang bei sichtigem Wetter.

143   O O
Bei welchem Signal dürfen Sportfahrzeuge ohne Lotsen von den Kanalreeden in die Schleusen des Nord-Ostsee-Kanals einfahren?

Wenn ein weißes unterbrochenes Licht gezeigt wird.

144   O O
In welchen besonderen Vorschriften ist die Durchfahrt durch den Nord-Ostsee-Kanal geregelt?

Im Abschnitt „Ergänzende Vorschriften für den Nord-Ostsee-Kanal" der SeeSchStrO und in der Bekanntmachung der WSD Nord zur SeeSchStrO.

145   O O
Sie sehen im Nord-Ostsee-Kanal an einem Weichensignalmast drei unterbrochene rote Lichter übereinander:
1. Was bedeutet dieses Signal?
2. Wie haben Sie sich dann in der Weiche zu verhalten?

1. Ausfahren für alle Fahrzeuge verboten, Weichengebietsgrenze darf nicht überfahren werden.
2. Nach Möglichkeit hinter den in Fahrtrichtung rechts liegenden Dalben festmachen und die Aufhebung des Stopp-Signals abwarten.

146 O
Sie sehen an Land folgendes Sichtzeichen?

Was bedeutet dieses Sichtzeichen?   Begegnungsverbot.

147 O
Sie sehen an Land folgendes Sichtzeichen:

Was bedeutet dieses Sichtzeichen?   Die Geschwindigkeit durch das Wasser in km/h, auf dem Nord-Ostsee-Kanal über Grund in km/h, die nicht überschritten werden darf; hier 12 km/h.

148 O
Sie sehen folgendes Sichtzeichen:

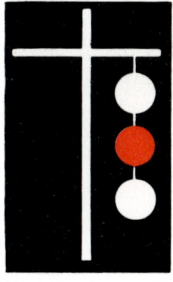

Was bedeutet dieses Sichtzeichen?   Schutzbedürftige Anlage, Sog und Wellenschlag vermeiden.

149 O
Sie sehen folgendes Sichtzeichen:

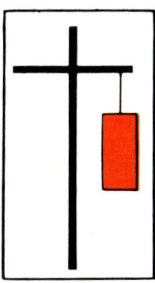

Was bedeutet dieses Sichtzeichen?   Schutzbedürftige Anlage, Sog und Wellenschlag vermeiden.

150 O
Sie sehen an Land folgendes Sichtzeichen:

Was bedeutet dieses Sichtzeichen?

Sog und Wellenschlag vermeiden.

151 O O
Sie sehen folgendes Sichtzeichen:

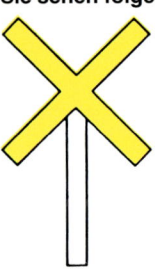

Was bedeutet dieses Sichtzeichen?

Geschwindigkeit von 8 km/h, die innerhalb eines Mindestabstandes von 300 Meter von der jeweiligen Uferlinie nicht überschritten werden darf.

152 O
Sie sehen folgende Tonne:

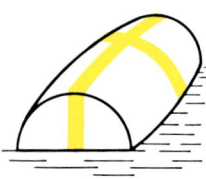

Was bedeutet diese Tonne?

Gesperrt für Maschinenfahrzeuge wegen Badebetriebes.

153 O
Welche Höchstgeschwindigkeit dürfen Sie vor Stellen mit erkennbarem Badebetrieb – außerhalb des Fahrwassers – in einem Abstand von 300 Meter und weniger vom Ufer nicht überschreiten?

8 km/h (4,3 sm/h) Fahrt durch das Wasser.

154 O
Sie sehen folgendes Sichtzeichen:

Was bedeutet dieses Sichtzeichen?

Mindestabstand in Metern, der vom Aufstellungsort der Tafel (hier 40 m von der in Fahrtrichtung rechten Seite) an eingehalten werden muß.

155 O
Sie sehen folgendes Sichtzeichen:

Was bedeutet dieses Sichtzeichen?   Halt vor diesem Zeichen, solange die Durchfahrt nicht freigegeben ist.

156 O O
Sie sehen folgendes Sichtzeichen:

Was bedeutet dieses Sichtzeichen?   Ankerverbot 300 Meter vor und hinter diesem Zeichen.

157 O O
Sie sehen folgende Schiffahrtszeichen (hier ohne Beschriftung):

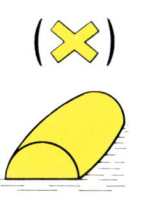 

1. Was kennzeichnet diese Schiffahrtszeichen?
2. Wo entnehmen Sie die Bedeutung dieser Schiffahrtszeichen?

1. Kennzeichnung besonderer Gebiete und Stellen, z. B. Warngebiete, Fischereigründe.
2. Die Bedeutung kann der Seekarte entnommen und aus der Beschriftung der Zeichen erkannt werden.

158 O
Sie sehen folgendes Sichtzeichen:

Was bedeutet dieses Sichtzeichen?   Festmacheverbot.

159 O
Sie sehen folgendes Sichtzeichen:

Was bedeutet dieses Sichtzeichen?   Liegeverbot.

160   O O
Sie sehen folgendes Sichtzeichen:

Was bedeutet dieses Sichtzeichen?

Das in der Zusatztafel angegebene Schallsignal − ein langer Ton − ist zu geben.

161   O
Sie sehen folgendes Sichtzeichen:

Was bedeutet dieses Sichtzeichen?

Ende einer Gebots- oder Verbotsstrecke.

162   O
Sie sehen folgende Tonne:

Was bedeutet diese Tonne?

Warngebiet für militärische und zivile Zwecke.

163   O O
Woran können Sie erkennen, daß ein militärisches Warngebiet wegen Schießübungen für die Schiffahrt gesperrt ist?

An bestimmten Tag- und Nachtsignalen, die nach der Schiffahrtspolizeiverordnung der Wasser- und Schiffahrtsdirektion (WSD) Nord für militärische Sperr- und Warngebiete gesetzt werden.

164   O
Sie sehen folgende Schiffahrtszeichen:

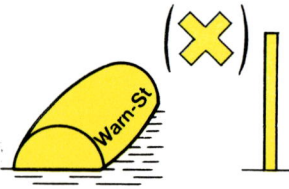

Was bedeuten diese Schiffahrtszeichen?

Warnstelle für militärische und zivile Zwecke.

165   O
Sie sehen folgende Schiffahrtszeichen:

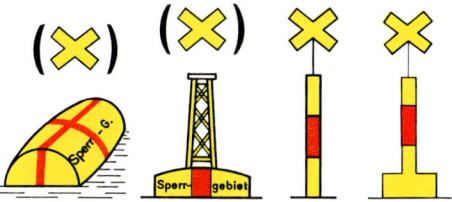

Was bedeuten diese Schiffahrtszeichen?   Sperrgebiet. Befahren verboten.

166   O
Sie sehen folgende Flagge:

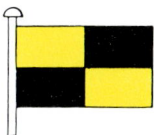

Was bedeutet dieses Flaggensignal?   Das Gebot „Anhalten" durch Fahrzeuge des öffentlichen Dienstes.

167   O
Sie sehen folgendes Lichtsignal:
einmal kurz, einmal lang, zweimal kurz
(● ▬ ● ●).
Was bedeutet dieses Signal?   Es wird von Fahrzeugen des öffentlichen Dienstes gegeben und bedeutet: „Anhalten!"

168   O
Sie hören folgendes Schallsignal:
kurz, lang, kurz, kurz
(● ▬ ● ●).
Was bedeutet dieses Signal?   Es wird von Fahrzeugen des öffentlichen Dienstes gegeben und bedeutet: „Anhalten!"

169   O O
Sie sehen folgendes Sichtzeichen:

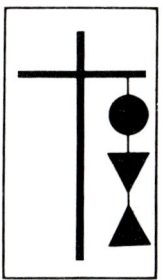

Was bedeutet dieses Sichtzeichen?   Sperrung der Seeschiffahrtsstraße.

170 O O
Sie sehen folgendes Sichtzeichen:

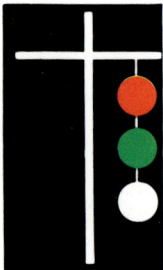

Was bedeutet dieses Sichtzeichen?   Sperrung der Seeschiffahrtsstraße.

171 O O
Sie sehen folgendes Sichtzeichen:

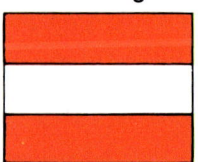

Was bedeutet dieses Sichtzeichen?   Sperrung einer Teilstrecke der Seeschiffahrtsstraße.

172 O O
Sie hören auf der Seeschiffahrtsstraße zwei
Gruppen von je drei langen Tönen:
(▬ ▬ ▬)
(▬ ▬ ▬).
Was bedeutet dieses Signal?   Sperrung der Seeschiffahrtsstraße.

173 O O
Sie sehen an Brücken, Sperrwerken oder
Schleusen folgende feste Lichter:

Was bedeutet dieses Sichtzeichen?   Brücke, Sperrwerk oder Schleuse geschlossen. Durchfahren oder Einfahren verboten.

174 O O
Sie sehen an Brücken, Sperrwerken oder
Schleusen folgende feste Lichter:

Was bedeutet dieses Sichtzeichen?   Diese Anlage ist dauernd gesperrt.

175   O O
Sie sehen an einer Brücke folgende Tafeln:

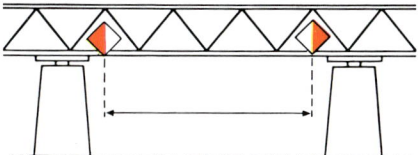

Was bedeuten diese Sichtzeichen?

Die Brückenöffnung darf nur innerhalb des durch die beiden Tafeln begrenzten Raumes durchfahren werden. Dies gilt nicht für kleine Fahrzeuge (Fahrzeuge von weniger als 12 m Länge).

176   O
Sie sehen folgendes Sichtzeichen:

Was bedeutet dieses Sichtzeichen?

Fährstelle, freifahrende Fähre.

177   O
Sie sehen folgendes Sichtzeichen:

Was bedeutet dieses Sichtzeichen?

Fährstelle, nicht freifahrende Fähre.

178   O O
Sie sehen folgendes Sichtzeichen:

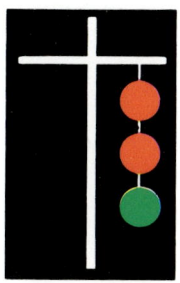

Was bedeutet dieses Sichtzeichen?

Außergewöhnliche Schiffahrtsbehinderung.

179   O O
Sie sehen folgendes Sichtzeichen:

Was bedeutet dieses Sichtzeichen?   Außergewöhnliche Schiffahrtsbehinderung.

Bezeichnung der Fahrwasser

180   O
Sie sehen folgende Tonne:

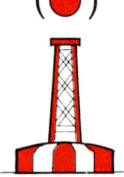

Was bedeutet diese Tonne?   Bezeichnung der Fahrwassermitte.

181   O
Sie sehen folgende Tonne:

Was bedeutet diese Tonne?   Die erste Tonne der Steuerbordseite eines Fahrwassers.

182   O
Sie sehen folgende Tonne:

Was bedeutet diese Tonne?   Die erste Tonne der Backbordseite eines Fahrwassers.

183   O
Sie sehen folgende Schiffahrtszeichen:

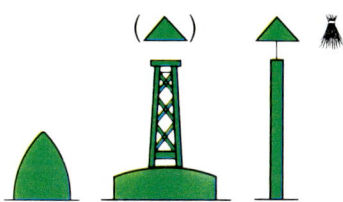

Welche Seite des Fahrwassers bezeichnen die-   Die Steuerbordseite des Fahrwassers.
se Schiffahrtszeichen?

184   O
Sie sehen folgende Schiffahrtszeichen:

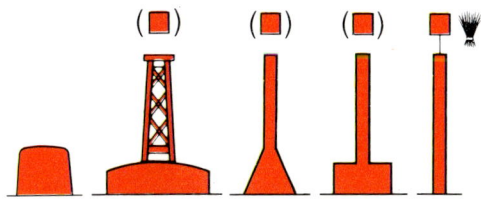

Welche Seite des Fahrwassers bezeichnen die-   Die Backbordseite des Fahrwassers.
se Schiffahrtszeichen?

185   O
Welche Beschriftung tragen die Tonnen an der   Fortlaufende gerade Nummern − von See beginnend oder nach festgelegter Rich-
Backbordseite eines Fahrwassers?   tung −, gegebenenfalls mit einem angehängten kleinen Buchstaben.

186   O
Welche Beschriftung tragen die Tonnen an der   Fortlaufende ungerade Nummern − von See beginnend oder nach festgelegter Rich-
Steuerbordseite eines Fahrwassers?   tung −, gegebenenfalls mit einem angehängten kleinen Buchstaben.

187   O
Sie sehen folgendes feste Schiffahrtszeichen:

Welche Seite des Fahrwassers bezeichnet die-   Die Steuerbordseite des Fahrwassers.
ses Schiffahrtszeichen?

188 O
Sie sehen folgendes feste Schiffahrtszeichen:

Welche Seite des Fahrwassers bezeichnet die- Die Backbordseite des Fahrwassers.
ses Schiffahrtszeichen?

189 O
Sie sehen folgendes feste Schiffahrtszeichen:

Welche Seite des Fahrwassers bezeichnet die- Die Backbordseite des Fahrwassers.
ses Schiffahrtszeichen?

190 O O O
Sie sehen folgende Tonne:

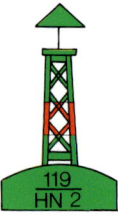

Was bedeutet diese Tonne? Steuerbordseite des durchgehenden Fahrwassers, Backbordseite des abzweigenden Fahrwassers.

191 O O O
Sie sehen folgende Tonne:

Was bedeutet diese Tonne? Backbordseite des durchgehenden Fahrwassers, Steuerbordseite des einmündenden Fahrwassers.

192 O O
Was bedeuten folgende Abkürzungen:
1. Oc (2) R. Whis   / Hl-Tn. Ubr. (2) r.?
2. Fl (2) G   / Blz. (2) gn.?
3. Oc. WRG. 12 M   / Ubr./w/r/gn. 12 sm?

4. LFl   / Blk.?
5. Bell   / Gl-Tn.?
6. Dir   / Lt-F.?

1. Heultonne mit unterbrochenem Feuer Gruppe 2 rot.
2. Blitzfeuer Gruppe 2 grün.
3. Unterbrochenes Feuer mit weißem und rotem und grünem Sektor, Nenntragweite 12 sm.
4. Blinkfeuer.
5. Glockentonne.
6. Leitfeuer.

193 O
Welche Kennung und Farbe haben die Feuer der Leuchttonnen an der Steuerbordseite des Fahrwassers?

Grünes Blitzfeuer, grünes Funkelfeuer oder grünes unterbrochenes Feuer.

194 O
Welche Kennung und Farbe haben die Feuer der Leuchttonnen an der Backbordseite des Fahrwassers?

Rotes Blitzfeuer, rotes Funkelfeuer oder rotes unterbrochenes Feuer.

195 O
Welche Kennung und Farbe hat das Feuer der Leuchttonnen in der Mitte des Fahrwassers?

Weißes Gleichtaktfeuer oder weißes unterbrochenes Feuer

Bezeichnung der Gefahrenstellen

196   O O
Sie sehen folgende Schiffahrtszeichen:

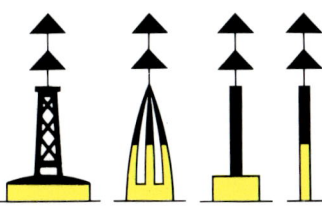

Was bedeuten diese Schiffahrtszeichen?

Südlich der Tonne befindet sich eine allgemeine Gefahrenstelle, die nördlich der Tonne passiert werden muß.

197   O O
Sie sehen folgende Schiffahrtszeichen:

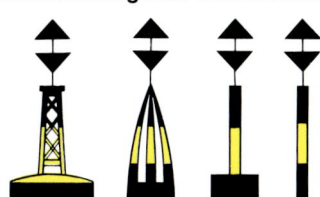

Was bedeuten diese Schiffahrtszeichen?

Westlich der Tonne befindet sich eine allgemeine Gefahrenstelle, die östlich der Tonne passiert werden muß.

198 O O
Sie sehen folgende Schiffahrtszeichen:

Was bedeuten diese Schiffahrtszeichen?

Nördlich der Tonne befindet sich eine allgemeine Gefahrenstelle, die südlich der Tonne passiert werden muß.

199 O O
Sie sehen folgende Schiffahrtszeichen:

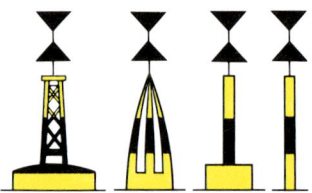

Was bedeuten diese Schiffahrtszeichen?

Östlich der Tonne befindet sich eine allgemeine Gefahrenstelle, die westlich der Tonne passiert werden muß.

200 O O
Sie sehen das Feuer einer Leuchttonne mit folgenden Kennungen:

▼▼▼▼▼▼▼▼▼▼▼▼▼▼▼▼▼▼▼▼▼

oder

▮▮▮▮▮▮▮▮▮▮▮▮▮▮▮▮▮▮▮▮▮▮▮▮

Was bedeuten diese Kennungen?

Südlich des Feuers befindet sich eine allgemeine Gefahrenstelle, die nördlich des Feuers passiert werden muß.

201 O O
Sie sehen das Feuer einer Leuchttonne mit folgenden Kennungen:

oder

Was bedeuten diese Kennungen?

Westlich des Feuers befindet sich eine allgemeine Gefahrenstelle, die östlich des Feuers passiert werden muß.

202 O O
Sie sehen das Feuer einer Leuchttonne mit folgenden Kennungen:

oder

Was bedeuten diese Kennungen?

Nördlich des Feuers befindet sich eine allgemeine Gefahrenstelle, die südlich des Feuers passiert werden muß.

203 O O
Sie sehen das Feuer einer Leuchttonne mit folgenden Kennungen:

oder

Was bedeuten diese Kennungen?

Östlich des Feuers befindet sich eine allgemeine Gefahrenstelle, die westlich des Feuers passiert werden muß.

204 O O O
Sie sehen folgende Schiffahrtszeichen:

Was bedeuten diese Schiffahrtszeichen?

Die Tonne zeigt eine Einzelgefahrenstelle an, die an allen Seiten passiert werden kann.

205 O O O
Sie sehen folgende Schiffahrtszeichen nebeneinander:

Was bedeuten diese Schiffahrtszeichen nebeneinander?

Die Tonnen zeigen an, daß sich nördlich von ihnen eine neue Gefahrenstelle befindet, die allgemein südlich der Tonnen passiert werden muß.

Befeuerung

206 O
**Welche Farbe eines Festfeuers treffen Sie ein-
laufend in der Regel bei Hafeneinfahrten an der
Steuerbordseite an?**

Grün.

207 O
**Welche Farbe eines Festfeuers treffen Sie ein-
laufend in der Regel bei Hafeneinfahrten an der
Backbordseite an?**

Rot.

208 O O
Was verstehen Sie unter einem Leitfeuer?

Ein Sektorenfeuer verschiedener Kennung und Farben (Leitsektor und Warnsektoren),
das ein Fahrwasser, eine Hafeneinfahrt oder einen freien Seeraum zwischen Untiefen
bezeichnet.

209 O O
Wie navigieren Sie mit Hilfe eines Leitfeuers?

Ich muß mit meinem Fahrzeug an der rechten Seite des durch den weißen Leitsektor
gekennzeichneten Fahrwassers fahren.

210 O O
**Wenn Sie von See kommend auf ein Leitfeuer
zufahren und aus dem weißen Leitsektor in den
roten Warnsektor kommen, nach welcher Seite
müssen Sie den Kurs ändern?**

Nach Steuerbord.

211 O O
**Wenn Sie von See kommend auf ein Leitfeuer zu-
fahren und aus dem weißen Leitsektor in den
grünen Warnsektor kommen, nach welcher
Seite müssen Sie den Kurs ändern?**

Nach Backbord.

212 O O
Was verstehen Sie unter einem Richtfeuer?

Es besteht aus Unter- und Oberfeuer und bezeichnet die Richtung in einem Fahrwasser.

213 O O
Wie navigieren Sie mit Hilfe eines Richtfeuers?

Ich fahre rechts von der Richtfeuerlinie.

214 O O
**Was verstehen Sie unter einem Quermarken-
feuer?**

Es ist ein Sektorenfeuer und besteht aus zwei weißen Ankündigungssektoren und
einem farbigen Kursänderungssektor.

215 O O
**Wie navigieren Sie mit Hilfe eines Quermarken-
feuers?**

Ich muß mit meinem Fahrzeug beim Übergang von dem weißen Ankündigungssektor in
den folgenden farbigen Kursänderungssektor meinen Kurs ändern.

216 O O
**Was verstehen Sie unter einem unterbrochenen
Feuer?**

Die Lichterscheinungen sind stets länger als die Verdunkelungen.

217 O O
Was verstehen Sie unter einem Blinkfeuer?

Die Lichterscheinungen sind stets kürzer als die Verdunkelungen. Ein Blink ist mindestens zwei Sekunden lang.

218 ○ ○
Was verstehen Sie unter einem Blitzfeuer?

Die Lichterscheinungen sind stets kürzer als die Verdunkelungen. Ein Blitz ist weniger als 2 Sekunden, in deutschen Gewässern weniger als 1 Sekunde lang.

219 ○ ○
Was verstehen Sie unter einem Funkelfeuer?

Schnell aufeinanderfolgende Lichterscheinungen (60 Lichterscheinungen in der Minute).

220 ○ ○
Was verstehen Sie unter einem Gleichtaktfeuer?

Die Lichterscheinung und Verdunkelung sind von gleicher Zeitdauer.

221 ○ ○ ○
Welche verschiedenen Kennungen von Leucht-feuern gibt es?

Festfeuer, Blinkfeuer, Blitzfeuer, Funkelfeuer, unterbrochene Funkelfeuer, unterbrochene Feuer, Gleichtaktfeuer.

222 ○ ○
Was verstehen Sie unter der Wiederkehr eines Leuchtfeuers?

Das ist der Zeitraum vom Einsetzen einer Taktkennung bis zum Einsetzen der nächsten gleichen Taktkennung.

Befahrensregelungen für Naturschutzgebiete und Nationalparke

223 ○ ○
Wie haben Sie sich beim Befahren von Natur-schutzgebieten und Nationalparken zu ver-halten?

1. Pflanzen- und Tierwelt nicht mehr als unvermeidbar beeinträchtigen oder stören.
2. Befahrensregelungen (örtliche Befahrensverbote, zeitliche Befahrensbeschränkun-gen, festgesetzte Höchstgeschwindigkeiten und dergleichen) beachten.

224 ○ ○
Wie können Sie mithelfen, die Lebensmöglich-keiten der Pflanzen- und Tierwelt in Gewässern und Feuchtgebieten zu bewahren und zu för-dern?

Indem ich mich umweltbewußt verhalte und hierbei insbesondere die „Zehn goldenen Regeln für das Verhalten von Wassersportlern in der Natur" beachte, die von den Wassersportverbänden und dem Deutschen Naturschutzring erarbeitet wurden.

Navigation

225 ○ ○
Welche amtlichen nautischen Veröffentlichun-gen geben Aufschluß über die für das Fahrtge-biet benötigten Angaben?

Seekarten, Leuchtfeuerverzeichnisse, Seehandbücher, Gezeitentafeln, Atlas der Gezeitenströme, Nautischer Funkdienst, Nachrichten für Seefahrer, Bekanntmachun-gen für Seefahrer.

226 ○ ○
Welche Angaben enthalten die Nachrichten für Seefahrer (NfS) und die Bekanntmachungen für Seefahrer (BfS)?

Sie enthalten alle Veränderungen hinsichtlich Betonnung, Befeuerung, Wracks und Un-tiefen.

227 ○ ○
Wo können Sie von den Bekanntmachungen für Seefahrer (BfS) Kenntnis erlangen?

An den dafür eingerichteten Aushangstellen (z. B. Hafenmeister, Schleusen, Wasser-schutzpolizei).

228 ○ ○
Wo finden Sie Angaben über Schiffahrtsange-legenheiten, insbesondere Hinweise auf Schiff-fahrtsvorschriften der Länder, deren Küsten, Häfen und Naturverhältnisse?

In den Seehandbüchern sowie den Hafenhandbüchern der Wassersportverbände.

229 ○
Wovon sollten Sie sich vor Gebrauch einer See-karte überzeugen?

Daß die Karte auf den neuesten Stand berichtigt ist.

230 O
Woran erkennen Sie, ob die Seekarte auf den neuesten Stand berichtigt ist?

An dem letzten amtlichen Berichtigungsdatum, das sich in der Regel an der linken Seite des unteren Kartenrandes befindet.

231 O
In welcher Maßeinheit werden in deutschen Seekarten die Tiefen angegeben?

In Meter und Dezimeter.

232 O
Wo finden Sie Angaben über die Zeichen und Abkürzungen in den deutschen Seekarten?

In der Karte 1 des BSH.

233 O O
Wo finden Sie die für die Navigation wichtigen Beschreibungen der Seezeichen und Angaben über deren Befeuerung und Angaben über Signalstellen?

Im Leuchtfeuerverzeichnis und in den Seekarten.

234 O
Wo entnehmen Sie in der Seekarte die Seemeilen?

Am rechten oder linken Kartenrand in Höhe des Standortes.

235 O
Wie lang ist eine Seemeile?

1852 Meter.

236 O
Was verstehen Sie unter dem Geschwindigkeitsbegriff „Knoten"?

Das sind die in einer Stunde zurückgelegten Seemeilen.

237 O O O
Wie errechnen Sie die Zeit (in Minuten), die ein Fahrzeug benötigt, um eine bestimmte Distanz bei bekannter Geschwindigkeit abzulaufen?

$$\text{Zeit in min} = \frac{\text{Distanz in sm} \times 60 \text{ min/h}}{\text{Geschwindigkeit in sm/h}}$$

238 O O O
Wie errechnen Sie die Geschwindigkeit (in Knoten) eines Fahrzeuges bei bekannter Distanz (in Seemeilen) und Zeit (in Minuten)?

$$\text{Geschwindigkeit} = \frac{\text{Distanz} \times 60}{\text{Zeit}}$$

239 O O
Was verstehen Sie unter einem rechtweisenden Kurs?

Es ist der Winkel zwischen rechtweisend Nord und der Rechtvorausrichtung des Fahrzeugs.

240 O O
Wie entnehmen Sie aus der Seekarte den Kartenkurs?

Durch Messen des Winkels zwischen rechtweisend Nord und der beabsichtigten Richtung des Weges über Grund.

241 O O
Was verstehen Sie unter dem mißweisenden Kurs?

Es ist der Winkel zwischen mißweisend Nord und der Rechtvorausrichtung des Fahrzeugs.

242 O O
Was verstehen Sie unter dem Magnetkompaßkurs?

Es ist der Winkel zwischen Magnetkompaß-Nord und der Rechtvorausrichtung des Fahrzeugs.

243 O O
Was verstehen Sie unter Mißweisung?

Es ist der Winkel zwischen rechtweisend Nord und mißweisend Nord.

244 O O
Was verstehen Sie unter Magnetkompaßablenkung?

Es ist der Winkel zwischen mißweisend Nord und Magnetkompaß-Nord.

245 O O
Woraus setzt sich die Magnetkompaßfehlweisung zusammen?

Es ist die Summe aus Magnetkompaßablenkung und Mißweisung.

246 O
Wo kann die Mißweisung und ihre jährliche Änderung entnommen werden?

Aus der dem Standort nächstgelegenen Kompaßrose oder den entsprechenden Angaben in der Seekarte.

247 O
Woraus entnehmen Sie die Ablenkung (Deviation)?

Aus der für das betreffende Schiff aufgestellten Ablenkungstabelle (Deviationstabelle).

248 O O O
Wie verwandeln Sie den rechtweisenden Kurs in den zu steuernden Magnetkompaßkurs?

Es wird zunächst das folgende einheitliche Grundschema hingeschrieben:

Magnetkompaßkurs MgK =
Ablenkung   Abl = _____
mißweisender Kurs   mwK =
Mißweisung   Mw   = _____
rechtweisender Kurs rwK =

Dann werden der rwK und die Beschickungswerte Mw und Abl in die vorgesehenen Zeilen eingesetzt und der gesuchte MgK durch Rechnung von unten nach oben ermittelt.

249 O O O
Wie verwandeln Sie den Magnetkompaßkurs in den rechtweisenden Kurs?

Es wird zunächst das folgende einheitliche Grundschema hingeschrieben:

Magnetkompaß-Kurs MgK =
Ablenkung   Abl = _____
mißweisender Kurs   mwK =
Mißweisung   Mw   = _____
rechtweisender Kurs rwK =

Dann werden der MgK und die Beschickungswerte Abl und Mw in die vorgesehenen Zeilen eingesetzt und der gesuchte rwK durch Rechnung von oben nach unten ermittelt.

250 O O
Was ist eine Peilung?

Das Feststellen der Richtung, in der man ein Objekt sieht.

251 O O
Wie erhalten Sie eine Standlinie?

Durch Peilung eines bekannten Objektes.

252 O O O
Was ist eine Kreuzpeilung?

Die Peilung zweier fester und bekannter Objekte in dichter Zeitfolge.

253 O O O
Wie erhalten Sie mit Hilfe einer Kreuzpeilung Ihren Standort?

Indem ich die rechtweisenden Peillinien zweier Objekte in die Seekarte eintrage; ihr Schnittpunkt ist der Standort.

254 O O
Was verstehen Sie unter Stromversetzung?

Die Versetzung des Schiffes nach Richtung und Distanz, die durch Gezeiten- oder Meeresströmungen verursacht wird.

255 O O
Was verstehen Sie unter Windversetzung?

Die Versetzung des Schiffes nach Richtung und Distanz, die durch den Wind verursacht wird.

256 O O
Was verstehen Sie unter dem Koppelort?

Das ist der aus Kurs(en) und Distanz(en) unter Berücksichtigung aller vorhersehbaren Einflüsse, den Strom eingeschlossen, ermittelte Schiffsort.

257 O O O
Was müssen Sie bei der Aufstellung eines Magnetkompasses an Bord beachten?

1. Sein Steuerstrich muß mit der Kiellinie zusammenfallen oder parallel dazu verlaufen.
2. Der Kompaß muß gut ablesbar sein.
3. Die Nähe von Eisenteilen und elektrischen Geräten soll vermieden werden.

258 O
Was verstehen Sie unter Ebbe?

Das Fallen des Wassers vom Hochwasser zum folgenden Niedrigwasser.

259 O
Was verstehen Sie unter Flut?

Das Steigen des Wassers vom Niedrigwasser zum folgenden Hochwasser.

260 O
Was verstehen Sie unter einer Tide?

Der Teil der Gezeit zwischen einem Niedrigwasser und dem nächstfolgenden Niedrigwasser.

261 O
Was ist Niedrigwasser?

Der Eintritt des niedrigsten Wasserstandes beim Übergang vom Fallen zum Steigen.

262 O
Was ist Hochwasser?

Der Eintritt des höchsten Wasserstandes beim Übergang vom Steigen zum Fallen.

263 O
Wo finden Sie für einen bestimmten Ort die Angaben über Hoch- und Niedrigwasserzeiten und den Tidenhub?

In den Gezeitentafeln (Tidenkalendern).

264 O
Wie lange sind Gezeitentafeln gültig?

Nur für das Jahr, für das sie herausgegeben sind.

Manövrieren

265 O
Wie müssen Sie in engen Gewässern Ihre Fahrt einrichten?

Vorsichtig und langsam fahren; Sog und Wellenschlag vermeiden.

266 O
Warum soll ein kleines Fahrzeug nicht dicht an ein großes in Fahrt befindliches Fahrzeug heranfahren?

Es kann durch dessen Bug- oder Heckwelle kentern oder durch den Sog mit dem Fahrzeug kollidieren.

267 O
Warum soll man möglichst gegen Strom und Wind anlegen?

Weil sich das Fahrzeug dabei besser manövrieren läßt.

268 O
Wie verhalten Sie sich beim Begegnen mit anderen Fahrzeugen in einem engen Fahrwasser?

Nach rechts ausweichen. Geschwindigkeit herabsetzen, ausreichenden Abstand halten.

269 O O O
Welche Gefahren können entstehen, wenn ein größeres Fahrzeug Sie überholt?

Mein Fahrzeug kann durch Stau, Sog oder Schwell aus dem Kurs laufen, querschlagen, in flachen Gewässern auf Grund laufen; Gefahr des Überbordfallens.

270 O O
Wie ist ein Überholmanöver durchzuführen?

Zügig und im ausreichenden Abstand und nur dann, wenn die Verkehrslage es erlaubt.

271 O
Wie lang sollte eine Schleppleine bei starkem Seegang sein?

Mindestens 2- oder 3fache Wellenlänge.

272 O O O
Was ist zu beachten, wenn ein Sportboot geschleppt werden soll?

1. Die Schleppleine ist den Seegangsverhältnissen anzupassen; bei starkem Seegang soll die Schleppleine das mindestens 2- oder 3fache der Wellenlänge haben.
2. Ein ruckartiges Steifkommen der Schleppleine ist zu vermeiden.
3. Die Schleppgeschwindigkeit darf nicht größer sein als die Geschwindigkeit, die der Anhang freifahrend bei Verdrängerfahrt erreichen kann.

273 O O
Wie vertäuen Sie Ihr Boot, wenn Sie längsseits geschleppt werden?

Durch 2 Querleinen (vorn und achtern je eine) sowie durch eine Vor- und eine Achterspring. Das Heck des schleppenden Fahrzeuges soll über das Heck des geschleppten Fahrzeuges hinausragen.

274 O
Wieviel Ankerkette bzw. -leine soll man normalerweise beim Ankern ausstecken?

Mindestens die dreifache Wassertiefe bei Kette oder fünffache bei Leine.

275 O O
Woran können Sie erkennen, ob der Anker hält?

Durch wiederholtes Peilen verschiedener Objekte. Der Schiffsort darf sich nicht wesentlich ändern.

276 O
Warum sollen Sie sich die Ankerpeilungen aufschreiben?

Um mit Kontrollpeilungen festzustellen, ob das Fahrzeug vertrieben ist.

277 O
Welches ist der günstigste Anlaufwinkel beim Anlegen in stromfreien Gewässern?

Ein möglichst spitzer Winkel.

278 O O
Welche äußeren Einflüsse können sich auf die Manövrierfähigkeit Ihres Bootes auswirken?

Wind, Seegang, Strom, Sog, Wassertiefe.

279 O
Was verstehen Sie unter einer rechts- bzw. linksgängigen Schraube?

Bei Vorwärtsgang dreht sich, von hinten gesehen, eine rechtsgängige Schraube nach rechts, eine linksgängige nach links.

280 O
Nach welcher Seite dreht sich im allgemeinen das Heck im Rückwärtsgang bei einer rechtsgängigen Schraube?

Nach Backbord.

281 O
Was müssen Sie beim Festmachen Ihres Fahrzeugs beachten?

Es ist so festzumachen, daß das Fahrzeug sicher liegt und sich nicht losreißen kann. Wind, Strom und Wasserstandsänderungen sind zu berücksichtigen.

282 O O
Welche Vorkehrungen sollten Sie insbesondere dann treffen, wenn Sie Ihr festgemachtes Fahrzeug für längere Zeit verlassen?

1. Alle Seeventile schließen.
2. Hauptschalter des Bordnetzes ausschalten.
3. So festmachen, daß die Masten nebeneinanderliegender Boote gegeneinander verversetzt sind und nicht bei Schwell beschädigt werden können.

283 O O
Warum müssen Sie bei geringer Wassertiefe mit der Geschwindigkeit heruntergehen?

Das Heck kann sich absenken, die Steuerfähigkeit kann verlorengehen.

284 O O
Welche Geschwindigkeit müssen Sie in engen Gewässern wählen, in denen am Ufer festgemachte Fahrzeuge liegen?

Eine Geschwindigkeit, bei der gefährlicher Sog oder Wellenschlag vermieden wird.

285 O
Womit kann ein steuerunfähiges Sportboot mit dem Bug in den Wind gehalten werden?

Mit dem Treibanker.

Wetterkunde

286 O O
Was bedeutet folgendes Zeichen in der Wetterkarte:

Windrichtung: NW; Windstärke Bft 3; Bewölkung: wolkenlos.

287 O
Welche Angaben liefert Ihnen die Beaufortskala?

Einheiten der Windstärke von 0 bis 12 und die Auswirkungen des Windes auf die See.

288 O
In welcher Maßeinheit wird der Luftdruck angegeben?

In Hektopascal (hPa).

289 O
Welche Schlüsse können Sie aus raschen Luftdruckänderungen ziehen?

Schnelle Wetteränderung.

290 O
Was bedeutet rasches Fallen des Luftdruckes?

In der Mehrzahl der Fälle Starkwind- oder Sturmgefahr.

291 O O
Was können Sie für eine Wetterentwicklung erwarten, wenn in unseren Breiten der Luftdruck um mehr als 1 Hektopascal in der Stunde fällt?

Es gibt Starkwind oder Sturm.

292 O O
Was bedeuten die um einen Hoch- oder Tiefdruckkern in der Wetterkarte abgebildeten Linien?

Linien, die Orte gleichen Luftdruckes miteinander verbinden (Isobaren).

293 O O
Erklären Sie folgende Abbildung:

Hochdruckgebiet. Zahlenangaben an den Isobaren in hPa.

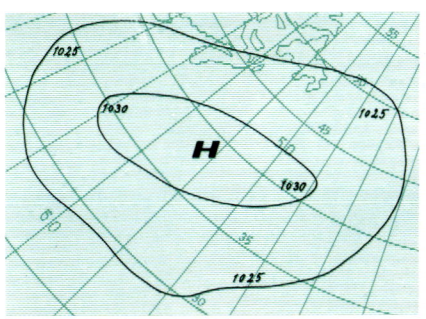

294 ○○○
Erklären Sie folgende Abbildung:

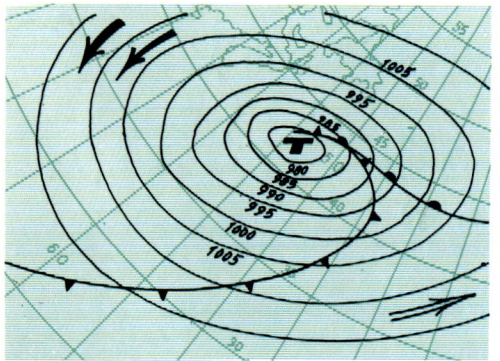

Tiefdruckgebiet auf Nordbreite mit Warm- und Kaltfront sowie Warmsektor, ferner Angaben über das Druck- und Windfeld im Bereich des Tiefs.

295 ○○
Wie können Sie Wetterberichte erhalten?

Über Rundfunk, Fernsehen, Zeitung, Fernsprech-Ansagedienst der Deutschen Bundespost, Deutscher Wetterdienst-Seewetteramt, Küstenfunkstellen.

296 ○
Für welche Windstärken wird eine Starkwindwarnung herausgegeben?

Für Windstärke 6 und 7 der Beaufortskala.

297 ○
Für welche Windstärken wird eine Sturmwarnung herausgegeben?

Für Windstärke 8 der Beaufortskala und mehr.

298 ○○
Was verstehen Sie unter Landwind, und wann tritt er in der Regel auf?

Ablandiger Wind an der Küste von geringer Stärke, der meistens nur nachts auftritt.

299 ○○
Was verstehen Sie unter Seewind, und wann tritt er in der Regel auf?

Auflandiger Wind an der Küste, der örtlich auftritt, nachmittags seine größte Stärke (4−5 Bft) erreicht und nachts wieder abflaut.

300 ○○
Welche Zuggeschwindigkeit und -richtung haben Tiefdruckgebiete in der Regel in unseren Breiten?

1. Fünf bis vierzig Knoten.
2. Von West nach Ost.

301 ○○
Was verstehen Sie in amtlichen Wetterberichten unter „schwachem Wind"?

Wind bis zur Stärke 3 der Beaufortskala.

302 ○○
Was verstehen Sie in amtlichen Wetterberichten unter „mäßigem Wind"?

Wind der Stärke 4 der Beaufortskala.

303 ○○
Was verstehen Sie in amtlichen Wetterberichten unter „frischem Wind"?

Wind der Stärke 5 der Beaufortskala.

304 O O
Was verstehen Sie in amtlichen Wetterberichten unter „schwerem Sturm", „orkanartigem Sturm", „Orkan"?

Wind der Stärke 10, 11 bzw. 12 der Beaufortskala.

305 O O
Sie hören im Wetterbericht die Meldung: Sturm aus Südwest rechtdrehend.
Was bedeutet das?

Der Sturm dreht in Richtung West (im Uhrzeigersinn).

306 O O
Sie hören im Wetterbericht die Meldung: Sturm aus Südost rückdrehend.
Was bedeutet das?

Der Sturm dreht in Richtung Ost (entgegen dem Uhrzeigersinn).

307 O O
Woran erkennt man ein aufziehendes Gewitter?

1. Turmartige, mächtige Haufenwolken.
2. Ein eventuell vorhandener Wind schläft zunächst ein, frischt danach wieder auf und kommt aus anderer Richtung.
3. Aus einem auf Mittelwelle geschalteten Rundfunkgerät ertönen lange vor Gewitterausbruch starke Störgeräusche.

308 O O O
Welche Gefahren kann ein Gewitter mit sich bringen?

1. Böen bis Orkanstärke.
2. Winddrehungen.
3. Starke Regenfälle mit erheblich verminderter Sicht.
4. Hagelschlag.
5. Blitzschlag.

309 O O O
Wie verhalten Sie sich bei Gewittergefahr?

1. Hafen oder zumindest Landschutz aufsuchen.
2. Gegebenenfalls Segel stark reffen, besser ganz wegnehmen.
3. Sonstige Maßnahmen wie in schwerem Sturm ergreifen (z. B. alle Gegenstände seefest laschen, Rettungsweste und Sicherheitsgurt anlegen).
4. Funkanlagen abschalten.
5. Möglichst keine Metallteile berühren.
6. Position ermitteln und in die Seekarte eintragen.

Sicherheit

310 ○○○
Welche Sicherheitsmaßnahmen treffen Sie vor dem Auslaufen?

Wetterbericht einholen, Kraftstoff-, Öl- und Wasservorrat vervollständigen, Überprüfung insbesondere der Rettungsmittel.

311 ○○○
Was soll ein Bootsführer unternehmen, wenn er durch schlechtes Wetter oder andere Umstände länger als vorgesehen aufgehalten wird?

Die Angehörigen verständigen, um aufwendige Suchaktionen zu vermeiden.

312 ○○
Was soll ein Bootsführer unternehmen, wenn er Grund zur Annahme haben muß, daß er vermißt wird und dadurch eine Suchaktion ausgelöst worden ist?

Die Seenotleitung Bremen der Deutschen Gesellschaft zur Rettung Schiffbrüchiger und Angehörige benachrichtigen.

313 ○○○
Welche Sicherheitsmaßnahmen sind beim Tanken zu treffen?

1. Motor abstellen.
2. Alle offenen Feuer aus.
3. Keine elektrischen Schalter betätigen.
4. Vor und während des Tankens alle nicht betroffenen Räume verschließen, nach dem Tanken alle Räume lüften.
5. Bei Vergaserkraftstoff zwecks Vermeidung elektrostatischer Entladung die auf den Einfüllstutzen gelegte Zapfpistole mit der bloßen Hand berühren.

314 ○○○
Welche Sicherheitsmaßnahmen treffen Sie auf See vor Eintritt von schwerem Wetter (Starkwind, Sturm)?

1. Alle Öffnungen vor Wassereinbruch sichern. Lose Gegenstände festzurren.
2. Rettungswesten und Sicherheitsgurte mit Sorgleine anlegen, diese in Augbolzen, Strecktau oder Laufleine einhaken und andere Rettungsmittel bereithalten.
3. Unter Umständen Schutzhafen anlaufen.

315 ○○○
Warum ist Flüssiggas gefährlich?

Es bildet mit Luft ein explosionsfähiges Gemisch. Flüssiggas ist schwerer als Luft und geruchlos.

316 ○○○
Wo sollen die Gasbehälter einer Flüssiggasanlage gelagert werden?

1. Möglichst an Deck, geschützt vor Sonneneinstrahlung.
2. Sonst in einem besonders abgeschlossenen Raum für Gasbehälter, der in Bodenhöhe eine Öffnung nach außenbords hat.

317 ○○
Was ist vor Inbetriebnahme einer Flüssiggasanlage zu prüfen?

Es ist zu prüfen, ob alle Leitungen und Anschlüsse dicht sind.

318 ○○
Was ist zu beachten, wenn die Flüssiggasanlage außer Betrieb gesetzt wird?

Alle vorhandenen Absperrventile sind zu schließen.

319 ○○○
Was gehört zu der Sicherheitsausrüstung?

1. Ohnmachtssichere Rettungsweste mit Signalpfeife für jede Person,
2. Sicherheitsgurte in ausreichender Anzahl,
3. Rettungsring mit Wurfleine,
4. Rettungsfloß,
5. Notsignale,
6. Erste-Hilfe-Kasten,
7. Feuerlöscher,
8. Lenzpumpe und Eimer,
9. Riemen oder Paddel,
10. Taschenlampe,
11. Treibanker,
12. Radarreflektor.

320 O O
Wie oft müssen Sie Ihr aufblasbares Rettungs-floß und Ihre aufblasbare Rettungsweste warten lassen?

Mindestens alle 2 Jahre.

321 O
Welche Löschmittel dürfen Sie keinesfalls bei einem Brand in der elektrischen Anlage einsetzen?

Schaum und Wasser.

322 O O
1. Welcher Feuerlöscher ist für Sportboote zweckmäßig?
2. Wie oft müssen Sie einen Feuerlöscher überprüfen lassen?

1. ABC-Pulverlöscher.
2. Mindestens alle 2 Jahre.

323 O O O
Was ist zu tun, wenn es am Motor brennt?

1. Kraftstoffzufuhr abstellen und Motor mit möglichst hoher Drehzahl weiterlaufen lassen.
2. Bei leicht zugänglichen Motoren Brandstelle mit Löschdecke oder nasser Wolldecke abdecken oder Brand mit Pulverlöscher bekämpfen.
3. Bei schwer zugänglichen Motoren in geschlossenen Motorräumen Lüftungsöffnungen verschließen und Löschmittel aus Pulverlöscher durch Spalt am Zugang in den Raum eingeben.

324 O O O
Welche Maßnahmen ergreifen Sie, um einen Brand wirksam zu bekämpfen?

1. Luftzufuhr vermeiden.
2. Feuerlöscher erst am Brandherd in Tätigkeit setzen.
3. Das Feuer möglichst von unten bekämpfen.

325 O O
Was ist beim Aufladen von Batterien (Bleiakkumulatoren) an Bord zu beachten?

Es ist erforderlich, daß der Batterieraum wegen der beim Aufladen entstehenden Gase ausreichend belüftet ist (Explosionsgefahr).

326 O O
Wie verhalten Sie sich nach einem Zusammenstoß?

1. Erste Hilfe leisten.
2. So lange am Unfallort bleiben, bis ein weiterer Beistand nicht mehr erforderlich ist.
3. Vor Weiterfahrt alle erforderlichen Schiffsdaten austauschen.

327 O O
Welche Gesetze und Verordnungen enthalten Vorschriften über das Verhalten nach einem Zusammenstoß?

Das Seeunfalluntersuchungsgesetz, die Verordnung über die Sicherung der Seefahrt und die Seeschiffahrtsstraßen-Ordnung.

328 O O
Was ist sofort zu tun, wenn jemand über Bord gefallen ist?

1. Rettungsring zuwerfen,
2. gut Ausguck halten,
3. Mann-über-Bord-Manöver ausführen.

329 O O O
Wie können Sie nach einem Mann-über-Bord-Manöver eine erschöpft im Wasser treibende Person möglichst schnell und sicher an Bord bekommen?

1. Leinenverbindung zwischen Boot und Person im Wasser herstellen.
2. Leinenbuchten über die Bordwand hängen, wenn vorhanden, Badeleiter herunterklappen bzw. ausbringen.
3. Mit dem Großbaum und der Großschot oder über eine Badeleiter oder mit Hilfe von Rettungsmitteln Person an Bord holen.

Notsignale

330 ○○
Wann dürfen Notsignale gegeben werden?

Wenn Gefahr für Leib oder Leben der Besatzung und daher die Notwendigkeit zur Hilfe besteht.

331 ○○○
Welche Notsignale können gegeben werden?

1. Knallsignale in Zwischenräumen von ungefähr 1 Minute.
2. Dauerton eines Nebelsignalgerätes.
3. Leuchtrakete mit einem roten Leuchtstern.
4. SOS durch Telegrafiefunk, Licht- oder Schallsignale.
5. Mayday durch Sprechfunk.
6. Flaggensignal NC.
7. Ball über oder unter Flagge.
8. Flammensignal.
9. Orangefarbenes Rauchsignal.
10. Langsames Heben und Senken der seitlich ausgestreckten Arme.
11. Signale einer Seenotfunkboje.
12. Seewasserfärber.

332 ○
**Sie sehen auf See einen roten Leuchtstern oder eine rot brennende Handfackel.
Was bedeuten diese Signale?**

Seenotfall.

333 ○
**Sie hören von einem Schiff anhaltendes Ertönen eines Nebelsignalgerätes.
Was bedeutet dieses Signal?**

Seenotfall.

334 ○
**Sie hören oder sehen folgendes Morsesignal:
Dreimal kurz, dreimal lang, dreimal kurz
(●●●▬▬▬●●●).
Was bedeutet dieses Signal?**

Seenotfall (SOS).

335 ○
**Sie hören über Seefunksprechgerät: Mayday, mayday, mayday.
Was bedeutet dieses Signal?**

Seenotfall.

336 ○
Sie sehen ein Schiff, das folgendes Flaggen-signal gesetzt hat:

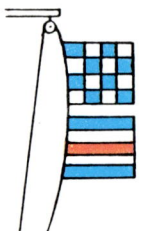

Was bedeutet dieses Signal?

Seenotfall.

337 O
Sie sehen auf einem Schiff folgendes Signal:

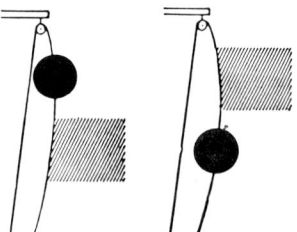

Was bedeutet dieses Signal?

Seenotfall.

338 O
Sie sehen auf einem Schiff ein orangefarbenes Rauchsignal.
Was bedeutet dieses Signal?

Seenotfall.

339 O
Sie sehen auf einem Schiff eine Person stehen, die ihre seitlich ausgestreckten Arme wiederholt langsam auf und ab bewegt.
Was bedeutet dieses Signal?

Seenotfall.

340 O
Warum dürfen Seenotsignale nur bei einem Seenotfall verwendet werden?

Weil bei ihrer Anwendung der gesamte Seenotrettungsdienst an der Küste alarmiert wird.

341 O O
Welches Seenotsignal können Sie mit einer Leuchte geben?

● ● ● ▬ ▬ ▬ ● ● ● (SOS).

342 O O O
Wie verhalten Sie sich bei Hilfeleistung durch einen Hubschrauber?

1. Fahrzeug in den Wind legen.
2. Soweit möglich, Antennen, Stagen usw. entfernen.
3. Rettungsschlinge mit dem Zugpunkt nach vorn über den Kopf unter die Arme streifen.
4. Anweisungen der Hubschrauberbesatzung Folge leisten.

Kartenaufgaben

Die Kartenaufgaben (Fragen 343–362) sowie ihre Lösungen befinden sich bei den jeweiligen Kartenausschnitten, die diesem Buch auf Seite 187 beigelegt sind.

Der Sportbootführerschein See: Wissenswertes für die Prüfung

Wer benötigt den Führerschein?

Die Fahrerlaubnis braucht jeder, der auf den deutschen Seeschiffahrtsstraßen, ausgenommen im Bereich der Erweiterung des Küstenmeeres in der Deutschen Bucht, ein Sportboot führen will, dessen (Hilfs-)Motor an der Propellerwelle mehr als 3,68 kW (5 PS) abgibt. Dies gilt für alle

● Motorsportfahrzeuge und
● Segelfahrzeuge,

ohne Rücksicht darauf, ob der Motor in Betrieb ist oder nicht.
Segelfahrzeuge ohne Hilfsmotor oder mit einem Hilfsmotor von 3,68 kW oder weniger Dauerleistung sind also von der Führerscheinpflicht befreit.

Wo braucht man den Führerschein?

Der Sportbootführerschein See ist auf den Seeschiffahrtsstraßen der Bundesrepublik Deutschland erforderlich:

im Geltungsbereich der Seeschifffahrtsstraßen-Ordnung auf den Wasserflächen zwischen der Küstenlinie bei mittlerem Hochwasser oder der seewärtigen Begrenzung der Binnenwasserstraßen und der seewärtigen Begrenzung des Küstenmeeres mit Ausnahme der Emsmündung, außerdem zwischen den Ufern der nachstehend bezeichneten Teile der angrenzenden Binnenwasserstraßen:

● Weser bis zur Eisenbahnbrücke in Bremen mit den Nebenarmen
● Lesum und Wümme bis Borgfeld
● Hunte bis Oldenburg
● Elbe bis zur unteren Grenze des Hamburger Hafens mit der Wischhafener Süderelbe, dem Ruthenstrom und der Bützflether Süderelbe
● Oste bis Bremervörde
● Freiburger Hafenpriel bis zur Deichschleuse in Freiburg
● Schwinge bis Stade
● Lühe bis Horneburg
● Este bis Schleuse Buxtehude
● Stör bis zum Pegel Rensing
● Krückau bis Elmshorn
● Pinnau bis zur Eisenbahnbrücke in Pinneberg
● Eider bis Rendsburg
● Gieselaukanal
● Nord-Ostsee-Kanal mit den unmittelbar anhängenden Gewässern

im Geltungsbereich der Schiffahrtsordnung Emsmündung
1. auf den Wasserflächen in der Emsmündung, die begrenzt werden durch die Küstenlinie bei mittlerem Hochwasser oder die seewärtige Begrenzung der Binnenwasserstraßen, die seewärtige Begrenzung des Küstenmeeres sowie im Osten durch die Verbindungslinie zwischen dem Pilsumer Watt, Borkum und dem Schnittpunkt mit der seewärtigen Begrenzung des Küstenmeeres,
2. zwischen den Ufern der nachstehend bezeichneten Teile der angrenzenden Binnenwasserstraßen:

● Ems bis zu der bei der Hafeneinfahrt nach Papenburg über die Ems gehenden Verbindungslinie

zwischen dem Diemer Schöpfwerk und dem Deichdurchlaß bei Halte
● Leda bis zur Einfahrt in den Vorhafen der Seeschleuse von Leer

Eignung und Befähigung

Die Fahrerlaubnis kann jeder erhalten, der das 16. Lebensjahr vollendet hat. Wer jünger als 18 Jahre ist, benötigt die schriftliche Zustimmung des gesetzlichen Vertreters. Außerdem ist die körperliche und geistige Eignung erforderlich sowie bisher tadelfreies Verhalten im Verkehr. Schließlich muß die Befähigung zum Führen eines Sportbootes noch durch die Führerscheinprüfung nachgewiesen werden.
Zum Führen eines Sportbootes ist ungeeignet, wer kein ausreichendes Hör-, Seh- oder Farbunterscheidungsvermögen besitzt und wer zur Trunksucht neigt. Beschränkt körperlich Geeigneten (z. B. Brillenträgern) kann die Fahrerlaubnis unter Auflagen erteilt werden, die im Führerschein eingetragen sind.

Zulassung zur Prüfung

Mit der Abnahme der Prüfung hat der Bundesminister für Verkehr den *Deutschen Motoryachtverband (DMYV)* und den *Deutschen Segler-Verband (DSV)* gemeinsam beauftragt. Zu diesem Zweck haben die Verbände *Prüfungsausschüsse für den amtlichen Sportbootführerschein See* gebildet (vgl. S. 175). Anträge auf Zulassung zur Prüfung sind auf einem Formblatt ausschließlich an einen dieser Ausschüsse zu richten, und zwar mindestens zwei Wochen vor dem beantragten Prüfungstermin. Sie müssen enthalten:

- ein ärztliches Zeugnis über ausreichendes Hör-, Seh- und Farbunterscheidungsvermögen gemäß Vordruck;
- die Fotokopie eines amtlichen Kfz-Führerscheins (dann muß spätestens bei der Prüfung der Kfz-Führerschein selbst vorgelegt werden; andernfalls ist die Vorlage einer beglaubigten Kopie des Kfz-Führerscheins – nicht älter als 6 Monate – erforderlich; die Vorlage ist auf dem Antrag oder der Fotokopie zu vermerken) oder, auf Verlangen des Prüfungsausschusses, ein Führungszeugnis nach den Vorschriften des Bundeszentralregistergesetzes (nicht bei Bewerbern unter 18 Jahren); wer keinen Kfz-Führerschein besitzt, muß ein Führungszeugnis vorlegen;
- ein Lichtbild (Halbprofil ohne Kopfbedeckung, 38 x 45 mm);
- eine Erklärung, ob dem Bewerber die Fahrerlaubnis für Sportboote bereits einmal entzogen worden ist;
- bei 16- bis 18jährigen Bewerbern die Zustimmung des gesetzlichen Vertreters.

Diese Unterlagen, mit Ausnahme des Kfz-Führerscheins, dürfen nicht älter als 12 Monate sein (Führungszeugnis nicht älter als 6 Monate). Dies gilt auch dann, wenn der Antragsteller bereits eine Prüfung nicht bestanden hat und eine erneute Zulassung beantragt.

Die Zulassung zur Prüfung soll erst dann erfolgen, wenn die genannten Unterlagen vollzählig vorliegen.
Der Bewerber kann auch dann zur Prüfung zugelassen werden, wenn das verlangte Führungszeugnis noch nicht vorliegt, wohl aber nachgewiesen wird, daß es beantragt wurde.

Die Prüfung

Die Prüfung besteht aus einem theoretischen und einem praktischen Teil. Sie soll möglichst an einem Tag durchgeführt werden.
Inhaber des Sportseeschifferzeugnisses sind von der theoretischen Prüfung befreit. Das Sporthochseeschifferzeugnis berechtigt zur Ausstellung des Sportbootführerscheines ohne Prüfung.
Theorie: Die theoretische Prüfung wird schriftlich und mündlich durchgeführt. Im schriftlichen Teil hat der Kandidat 31 aus dem offiziellen Fragenkatalog ausgesuchte Fragen innerhalb von 75 Minuten ohne Hilfsmittel zu bearbeiten.
Die Antworten werden mit Punkten bewertet. Bei richtiger Beantwortung können je nach Schwierigkeit pro Frage 1, 2 oder 3 Punkte erzielt werden. Insgesamt sind 66 Punkte erreichbar.
Wer nur 43 oder weniger Punkte erreicht, hat die Prüfung nicht bestanden, es sei denn, es liegen besondere Umstände vor. Werden 54 oder weniger Punkte erzielt, ist eine mündliche Prüfung erforderlich. Bei 55 und mehr erreichten Punkten ist die theoretische Prüfung bestanden; eine mündliche Prüfung findet nicht statt – es sei denn, daß besondere Umstände eine solche Prüfung erfordern.
Praxis: In der praktischen Prüfung soll der Bewerber zeigen, ob er die zur sicheren Führung eines Sportfahrzeuges erforderlichen technischen und nautischen Kenntnisse anwenden kann. Insbesondere wird auf die praktische Beherrschung folgender Fertigkeiten und Motormanöver Wert gelegt (vgl. S. 176):
- Rettungsmanöver (Mann-über-Bord-Manöver mit Hilfe eines treibenden Gegenstandes)
- Manövrieren (Ablegen, Wenden auf engem Raum, kursgerechtes Aufstoppen, Anlegen)
- Fahren nach Kompaß
- Peilen (einfache Peilung/Kreuzpeilung)
- Anlegen einer Rettungsweste und eines Sicherheitsgurtes, wichtige Knoten (Achtknoten, Kreuzknoten, Palstek, halber Schlag, zwei halbe Schläge, einfacher Schotstek, doppelter Schotstek, Webeleinstek und Belegen von Enden)

Es entstehen folgende Kosten:
Abnahme der Prüfung DM 54,–
Führerscheinausfertigung DM 22,–
Hinzu kommen noch die Reisekosten für den Prüfungsausschuß, die auf alle Prüflinge umgelegt werden.

Prüfungsausschüsse See

Koordinierungsausschuß des DMYV und DSV, Gründgensstraße 18, 22309 Hamburg, Tel. (040) 6308011
Aurich, Dieter Böse, Am Waldrand 4, 26789 Leer, Tel. (0491) 2353
Berlin, Wolfgang Oelschläger, Königsberger Straße 3a, 12207 Berlin, Tel. (030) 7737171
Bodensee, Klaus-Jürgen Glee, Lindenweg 7, 88709 Meersburg, Tel. (07532) 9460
Bremen, Hans-Georg Logemann, Im Kifkenbruch 2a, 28755 Bremen, Tel. (0421) 661160
Cottbus-Dresden, Prof. Dr. Karlheinz Graf, Finsterwalder Str. 5, 03048 Cottbus, Tel. (0355) 421883
Düsseldorf, Rolf Helmut Becker, Holzstraße 1, 40221 Düsseldorf, Tel. (0211) 393494
Flensburg, Werner Roß, Philosophenweg 1, 24960 Glücksburg, Tel. (04631) 7204
Hamburg, Kurt Meuthien, Beim Schlump 2, 20144 Hamburg, Tel. (040) 4101441
Hannover, Gerhard Kallmeyer, Hildesheimer Str. 409, 30519 Hannover, Tel. (0511) 861209
Kiel, Gerhard Schröder, Kleiner Eiderkamp 5, 24113 Kiel-Schulensee, Tel. (0431) 651820
Lübeck, Fred Steppat, Moorredder 45, 23570 Lübeck-Travemünde, Tel. (04502) 72695
München, Werner Richter, Thomas-Mann-Str. 3, 89253 Illertissen, Tel. (07303) 3449 und 42516
Rostock, Hans-Wolfgang Weinert, Barther Str. 70, 18437 Stralsund, Tel. (03831) 280531
Wiesbaden, Heinz-Rudolf Thoelen, Moritzstraße 28, 65185 Wiesbaden, Tel. (0611) 301928

Zur praktischen Prüfung

Im folgenden wird die Anweisung für die Durchführung der praktischen Prüfung an die Prüfungsausschüsse für den amtlichen Sportbootführerschein See wiedergegeben. Sie ist der Anlage 16 zu den *Richtlinien für den Deutschen Motoryachtverband und den Deutschen Segler-Verband über die Durchführung der Aufgaben nach § 4 der Sportbootführerscheinverordnung-See* vom 27.4.1977 (zuletzt geändert am 7.6.1991) in der Fassung vom 12.2.1992 (VkBl S. 65) entnommen.

Anweisung für die Durchführung der praktischen Prüfung

Zum Nachweis des sicheren Führens eines Sportfahrzeuges hat jeder Bewerber in der praktischen Prüfung mindestens vier verschiedene Fahrmanöver/Fähigkeiten richtig auszuführen sowie mindestens fünf verschiedene Knoten, die vom Prüfer ausgewählt werden, vorzuführen und deren Bedeutung zu erklären: In jedem Fall sind das Rettungsmanöver und das Fahren nach Kompaß durchzuführen.

Rettungsmanöver (Mann über Bord)

Das „Mann-über-Bord"-Manöver wird dadurch simuliert, daß ein Rettungsring oder ein anderer Schwimmkörper über Bord geworfen wird.
Hierbei wird dem Rudergänger laut zugerufen:
„Mann über Bord an Backbord" oder „Mann über Bord an Steuerbord". Der Bewerber muß dieses Kommando laut wiederholen und das Kommando geben „Rettungsring werfen". Die weitere Durchführung des Rettungsmanövers obliegt dem Bewerber. Der Prüfer hat darauf zu achten, daß

– sofort nach dem vorgenannten Zuruf das Gas weggenommen und ausgekuppelt wird,
– das Heck von dem über Bord geworfenen Gegenstand abgedreht wird,
– das Rettungsmanöver zügig durchgeführt wird,
– der Bewerber ansagt, an welcher Seite er den treibenden Gegenstand aufnehmen will,
– das Boot neben dem treibenden Gegenstand zum Stehen kommt und die Schraube keine Umdrehungen mehr macht.

Ablegemanöver

Sofern der Prüfer keine Vorgabe macht, hat der Bewerber selbständig unter Berücksichtigung von Verkehrs-, Platz-, Strömungs- und Windverhältnissen abzulegen.

Wenden auf engem Raum

Der Bewerber soll bei diesem Manöver zeigen, daß er das Zusammenwirken des Ruders und der Schraube im Rahmen eines Wendemanövers beherrscht.

Kursgerechtes Aufstoppen

Der Bewerber soll damit nachweisen, daß er über Kenntnisse der indirekten Steuerwirkung der Schraube bei Rückwärtsfahrt verfügt.

Anlegemanöver

Der Bewerber soll das Boot an einer vorher vom Prüfer bestimmten Stelle anlegen. Das Anlegemanöver soll nur mit Ruder- oder Maschinenmanövern durchgeführt werden. Das „Heranziehen" mit den Händen oder Bootshaken sowie das Herantreiben sollte nicht zugelassen werden. Im übrigen gelten die Regelungen über die Durchführung des Ablegemanövers.

Fahren nach Kompaß

Der Bewerber soll nachweisen, daß er fähig ist, Kursanweisungen umzusetzen. Dabei soll er zeigen, daß er das Boot kursbeständig nach Kompaß steuern und Anweisungen zu Kursänderungen unmittelbar befolgen kann. Das Steuern nach Schifffahrtszeichen oder Landmarken kann einbezogen werden.
Es soll insbesondere festgestellt werden, daß der Bewerber in der Lage ist, das Boot über eine bestimmte Strecke kursbeständig zu steuern.

Peilen

Durchführen einer einfachen Peilung/Kreuzpeilung mit einem Peilkompaß oder einer Peilscheibe. Der Bewerber soll damit zeigen, daß er fähig ist, eine Positionsbestimmung vorzunehmen.

Knoten

Achtknoten
Kreuzknoten
Palstek
einfacher Schotstek
doppelter Schotstek
Webeleinstek
halber Schlag
zwei halbe Schläge
Belegen von Enden

Anlegen von Rettungsweste und Sicherheitsgurt

Der Bewerber soll nachweisen, daß er mit der Handhabung der Rettungsweste und des Sicherheitsgurtes vertraut ist.

Wiederholung

Dem Bewerber kann Gelegenheit gegeben werden, nicht gelungene Manöver oder Fähigkeiten in der Regel **einmal** zu wiederholen. Bei gravierenden Fehlern kann die Prüfung unmittelbar abgebrochen werden.

Anhang

**Fragen- und Antwortenkatalog
für die Prüfung über Seenotsignalmittel**
(Sachkundenachweis nach dem Waffengesetz
und Voraussetzung für die Befreiung
nach dem Sprengstoffgesetz)
**im Rahmen einer Prüfung für Wassersport-
führerscheine**

Notsignale

A. Allgemeines

1. Was versteht man unter pyrotechnischen Seenotsignalen?

Notsignale, welche mit Hilfe explosionsgefährlicher Stoffe ausgelöst werden.

2. Welche pyrotechnischen Seenotsignale unterliegen dem Waffengesetz?

Die Signalpistole und die hierfür bestimmte Munition.

3. Welche pyrotechnischen Seenotsignale unterliegen dem Sprengstoffgesetz?

Alle pyrotechnischen Seenotsignale, die nicht aus einer Signalpistole abgeschossen werden, wie Signalraketen, Fallschirmsignalraketen, Handfackeln und Rauchsignale.

4. Welche pyrotechnischen Seenotsignale kennen Sie?

Signalraketen rot
Fallschirmsignalraketen rot
Handfackeln rot
Rauchsignale orange
Lichtrauchsignale

5. Welche Farbe haben pyrotechnische Seenotsignale?

Rot mit Ausnahme des Rauchsignals, das orangefarbenen Rauch entwickelt.

6. Wann dürfen pyrotechnische Seenotsignale verwendet werden?

Nur im Seenotfall, d. h., wenn angezeigt werden soll, daß Gefahr für Leib und Leben der Besatzung und daher die Notwendigkeit zur Hilfe besteht.

7. Was ist bei allen steigenden Seenotsignalen unbedingt zu beachten?

1. Auf freies Schußfeld achten,
2. Signal senkrecht in Schußrichtung nach oben halten,
3. beim Handhaben und Abfeuern nicht auf Personen richten und selbst nicht mit Körperteilen vor die Mündung kommen,
4. nicht an Versagern hantieren, sondern diese über Bord werfen.

8. Worin liegt die Gefährlichkeit pyrotechnischer Gegenstände?

Es besteht Explosions-, Feuer- und Verletzungsgefahr (Toxigene).

9. Welche pyrotechnischen Seenotsignale dürfen Sie nur verwenden?

Die Signalpistole Kaliber 4 (26,5 mm) und die von der Physikalisch-Technischen Bundesanstalt (PTB) zugelassenen Signalwaffen einschließlich Munition bzw. die von der Bundesanstalt für Materialprüfung (BAM) zugelassenen sonstigen Notsignale.

10. **Was für Vorteile haben Signalraketen bzw. Signalpatronen, die mit Fallschirmen ausgerüstet sind, gegenüber Signalsternen?**

Wegen geringerer Sinkgeschwindigkeit (5 m/s) ist eine längere Brenndauer möglich; dadurch haben sie einen höheren Aufmerksamkeitswert.

11. **Worüber sollten Sie sich sofort nach dem Erwerb pyrotechnischer Seenotsignale informieren?**

Gebrauchsanweisung sorgfältig bis zu Ende lesen, und nicht erst im Notfall.

12. **Wie lang ist die Verbrauchsdauer pyrotechnischer Seenotsignale bei sachgemäßer Lagerung?**

Soweit auf dem einzelnen Gegenstand nichts anderes vermerkt ist, 2 bzw. 3 Jahre.

13. **Woraufhin sind pyrotechnische Seenotsignale ständig zu überwachen, damit die Funktionsfähigkeit gewährleistet ist?**

1. Herstellungsdatum bzw. Verbrauchsdauer beachten,
2. auf Korrosion oder Beschädigung achten.

14. **Was verkürzt die Verbrauchsdauer pyrotechnischer Seenotsignale bzw. macht sie evtl. gefährlicher?**

1. Feuchtigkeit,
2. Korrosion,
3. hohe Lagertemperaturen,
4. mechanische Beschädigung.

15. **Wie sind pyrotechnische Seenotsignale während der Fahrt aufzubewahren?**

1. Kühl und trocken,
2. leicht zugänglich in unverschlossenen Behältern.

16. **Wie sind pyrotechnische Seenotsignale an Bord im Hafen und an Land aufzubewahren?**

1. Kühl und trocken,
2. dem Zugriff Unbefugter entzogen.

17. **Was machen Sie mit überlagerten pyrotechnischen Seenotsignalen?**

Über den Handel zurückgeben oder Delaborierbetrieben übergeben. Keinesfalls als Feuerwerkskörper verwenden.

18. **Wem dürfen Seenotsignale überlassen werden?**

Nur berechtigten Personen im Sinne des Waffen- und Sprengstoffrechts.

19. **Was haben Sie nach dem Erwerb einer erlaubnispflichtigen Signalpistole zu tun?**

Innerhalb von 2 Wochen nach dem Erwerb habe ich der zuständigen Behörde den Erwerb schriftlich anzuzeigen und die Waffenbesitzkarte zur Eintragung des Erwerbs vorzulegen.

20. **Was müssen Sie tun, wenn Ihnen Signalmittel oder Waffen abhanden kommen?**

Den Verlust der zuständigen Ordnungsbehörde unverzüglich anzeigen.

21. **Dürfen Sie Seenotsignalmittel in öffentlichen Verkehrsmitteln befördern?**

Nein.

B. Zusätzliche Fragen für den Erwerb einer Waffenbesitzkarte nach dem Waffengesetz

22. Für welche Signalwaffe benötigen Sie eine Erlaubnis der zuständigen Behörde?

Für Signalwaffen mit einem Patronenlager von mehr als 12 mm Durchmesser.

23. Welche Signalwaffen können frei erworben und mitgeführt werden?

Signalwaffen mit dem Zulassungszeichen der Physikalisch-Technischen Bundesanstalt (PTB).

24. Wozu berechtigt eine Waffenbesitzkarte?

Zum Erwerb einer Signalpistole, zu ihrer bestimmungsgemäßen Verwendung in einer Notlage, zur Aufbewahrung in der Wohnung und zum Transport einer nicht schußbereiten und nicht zugriffsbereiten Signalpistole von seiner Wohnung zu seinem Sportboot und zurück. Zur Mitnahme und zur Aufbewahrung an Bord berechtigt die Waffenbesitzkarte nicht, wenn das Boot nicht über Einrichtungen verfügt, die ein Wohnen (z. B. einen Aufenthalt zur Freizeitbeschäftigung und ähnlichem) auf ihm gestatten. Verfügt das Boot nicht über solche Einrichtungen, so bedarf es zusätzlich eines Waffenscheines.

25. Worin liegt der wesentliche Unterschied zwischen einem Waffenschein und einer Waffenbesitzkarte?

Ein Waffenschein berechtigt abweichend von der Waffenbesitzkarte zum Führen einer Schußwaffe in der Öffentlichkeit.

26. Bei welcher Behörde ist eine Waffenbesitzkarte zu beantragen?

Bei der zuständigen Ordnungsbehörde.

27. Welche Voraussetzungen müssen gegeben sein, um eine Waffenbesitzkarte erwerben zu können?

Der Bewerber muß
– das 18. Lebensjahr vollendet haben,
– zuverlässig, sachkundig und körperlich geeignet sein,
– und es muß ein Bedürfnis vorliegen.

28. Wie kann ein Wassersportler nachweisen, daß ein Bedürfnis für den Erwerb einer Signalpistole vorliegt?

Durch genaue Angabe des Verwendungszwecks und durch Vorlage von Unterlagen, aus denen der Besitz eines seegängigen Wasserfahrzeugs (Kaufvertrag, Chartervertrag, Versicherungspolice, Standerschein, Internationales Verbandszertifikat usw.) oder die Verwendung für Lehr- und Prüfungszwecke hervorgehen.

29. Welche behördlichen Papiere oder Erlaubnisse berechtigen zum Erwerb von erlaubnispflichtiger pyrotechnischer Munition?

Die Waffenbesitzkarte mit Munitionserwerbsberechtigung oder der Munitionserwerbsschein.

30. Mit welchen Zeichen ist die Signalmunition gekennzeichnet?

1. Bezeichnung der Munition und der Verbrauchsdauer.
2. Bei Seenotsignalen rot durchgehende Rändelung des Patronenbodens und roter Lackverschlußdeckel.

31. Welche Ausweispapiere sind beim Führen einer Signalpistole mitzuführen?

Der Personalausweis, Paß oder Dienstausweis, die Waffenbesitzkarte und erforderlichenfalls der Waffenschein.

32. Wie ist eine Signalpistole an Bord eines Wassersportfahrzeuges aufzubewahren?

Es sind Vorkehrungen zu treffen, um zu verhindern daß die Signalpistole abhanden kommt oder dritte sie unbefugt an sich nehmen.

33. Wie ist pyrotechnische Munition zu lagern?

Möglichst originalverpackt, kühl und trocken und dem Zugriff Unbefugter entzogen.

34. Welche Steighöhe und Leuchtdauer haben Fallschirmsignalpatronen?

Steighöhe mindestens 300 m, Leuchtdauer mindestens 30 s.

35. Wie verhalten Sie sich bei Versagern?

Waffe in Schußrichtung belassen, über Kopf erneut spannen und nochmals abschießen, bei erneutem Versagen die Waffe mit nach oben gerichtetem Lauf außenbords öffnen und den Versager herausgleiten lassen.

36. Erläutern Sie die Handhabung der Signalpistole im Notfall!

Bei abwärts gerichteter Mündung Waffe öffnen, Patrone einführen, Waffe schließen, Waffe über Augenhöhe heben, Hahn spannen – schießen.

C. Zusätzliche Fragen für den Erwerb, die Aufbewahrung und die Verwendung von pyrotechnischen Notsignalen nach dem Sprengstoffgesetz

37. **Welche pyrotechnischen Seenotsignale können erlaubnisfrei erworben, aufbewahrt und verwendet werden?**

Die der Unterklasse T_1, d. h. Handfackeln rot und bestimmte Rauchsignale von jedem, der das 16. Lebensjahr vollendet hat.

38. **Welche erlaubnispflichtigen pyrotechnischen Seenotsignale dürfen Wassersportler mit einem im Führerschein eingedruckten Befreiungsvermerk erwerben?**

Die der Unterklasse T_2, d. h. Signalraketen rot, Fallschirmsignalraketen rot und bestimmte Rauchsignale.

39. **Woran erkennen Sie an einem pyrotechnischen Seenotsignal, um welche Unterklasse es sich handelt?**

Am Zulassungszeichen: BAM-PT$_1$ . . . oder BAM-PT$_2$ . . .

40. **Wer darf pyrotechnische Seenotsignale der Klasse T verwenden?**

Jeder, der damit anzeigen will, daß ein Seenotfall vorliegt, d. h., daß Gefahr für Leib oder Leben der Besatzung und daher die Notwendigkeit zur Hilfe besteht.

41. **Wie lang ist die Brenndauer einer Seenot-Handfackel?**

Ihre Brenndauer beträgt 30 bis 60 s.

42. **Welche Arten von Zündern werden bei Seenot-Handfackeln gewöhnlich verwendet und wie funktionieren sie?**

1. Reibkopf-Zündung – funktioniert wie ein Streichholz, das eine Verzögerung oder direkt den Leuchtsatz zündet.
2. Reißzünder – ein Draht im Inneren wird durch einen reibempfindlichen Satz gezogen, Weiterzündung wie 1.

43. **Was ist sicherheitstechnisch bei der Verwendung von Seenot-Handfackeln zu beachten?**

1. Gebrauchsanweisung beachten.
2. In jedem Fall die brennenden Fackeln grundsätzlich nach Lee waagerecht so halten, daß versprühende Ascheteile keine Verletzungen (Hand, Augen) verursachen oder das Fahrzeug beschädigen.

44. **Beschreiben Sie den allgemeinen Aufbau eines Rauchsignals!**

In einem Behälter befindet sich ein Zünder (meist Reißzünder) mit Verzögerung, der mindestens 4 Minuten lang orangefarbenen Rauch abgibt.

45. **Was ist bei der Verwendung von Rauchsignalen zu beachten?**

Rauchsignale nur am Tage und bei geringen Windstärken gebrauchen. Die Zündung erfolgt durch Reißschnur, die unter einer abschraubbaren Schutzkappe liegt. Nach der Zündung ist das Rauchsignal zur Leeseite außenbords zu werfen.

46. **Was wissen Sie über Steighöhe und Brenndauer von Signalraketen?**

Steighöhe 100 bis 300 m, Brenndauer mindestens 30 s.

47. **Fallschirmsignalraketen und Handfackeln sind bei klarem Wetter unterschiedlich weit zu sehen. Welche Signale verwenden Sie den Umständen entsprechend?**

Fallschirmsignalraketen, um ein entferntes Fahrzeug auf eine Notlage aufmerksam zu machen und grob in die Richtung einzuweisen: Handfackeln, um die genaue Position bei größerer Annäherung kenntlich zu machen.

48. **Dürfen Sie pyrotechnische Gegenstände selbst herstellen und bearbeiten?**

Nein, nur als Inhaber einer Erlaubnis nach dem Sprengstoffgesetz.

Sachverzeichnis

Die Seitenhinweise im folgenden Sachverzeichnis beziehen sich nur auf die zusammenhängende Darstellung des Stoffes in den ersten 3 Kapiteln (also nicht auf den Teil „Frage + Antwort"), da nur dort eine systematische Erklärung der gesuchten Begriffe erfolgen kann.

Beachten Sie bitte auch die folgenden Seiten

Die beste und letzte Vorbereitung auf die Prüfung zum Sportbootführerschein See

Mit den 20 Übungsfragebogen bereiten Sie sich optimal auf die Prüfung vor. Denn sie sind identisch mit den offiziellen Prüfungsbogen.

Dazu passende Antwortbogen bieten die Möglichkeit, das gelernte Wissen zu kontrollieren und evtl. noch vorhandene Lücken zu schließen. Ein Beiblatt erklärt, wie man zu Hause mit diesen empfehlenswerten Unterlagen arbeitet. Fragen Sie in Ihrer Buchhandlung danach.

Sportbootführerschein See

Die amtlichen Prüfungsfragen und -antworten für Übungszwecke
20 Prüfungsbogen farbig und 20 Antwortbogen,
1 Arbeitsanleitung, in Mappe

Erweitern Sie
Ihr theoretisches Wissen
und praktisches Können
mit diesen Büchern:

J. D. Sleightholme
Das ist Küstensegeln
Ratschläge und Hilfen für die Praxis, die das grundlegende
Führerscheinwissen sinnvoll ergänzen und erweitern.
160 S. mit 283 farb. Abb., geb.

Robbert Das/Erik von Krause
Manöver für Segler
Eine einzigartige Sammlung detaillierter Manöver-
beschreibungen für Einsteiger und Könner. Hervorragend
illustriert und praxisgerecht kommentiert.
184 S. mit 315 Zeichn., geb.

Dick Kenny
Yachtsegel
Wirkung – Schnitt – Trimm
Kenntnisse über Rigg und Segel, die wichtig und nützlich sind
für jeden, der von seiner Besegelung optimale Vortriebskräfte
erwartet. 160 S. mit 268 farb. Abb., geb.

Dick Everitt/Rodger Witt
Bootsmanöver richtig und sicher gefahren
Anschauliche Anleitungen für alle Möglichkeiten, sein Boot
unter Segel und Motor im Hafen den Gegebenheiten entsprechend zu bewegen. 144 S. mit 114 farb. Abb., geb.

Dieter Karnetzki
Das Wetter von morgen
Praxis für den Yachtsport
Eine Anleitung, alle Hilfsmittel der Wettervorhersage auszunut-
zen und richtig zu deuten, mit meteorologischer Revierkunde
für Nordsee, Ostsee und Mittelmeer.
180 S. mit 201 meist farb. Abb., geb.

Floris Hin/Theo Kampa/Jaap Hille
Knoten, Fancywork und Spleiße
Farbige Fotos zeigen und erklären vielerlei Gebrauchsknoten,
Spleiße und eine große Anzahl schöner Zierknoten.
160 S. mit 193 Farbfotos, geb.

Ulrich Kittmann/Frank Lammerskitten/Günter Wabbel
Einfach schneller segeln
Aus ihrer Regatta-Erfahrung verraten drei Cracks, wie man ein
Boot dazu bringt, schneller zu segeln als die anderen.
152 S. mit 225 farb. Abb., geb.

Dr. med. Klaus Bandtlow
Medizin an Bord
Ein ärztlicher Ratgeber für den Notfall, der weit über die Erste
Hilfe hinausgeht und auf keiner Yacht fehlen sollte.
144 S. mit 47 Zeichn., kt.

Joachim Schult
Bootsreparaturen selbst gemacht
– Kunststoffboote
Eine Hilfe zur Selbsthilfe bei kleinen und größeren Beschädigungen. 126 S. mit 126 Zeichn., kt.

Wilfried Erdmann (Hrsg.)
Segeln auf See
Theorie und Praxis des Fahrtensegelns.
Das übersichtliche, bebilderte Nachschlage-
werk für den Fahrtensegler der 90er Jahre
mit Fachbeiträgen bekannter Segelautoren.
344 S. mit 420 Abb., geb.

Deutscher Hochseesportverband HANSA e. V. (Hrsg.)
Seemannschaft
Handbuch für den Yachtsport
Das seit Jahrzehnten bewährte und beliebte Standardwerk,
das – immer wieder überarbeitet – sachlich und gründlich alle
Bereiche des Yachtsports behandelt.
528 S. mit 482 z. T. farb. Abb., 15 Tab. u. 1 Übungskarte, geb.

Viele andere Bücher beschäftigen sich neben diesen noch mit
dem Segeln und auch mit dem Motorbootfahren. Verlangen
Sie unser ausführliches Verzeichnis über Ihre Buchhandlung
oder direkt vom Verlag (Postfach 10 16 71, 33516 Bielefeld).

Delius Klasing
Verlag

Kartenaufgaben
(Fragen 343 bis 362)

MgK	Magnetkompaßkurs
Abl	Ablenkung (Deviation)
mwK	mißweisender Kurs
Mw	Mißweisung
rwK	rechtweisender Kurs
Fw	Fehlweisung
rwP	rechtweisende Peilung
φ	geographische Breite (sprich: phi)
λ	geographische Länge (sprich: lambda)
N	Nord
E	Ost (bei der Schreibweise wählt man für Ost die Abkürzung E, da O leicht mit Null verwechselt werden kann)